多因素影响下的动态项目组合选择问题研究

李星梅 王 丽 党瑞楠 著

国家自然科学基金资助项目：
"协同与竞争关系下的多项目动态选择及其鲁棒优化"（71772060）

科学出版社
北京

内 容 简 介

本书针对项目组合选择中存在的问题，考虑可分性、相互依赖性、相互作用关系等因素，分别构建静态项目组合选择模型、动态项目组合选择模型和信息不确定性下的项目组合选择模型，测算不同项目组合获得的收益，系统研究如何选择最优的项目组合。在静态环境下，将"可打断"引入项目组合选择研究，分别考虑可打断损失、协同收益与竞争损失、主动打断带来的机会成本等因素影响下的项目组合决策研究。在动态环境下，主要研究考虑相互作用关系的动态项目组合选择研究。在此基础上，进行可打断项目组合选择问题的拓展研究，考虑可持续性、融资影响、风险因素、资源约束等制约条件。为便于计算，对算法进行改进。针对上述各种项目组合选择模型投资策略，通过仿真模拟分别计算其投资收益。

本书可供组合决策、运筹优化等领域的研究人员及从业人员阅读使用，并可作为高校项目管理专业相关的学习参考资料。

图书在版编目（CIP）数据

多因素影响下的动态项目组合选择问题研究/李星梅，王丽，党瑞楠著. —北京：科学出版社，2022.1
ISBN 978-7-03-067476-0

Ⅰ. ①多… Ⅱ. ①李… ②王… ③党… Ⅲ. ①项目管理-研究 Ⅳ. ①F27

中国版本图书馆 CIP 数据核字（2020）第 272841 号

责任编辑：杭 玫 / 责任校对：贾娜娜
责任印制：张 伟 / 封面设计：无极书装

科学出版社 出版
北京东黄城根北街 16 号
邮政编码：100717
http://www.sciencep.com

北京厚诚则铭印刷科技有限公司 印刷
科学出版社发行 各地新华书店经销

*

2022 年 1 月第 一 版　开本：720×1000 B5
2023 年 1 月第二次印刷　印张：12 1/2
字数：252 000

定价：115.00 元
（如有印装质量问题，我社负责调换）

前　言

"项目"一词最早于20世纪50年代在汉语中出现，是指在一定约束条件下（主要是限定时间、限定资源），具有明确目标的一次性任务。随着经济全球化进程的加速，企业家拥有的资金、从事的项目，以及面临的选择越来越多，并且项目的选择作为企业生产运作的战略性与先导性环节，其适合与否将直接决定企业在残酷的商业环境中的兴亡。由此可见，对任何企业来说，探究适合当前投资环境的项目选择策略具有重要意义。

项目组合选择正是解决各行各业所面临的复杂多变的投资环境难题的方法之一。项目组合选择是指在有限的时间内，决策者从备选项目中选择一个项目子集作为一个组合，并行开展这多个项目，使得该组合在满足无法避免的资源、资金等约束条件下，给企业带来最大的收益。

在当前我国供给侧结构性改革的战略背景下，日益严酷的经济环境对我国企业的投资模式产生了巨大挑战。《中华人民共和国国民经济和社会发展第十三个五年规划纲要》指出，必须以提高供给体系的质量和效率为目标，实施宏观政策要稳、产业政策要准、微观政策要活、改革政策要实、社会政策要托底的政策支柱，去产能、去库存、去杠杆、降成本、补短板，加快培育新的发展动能，改造提升传统比较优势，夯实实体经济根基，推动社会生产力水平整体改善。然而，我国企业存在投资增长后劲不足、生产要素配置扭曲、产能与库存过剩的难题，现有的粗放型投资模式导致企业供给质量低，进而使得企业在竞争日益激烈的国际市场中竞争力不足，危及企业的生存与发展。针对这一难题，我国提出了"去产能、去库存、去杠杆、降成本、补短板"的供给侧结构性改革策略，旨在帮助企业进行项目投资选择时，正确地处理现有项目带来的高产能、高库存难题。由此可见，在供给侧结构性改革的大时代背景下，企业如何将有限的资源合理地分配到多个项目中去，不仅关乎企业发展兴亡，更关乎国民经济发展。项目选择问题的研究在我国供给侧结构性改革的背景下势在必行。

笔者所在的课题组长期从事项目组合选择问题研究，本书也是笔者多年研究成果的汇总。笔者从 2003 年攻读博士学位开始一直对项目组合选择问题进行研究。笔者于 2015 年 8~10 月前往加拿大阿尔伯塔大学商学院访问学习，2012 年 8 月至 2013 年 8 月前往美国北卡罗来纳州立大学访问学习。在访问学习期间，笔者与北卡罗来纳州立大学的学友对研究成果进行了完善，在项目组合选择领域有了新的突破。本书的创新之处主要体现在以下几个方面。

（1）研究可打断项目组合选择问题。本书在项目管理领域中提出新的概念——主动打断，通过创建可打断项目选择净现值模型来量化项目可打断的相关信息，并在此基础上进一步考虑可打断损失、项目间的相互依赖关系、主动打断带来的机会成本等因素对项目组合选择的影响，并给出相关模型。

（2）研究动态项目组合选择问题。本书在项目组合选择问题中考虑协同收益与竞争损失和项目间相互作用关系对项目组合选择的影响，并给出相关模型。

（3）研究信息不确定性下的项目组合选择问题。不确定参数可能会对解的可行性与最优性造成影响，本书在确定参数的项目组合选择模型的基础上构建收益与投资成本不确定下的主动打断项目组合选择模型。

（4）研究项目组合选择模型算法改进。本书提出一种新的线性化方法来描述项目间的关系，以减少线性约束的数目，并提出一种新的模型表示方法，以减少大量线性不等式约束，加快求解时间。

本书分为 6 章。第 1 章介绍项目组合选择问题研究的背景及现状；第 2 章给出主动打断项目组合选择模型，并在此基础上进一步考虑可打断损失、项目间的相互依赖关系、主动打断带来的机会成本等因素对项目组合选择的影响；第 3 章给出动态项目组合选择模型，考虑项目间相互作用关系对项目组合选择的影响；第 4 章给出信息不确定性下的项目组合选择问题模型，将收益与投资成本不确定因素加入项目组合选择模型；第 5 章给出可打断项目组合选择问题的拓展模型，考虑可持续性制约、融资、风险、资源约束对可打断项目组合选择的影响；第 6 章给出新的线性化方法和新的模型表示方法，以减少线性约束数目，加快求解时间。

在本书即将出版之际，首先感谢华北电力大学的乞建勋和张立辉教授提供的非常宝贵的学术指导和研究条件。此外，本书很多研究都是在乞建勋教授的研究基础上进行的，他对我们的研究方向和研究思路作了极其重要的指导。笔者还要特别感谢美国北卡罗来纳州立大学的方述诚教授及其带领的 Fangroup 课题组的成员们，他们在笔者 2012 年访学之际在学术研究方面给予了笔者非常大的帮助。特别值得一提的是，笔者还要感谢硕士研究生钟志鸣，第 2 章中的机会成本来自他的想法。笔者还要感谢硕士研究生张帅和杨进文，本书的成稿有部分内容来自他们的硕士学位毕业论文，本书很多内容是笔者从攻读博士学位以来研究工作的一个汇总。最后,笔者也要特别感谢课题组的所有成员,如研究生魏涵静、王雅娴、王丽、张又中、党瑞楠、刘再领、沈种等,他们都直接或间接地为本书做出了贡献。感谢国家自然科学基金委员会对本书出版的支持。

由于笔者水平有限,书中难免有疏漏之处,恳请专家学者批评指正。

李星梅

2021 年 6 月

目　　录

第1章　项目组合选择概述 ··· 1
　1.1　项目组合选择的问题背景 ····································· 1
　1.2　项目组合选择研究主要特点 ··································· 2
　1.3　项目组合选择研究的基本模型 ································· 3

第2章　静态项目组合选择问题 ····································· 5
　2.1　可打断项目组合选择研究 ····································· 5
　2.2　可打断损失在项目组合选择中的研究 ·························· 11
　2.3　协同收益与竞争损失 ·· 20
　2.4　主动打断带来的机会成本 ···································· 32
　2.5　多期混合项目组合决策 ······································ 44

第3章　动态项目组合选择问题 ···································· 58
　3.1　动态项目组合选择的研究现状 ································ 58
　3.2　动态项目组合选择模型 ······································ 61
　3.3　考虑相互作用关系的动态项目组合选择问题研究 ················ 64

第4章　信息不确定性下的项目组合选择问题 ························ 78
　4.1　确定参数下的主动打断项目组合选择模型 ······················ 78
　4.2　收益与投资成本不确定下的主动打断项目组合选择鲁棒优化模型 ··· 80
　4.3　算例分析 ·· 86

第5章　可打断项目组合选择问题的拓展研究 ························ 91
　5.1　可持续性制约下的可打断项目组合选择问题 ···················· 91
　5.2　受融资影响的项目组合选择研究 ······························ 106
　5.3　考虑风险因素的主动打断项目组合选择 ························ 119

5.4　资源约束下双目标可打断项目组合选择 ………………………… 137

第 6 章　算法改进 ……………………………………………………… 151
　　6.1　考虑相互依赖性和基数的项目选择问题模型改进 …………… 151
　　6.2　项目组合选择问题的另一种有效表示 ………………………… 160

参考文献 ………………………………………………………………… 185

结语 ……………………………………………………………………… 191

第 1 章　项目组合选择概述

1.1　项目组合选择的问题背景

"项目"一词最早于 20 世纪 50 年代在汉语中出现，是指在一定约束条件下（主要是限定时间、限定资源），具有明确目标的一次性任务。Harry（1952）最早开始研究项目组合选择（project portfolio selection，PPS），他在 1952 年发表的文章中，首次提出投资组合的概念。在此基础上，Lorie 和 Savage（1955）进一步将项目组合选择理论运用到实际的企业管理中。随着经济全球化进程的加速，企业家拥有的资金、从事的项目及面临的选择越来越多。如何从众多项目中选出能带来更多收益的项目组合，是很多企业迫切需要解决的问题。该类问题被称为项目组合选择问题（project portfolio selection problem，PPSP），即在有限的时间内，决策者从备选项目中选择一个项目子集作为一个组合，并行开展这多个项目，使得该组合在满足无法避免的资源、资金等约束条件下，给企业带来最大的收益。

从管理学的角度看，项目组合选择问题是项目管理问题，属于项目管理中的投资决策环节。如果在考虑项目时间维度的前提下，那么多个项目需要排序执行，抑或项目被细分为任务，任务也需要排序执行，故项目组合选择问题又与项目管理中的调度问题相融合。国内学者杨善林、刘士新、乞建勋、崔南方、何正文等在项目调度领域做了很多工作。

从优化的角度，该问题又是一类经典的组合优化问题。组合的概念最早起源于金融领域的投资组合研究。国内学者汪寿阳和李仲飞，孙小玲和李端在投资组合领域做了重要工作。因此，源于 20 世纪 50 年代的项目组合选择问题把项目管理的实际背景与组合优化相关理论整合到一起，其数值计算结果也为实践中的工程项目管理提供了理论上的指导。

本书定位于项目组合选择排序问题的研究，从建模方式上讲是采用运筹优化建模方式，从建模方法上讲是运用数学规划方法开展相应研究。

1.2 项目组合选择研究主要特点

项目的执行需要一定的时间，在此过程中根据项目规划周期的不同，项目组合选择问题被抽象成单阶段和多阶段两种类型。单阶段项目组合选择问题较为简单，由于该问题中各个项目是不可分割的，只需要对备选项目做出取舍。多阶段项目组合选择问题将与时间有关的因素引入项目组合研究中。本书重点对多阶段项目组合选择问题进行介绍。其中，在多阶段项目组合选择研究中"可打断"研究受到众多学者重视，具体内容将在第2章进行介绍。

在项目组合选择研究中，无论是单阶段还是多阶段项目组合选择研究都考虑了企业运营的实际情况，将与现实相关的多因素引入项目组合选择研究中，如生产准备成本、投资额、收益、外来资金、协同与竞争关系、指标约束、风险及资金分配等。但是，单阶段项目组合选择研究的局限性在于忽略了与时间相关的因素，如排序、实物期权、可分性、收益再投资、紧前关系约束、可更新资源约束、时间约束、企业战略一致性等。多阶段项目组合选择研究基本整合了所有的相关因素，具有更大的现实意义。同时，多阶段项目组合选择问题按是否考虑现有项目可以细分为静态和动态两种类型，具体内容将在后面章节详细介绍。

多因素项目组合选择研究内容如图1.1所示。

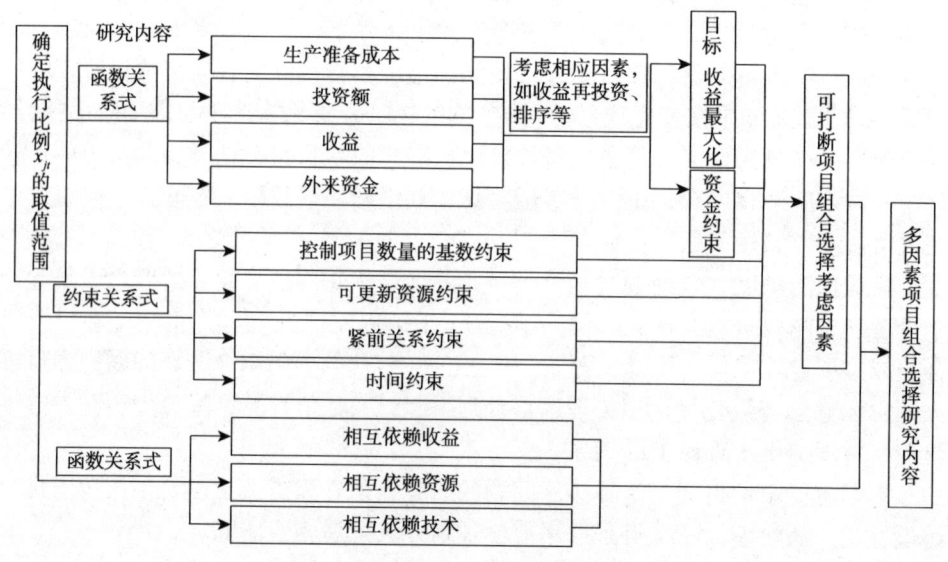

图1.1　多因素项目组合选择研究内容

1.3 项目组合选择研究的基本模型

1.2 节对本书的基本研究对象和内容进行了介绍,本节对本书的项目组合选择研究模型中的基本符号和变量进行表示。此外,后面章节若有引入新的考虑因素,会在具体章节中进行详细介绍。

v:待选项目集合,项目 $j \in v$。

L:规划周期内各时间段的集合。

r_0:利率。

N:在整个规划周期内允许选择项目的最大数量。

M_t:时间段 t 内允许执行项目的最大数量,$t \in \Lambda$。

k_j:完成整个项目 j 所需要的投资,$j \in v$。

C_j:完成整个项目 j 后可以获得的收益,$j \in v$。

S_j:项目 j 每次被执行时所需要支付的生产准备成本,$j \in v$。

Z_j:0-1 变量,$z_j = 1$ 表示项目 j 被选择,否则为 0,$j \in v$。

y_{jt}:0-1 变量,$y_{jt} = 1$ 表示项目 j 在时间段 t 内被执行,否则为 0,$j \in v$,$t \in \Lambda$。

$K(t)$:在时间段 t 内可投入的初始资金。

项目组合选择的基本模型(PPSP)为

$$\max f(x)$$
$$\text{s.t.} \quad x \in u \in R^n$$
$$x_j \in \{0,1\}, \text{ for } j = 1, 2, \cdots, n$$

其中,$f(x)$ 是指项目组合带来的净现值;目标函数 $\max f(x)$ 是指选出的项目组合能够给企业带来的最大收益;x_j 为布尔变量,当项目 j 被选择时为 1,否则为 0;$u \in R^n$ 为企业实际运营中的资源约束。针对项目组合选择排序模型求解问题,可能出现的情况及解决方法如下。

(1)如果构建的模型是混合整数线性规划(mixed integer linear programming,MILP)模型,可以借助拉格朗日对偶中的 KKT(Karush-Kuhn-Tucker)条件给出下界,再利用分支定界法求解,也可以采用二次规划的相关优化理论求解,直接借助 CPLEX 等求解器进行求解,通过比较分析确定最优的求解策略。

（2）如果模型是非线性函数（凹函数或者凸函数），同样可以借助拉格朗日对偶理论和KKT条件给出优化策略。

（3）如果模型是线性函数，通过借助随机线性规划给出上界，然后用分支定界法求解。

因此，要根据所构建模型的类型选择恰当的优化理论进行模型的求解，进而给出合理的优化策略。

第 2 章　静态项目组合选择问题

根据对新项目进行选择时是否考虑现有项目，多阶段项目组合选择问题又被细分为静态和动态两种类型。本章主要介绍静态项目组合选择问题，即对新项目进行选择时不考虑其对现有项目的影响，只需要在众多候选项目中选出获益最大的项目集合。其中，在静态项目组合选择中又分别考虑了很多现实因素，以下进行详细介绍。

2.1　可打断项目组合选择研究

2.1.1　可打断的提出

时间因素是项目组合选择中必须要考虑的一个现实因素，已有的对于项目组合选择问题的研究，大致将项目的规划周期划分为单阶段与多阶段两种类型。

针对多阶段项目组合选择问题的研究，大部分研究学者都做了这样一个假设：一旦项目开始执行，就不能被打断，直至完成。然而，在企业的实际运营过程中，项目的执行会受各种不利因素的影响而停止运行，如人员不足、资金匮乏、技术不成熟等，只有当人员到齐、资金补足、技术突破之后，项目才能继续执行。这种在项目执行过程中被迫发生的打断，称为被动打断。相应地，可打断，即主动打断，是指决策者在考虑项目取舍时，就已经预测到项目在执行过程中存在一些会导致项目的执行被打断的变故，于是就将选中的项目主动分为若干个部分按阶段来执行。被动打断常常会使企业效益减少，而周密计划的主动打断会使资金合理安排，进而增加企业效益，故把主动打断引入项目组合选择问题中是有理论和实际价值的。

通过以下两个视角的比较可以更好地理解可打断的含义。

1. 可打断和被动打断的概念区别

传统的被动打断，实际上是指工程的暂停。例如，施工材料不能及时供应造成的工程暂停，安全隐患的出现造成的工程暂停，外界不可抗力因素引发的工程暂停，施工准备阶段人员纷争导致的工程暂停，等等。工程的暂停有些是不可恢复的，有些经过处理解决以后是可以恢复的。单纯研究这些工程暂停本身，属于项目的风险管理范畴，而不是项目的投资决策环节需要研究的内容。本书通过主动考虑项目可以打断执行，继而分析该种针对项目的主动打断行为对于项目组合选择及项目执行造成的影响。被动打断往往会使企业的效率降低，而处理好主动打断的话，可以使企业效益增加。例如，资源均衡的项目通过考虑主动打断执行使峰谷差变得更小，从而能更好地提高效率。

2. 项目组合选择与抢先调度问题中打断概念的区别

抢先调度问题是项目排序问题的一种，其研究会考虑任务的打断。但是，本书研究的打断与抢先调度中的打断有本质的区别：其一，问题本身有区别。项目组合选择问题是项目管理问题，而且属于项目管理中的投资决策环节。单纯项目排序问题是在如何"做好项目"的层面上展开研究，而项目组合选择问题更多强调"做好的项目"，同时兼顾"做好项目"层面；其二，概念本身有区别。本书提出的主动打断与抢先调度问题中由于项目优先级别而产生的打断不同。本书研究的打断是指将项目分割成若干部分，分别在不同时期执行，同一个时期也可能有多个项目的多个部分在同时执行。

本书涉及两种主动的可打断类型：其一，企业资金充足，项目可以打断执行，在这种情况下，企业选择项目打断执行会给企业带来更大收益；其二，企业在资金不足的状况下还想运作意向项目，此时项目的执行可能会迫于现状被打断，企业选择项目打断执行所带来的收益要低于项目连续执行所带来的收益。举个例子来说，房地产企业有多处楼房需要建造，整个规划周期为五年，一年为一个阶段，共五个阶段，由于每年资金来源有限，有些楼房需要在几年内执行，但为了收益最大化，这些楼房并不一定在连续的几年里完成，中间可能存在时间间隔。事实上，各项目成本不同，收益也不同，而人、财、物等资源有限，企业为了获得最大收益，可以策略性地把项目分成几期执行，即主动地令项目"可打断"。

2014年本书作者首次将可打断这一因素引入项目组合选择中，在研究项目组合选择问题时，通过创建可打断项目组合选择净现值模型，力图量化项目可打断的相关信息，从而判断项目的可打断性对项目组合选择的影响情况，本书也将考虑项目可打断执行的情况。由于本书不涉及被动打断，下文中提出的可打断均表示主动进行的打断。

2.1.2 可打断的量化

通常在选择项目的时候,我们需要确定被选项目的开始实施时间。当引入项目打断时,我们不仅需要确定被选项目的开始实施时间,还需要确定每个被选项目需要主动打断几次,相邻两次打断之间的执行比例,以及同一个项目中任意两次打断的时间间隔等。为了研究的需要,我们引入一个介于 0 和 1 的半连续变量 x_{jt},它表示项目 j 在时间段 t 内执行的比例,并给其命名为执行比例。执行比例 x_{jt} 包含三个重要信息:其一,项目是否被选中;其二,被选项目在任意一个时间段内的执行比例;其三,项目主动打断的类型。所有上述信息完全来自 x_{jt} 的界定范围和最终 x_{jt} 的取值。最重要的是,我们可以借助执行比例,表示出项目打断需要的投资、所获得的收益、生产准备成本等。因此,本书以执行比例 x_{jt} 作为核心变量,借助执行比例这个平台,开始新模型的构建,进而开展模型优化策略的研究。从执行比例扩散开来的模型构建和优化理论创新是一个全新的思路,其量化的具体步骤如下。

(1)执行比例 x_{jt} 作为介于 0 和 1 的半连续变量,首先令 $x_{jt} \in \{0\} \cup [\alpha_{jt}, \beta_{jt}]$,$\sum_{t=1}^{\tau} x_{jt} = 1$,$\tau$ 表示整个规划周期,其中,α_{jt}、β_{jt} 分别表示在时间段 t 内项目 j 执行比例的最小值和最大值,进而在企业实际中,将根据企业的实际情况确定随机数 α_{jt}、β_{jt}。

(2)通过我们定义的特征函数 $f_{R^+}(x_{jt}):\{0\} \cup [\alpha_{jt}, \beta_{jt}] \to \{0,1\}$,把不可计算的式子 $x_{jt} \in \{0\} \cup [\alpha_{jt}, \beta_{jt}]$ 转化为可计算的式子。

(3)根据变量间的不同关系特点建立与执行比例 x_{jt} 相关的函数关系式,包括 t 时间段的生产准备成本、投资额、收益值及外来资金与 x_{jt} 之间的函数关系式。

2.1.3 可打断模型建立

可打断性允许同一时期多个项目的多个部分同时被执行。通过主动打断策略,企业预先执行高回报的项目,待项目资金回收后,再执行剩下的部分,从而提高企业利润。

基于上述的分析和假设,整合可打断概念和传统的 PPSP 模型,我们可以建立新的可打断优化模型。

目标函数:

$$\max k(0) - \sum_{j=1}^{n} s_j y_{jt} - \sum_{j=1}^{n} k_j x_{j1} + \sum_{j=1}^{n} c_j x_{jT} (1+r_0)^{-T}$$
$$+ \sum_{\tau=1}^{T-1} \left(k(\tau) + \sum_{j=1}^{n} \left[c_j x_{j\tau} - s_j y_{j(\tau+1)} - k_j x_{j(\tau+1)} \right] \right) (1+r_0)^{-\tau} \quad (2.1)$$

其中，T 为时间，表示完整的项目总规划周期。

约束条件如下。

1. 项目的可打断约束

该约束是本书所研究问题的前提，本书中所有的问题都是在可打断的基础上进行的研究。当项目组合选择问题考虑项目的可打断时，每个备选项目都可能在一个或者多个时间段内被执行，因为资源等外部条件的限制，项目的执行比例会在一个约束范围内，其取值如式（2.2）所示：

$$x_{jt} \in 0 \cup [\alpha_{jt}, \beta_{jt}], \quad j=1,2,\cdots,n; \quad t=1,2,\cdots,T \quad (2.2)$$

当 $x_{jt}=0$ 时，表示项目 j 不在 t 时间段内被执行；当 $x_{jt} \in [\alpha_{jt}, \beta_{jt}]$ 时，表示项目被执行，且 x_{jt} 表示项目 j 在 t 时间段内的执行比例，将式（2.2）转换成代数形式，如式（2.3）所示：

$$\alpha_{jt} y_{jt} \leq x_{jt} \leq \beta_{jt} y_{jt}, \quad y_{jt} \in \{0,1\}; \quad j=1,2,\cdots,n; \quad t=1,2,\cdots,T \quad (2.3)$$

其中，y_{jt} 为 0-1 变量，$y_{jt}=1$ 表示项目 j 在时间段 t 内被执行，否则为 0；$j \in v$；$t \in \Lambda$。

2. 项目的完整约束和紧前约束

完整约束表示如果某一项目被选择执行，那么在一个完整的规划周期内项目需要全部完成，其数学表达式如式（2.4）所示：

$$\sum_{t=1}^{T} x_{jt} = z_j; \quad j=1,2,\cdots,n \quad (2.4)$$

还有一种约束为紧前约束，紧前约束集合为 ε，$(i,j) \in \varepsilon$ 表示项目 i 完成后项目 j 才能开始，这种约束的代数表示形式如式（2.5）所示：

$$y_{j1}=0; \quad \sum_{t=1}^{\tau-1} x_{it} \geq y_{j\tau}; \quad (i,j) \in \varepsilon \quad (2.5)$$

3. 指标约束

受企业资源等各种条件的约束，在某一时间段可执行的项目数量就会有所限制，同时在完整的规划周期内能够完成的项目数量也会有所要求，由此可得各时间段允许执行的项目数量的表达式如式（2.6）所示：

$$\sum_{j=1}^{n} y_{jt} \leqslant M_t, \quad t=1,2,\cdots,T \qquad (2.6)$$

整个规划周期内可完成项目的总数如式（2.7）所示：

$$\sum_{j=1}^{n} z_j \leqslant N \qquad (2.7)$$

4. 资金约束

资金约束对于项目组合选择问题而言是很常见的一种约束，本书涉及的模型中，由于假设项目收益再投资，那么资金约束就不能通过资源约束的方式来表示，而应该将该约束单独列出。

在这里 t 时间段期初执行项目的可用资金为 $L(t)$，那么有 $K(0)=L(0)$，在第 1 时间段初所投入资金 $K(0)$ 应满足第 1 时间段的生产准备成本 s_j 和项目所需投资 k_j，第 1 时间段项目的净现金流量为正值，表达式如式（2.8）所示：

$$K(0) - \sum_{j=1}^{n}\left(s_j y_{j1} + k_j x_{j1}\right) \geqslant 0 \qquad (2.8)$$

t 时间段可用于项目执行的全部资金 $L(t)$ 可表示如下：

$$L(t)=K(t)+\left[L(t-1)-\sum_{j=1}^{n} s_j y_{jt} - \sum_{j=1}^{n} k_j x_{jt}\right](1+r)^{-1} + \sum_{j=1}^{n} c_j x_{jt}, \quad t=1,2,\cdots,T-1 \qquad (2.9)$$

要想满足第 $t+1$ 时间段内执行项目组合所需的资金 $\sum_{j=1}^{n}\left(k_j x_{j(t+1)} + s_j y_{j(t+1)}\right)$，则：

$$L(t) - \sum_{j=1}^{n}\left(s_j y_{j(t+1)} + k_j x_{j(t+1)}\right) \geqslant 0, \quad t=0,1,2,\cdots,T-1 \qquad (2.10)$$

因为每个时间段的资金均需满足下一阶段的生产准备成本和所需的投资，所以可以得出：

$$\sum_{\tau=0}^{t} K(\tau)(1+r)^{t-\tau} + \sum_{j=1}^{n}\sum_{\tau=1}^{t}\left[-k_j(1+r)^{t+1-\tau} + c_j(1+r)^{t-\tau}\right]x_{j\tau} - \sum_{j=1}^{n}\sum_{\tau=1}^{t} s_j y_{j\tau}(1+r)^{t+1-\tau}$$
$$-\sum_{j=1}^{n} s_j y_{j(t+1)} - \sum_{j=1}^{n} k_j x_{j(t+1)} \geqslant 0, \quad t=1,2,\cdots,T-1 \qquad (2.11)$$

传统的不可打断项目组合选择模型为

$$\max k(0) - \sum_{j=1}^{n}(s_j + k_j)x_{j1} + \sum_{j=1}^{n} c_j x_{jT}(1+r_0)^{-T}$$
$$+ \sum_{\tau=1}^{T-1}\left(k(\tau) + \sum_{j=1}^{n}\left[c_j x_{j\tau} - (s_j + k_j)x_{j(\tau+1)}\right]\right)(1+r_0)^{-\tau}$$

约束条件为

$$K(0)-\sum_{j=1}^{n}(s_j+k_j)x_{j1} \geq 0 \qquad (2.12)$$

$$\sum_{\tau=0}^{t}K(\tau)(1+r)^{t-\tau}+\sum_{j=1}^{n}\sum_{\tau=1}^{t}\left[-(k_j+s_j)(1+r)^{t+1-\tau}+c_j(1+r)^{t-\tau}\right]x_{j\tau}$$
$$-\sum_{j=1}^{n}(k_j+s_j)x_{j(t+1)} \geq 0, \quad t=1,2,\cdots,T-1 \qquad (2.13)$$

2.1.4 可打断与不可打断之间的比较分析

在 2.1.3 小节建立的模型基础上，本小节我们会用一个数值例子来证明可打断模型的适用性，并对可打断模型和不可打断模型进行比较，出于简便的原因，我们选取 20 个不同的项目，并将整个规划周期划分为 10 个时间段，其中共有 6 组紧前关系需要考虑，$\varepsilon=\{(1,5),(2,15),(3,5),(5,10),(8,11),(8,20)\}$，整个规划周期内可以选择项目的最大数量为 12，即 $N=12$，每个时间段可执行项目的最大数量为 2，即 $M_t=2$，此外，$\alpha_{jt}=0.2$，$\beta_{jt}=0.5$，执行每个项目所需的投资及项目完成时的收益如表 2.1 所示，表 2.2 提供了每个时间段开始时的可用资金总量，利率假定为 5%。

表2.1　执行每个项目所需的投资及项目完成时的收益

项目 j	1	2	3	4	5	6	7	8	9	10
投资 k_j	14	26	20	19	28	13	24	24	15	20
收益 c_j	20	40	29	29	41	20	35	36	23	31
项目 j	11	12	13	14	15	16	17	18	19	20
投资 k_j	8	7	19	25	28	9	20	17	6	14
收益 c_j	12	9	28	39	42	14	30	27	8	21

表2.2　每个时间段开始时的可用资金总量

时间段 t	0	1	2	3	4	5	6	7	8	9
资金 $K(t)$	7	8	19	11	9	16	13	15	18	17

我们用 GAMS（general algebraic modeling system，通用代数建模系统）软件计算结果，得到可打断模型的最优解，如表 2.3 所示。

表2.3　可打断模型的最优解

时间段 t	1	2	3	4	5
执行的项目及比例	3（0.300）	1（0.500）	2（0.500）	8（0.500）	1（0.500）
		3（0.385）	3（0.315）	14（0.500）	2（0.500）

续表

时间段 t	6	7	8	9	10
执行的项目及比例	5（0.500）	5（0.500）	15（0.500）	7（0.500）	7（0.500）
	14（0.500）	15（0.500）	8（0.500）	10（0.500）	10（0.500）
净现值/万美元			15 814.20		

注：括号外面的数字代表执行的项目，括号里面的数字代表项目的执行比例。例如，3（0.300）表示项目 3 的 30%将会在第 1 时间段被执行

上述结果表明，最优项目组合中共包含了 9 个项目，每个时间段最多执行 2 个项目，最少执行 1 个项目，计算时间为 1.014 秒，净现值（net present value，NPV）为 15 814.20 万美元。

同理，我们可以得到不可打断模型的最优解，如表 2.4 所示。

表 2.4 不可打断模型的最优解

时间段 t	1	2	3	4	5	6	7	8	9	10
执行项目		1	3	2	5	10	4	17		
			18	14	8	15	7			
净现值/万美元					18 785.91					

表 2.4 的结果表明，最优项目组合中共包含了 12 个项目，每个时间段最多执行 2 个项目，在第 9 时间段所有的项目都将完成，计算时间为 1.012 秒，净现值为 18 785.91 万美元。

通过比较可知，考虑项目可打断模型的净现值会低于不可打断模型的净现值，这主要是可分性约束和重复的生产组织成本造成的。而且结果告诉我们，对于管理者来说，在满足紧前关系约束、预算约束和指标约束的情况下，最优的策略是尽早执行那些能带来高利润的项目。在现实世界中，由于各种约束，项目不能连续执行的情况是普遍存在的，考虑可打断项目组合选择模型为管理者提供了另一类选择，允许管理者去解决更复杂的现实问题。

2.2 可打断损失在项目组合选择中的研究

2.2.1 可打断损失产生的假设条件

我们在 2.1 节把主动打断这一概念引入模型中，本节我们主要考虑项目打断

执行所带来的损失。假设损失发生在已执行但尚未完成的项目,该项目在连续的时期内未被连续执行。例如,假设所选项目在第1时间段和第3时间段被执行,那么该项目在第1时间段内已完成的部分,在打断期间,即第2时间段,将会遭受一些损失。

本节涉及的新的变量和参数及其含义如下。

I_t:时间段 t 内的现金流入。

O_t:时间段 t 内的现金流出。

w_{it}:0-1 变量,当且仅当项目 i 在 $t-1$ 至 t 时间段被连续执行时,其值为 1,且对于任何项目 i,$w_{i1}=1$。

δ_{it}:0-1 变量,当且仅当项目 i 在时间段 t 前被执行时,其取值为 1。

γ_{it}:在时间段 t 之前,项目 i 已完成部分的损失,$\gamma_{i1}=0$,$i=1,2,\cdots,n$。

v_{it}:在时间段 t 之前,项目 i 被执行的最后一个阶段。

u_{it}:项目 i 的上一个执行阶段与时间段 t 之间的打断长度。

θ_i:项目 i 的损失率,$0 \leqslant \theta_i \leqslant 1$,$i=1,2,\cdots,n$。

下面我们研究与损失有关的三种假设情况,假设在每种情况下,项目 i 的损失与参数 θ_i 遵循线性关系。

1. 损失与已完成的工作量有关

对于第一种情况,假设损失与已完成的工作量有关,而与打断长度无关。根据定义,变量 w_{it} 是项目连续执行的标志,当且仅当 $y_{i(t-1)}=1$,$y_{it}=1$ 时,$w_{it}=1$。因此,w_{it} 可用式(2.14)表示:

$$w_{it} \leqslant y_{i(t-1)}, \quad w_{it} \leqslant y_{it}, \quad y_{i(t-1)}+y_{it} \leqslant w_{it}+1, \quad w_{it} \in \{0,1\}, \quad i=1,2,\ldots,n, \quad t=2,3,\ldots,T \tag{2.14}$$

如果 $w_{it}=0$ 且 $y_{it}=1$,则意味着项目 i 在时点 $t-1$ 之前存在打断。此外,很容易证明布尔变量 $w_{it} \in \{0,1\}$ 实际上可以松弛为式(2.14)中的连续约束变量 $w_{it} \in [0,1]$,而不会违反任何条件。下面,我们使用如下定理来描述损失。

定理 2.1 对于 $t \geqslant 2$,项目 i 在时间段 t 之前的损失可以用式(2.15)表示:

$$\gamma_{it} = \theta_i(1-w_{it})\sum_{l=1}^{t-1} x_{il}, \quad i=1,2,\cdots,n, \quad t=2,3,\cdots,T \tag{2.15}$$

2. 损失与打断长度有关

对于第二种情况,我们假设损失与打断长度线性相关,而与已完成的工作量无关。在这里,我们通过以下几个结果说明如何用数学方法表示损失。

定理 2.2 对于 $t \geqslant 2$,设 $1 \leqslant \tau \leqslant t-1$,$M$ 是一个足够大的数。那么项目 i 在时

间段 t 之前的最后一个执行阶段可以由式（2.16）表示：

$$\tau y_{it} \leqslant v_{it} \leqslant \tau\left(y_{i(\tau+1)} + 1 - w_{i(\tau+1)}\right) - M(y_{i\tau} - 1 - \sum_{l=\tau+1}^{t-1} y_{il}), \quad (2.16)$$

$$1 \leqslant \tau \leqslant t-1, \quad i = 1, 2, \cdots, n, \quad t = 2, 3, \cdots, T$$

定理 2.3 对于 $t \geqslant 2$，项目 i 在时间段 t 之前的打断长度可以用式（2.17）表示：

$$\mu_{it} = t - 1 - v_{it}, \quad i = 1, 2, \cdots, n, \quad t = 2, 3, \cdots, T \quad (2.17)$$

定理 2.4 对于 $t \geqslant 2$，设 M 是一个足够大的数，则 δ_{it} 可由式（2.18）表示：

$$\sum_{l=1}^{t-1} x_{il} \leqslant \delta_{it} \leqslant M \sum_{l=1}^{t-1} x_{il}, \quad i = 1, 2, \cdots, n, \quad t = 2, 3, \cdots, T \quad (2.18)$$

在以上结果的基础上，我们可以用式（2.19）来表示项目 i 在时间段 t 之前的损失。

定理 2.5 对于 $t \geqslant 2$，项目 i 在时间段 t 之前的损失可表示如下：

$$\gamma_{it} = \theta_{it} \delta_{it} \mu_{it}, \quad i = 1, 2, \cdots, n, \quad t = 2, 3, \cdots, T \quad (2.19)$$

3. 损失与已完成的工作量和打断长度有关

对于第三种情况，我们假设损失与已完成的工作量和打断长度都线性相关。注意，我们可以从式（2.16）和式（2.17）中得到项目 i 在时间段 t 之前的打断长度。我们可以将第三类损失用式（2.20）表示。

定理 2.6 对于 $t \geqslant 2$，项目 i 在时间段 t 之前的损失表示如下：

$$\gamma_{it} = \theta_i \mu_{it} \sum_{l=1}^{t-1} x_{il}, \quad i = 1, 2, \cdots, n, \quad t = 2, 3, \cdots, T \quad (2.20)$$

2.2.2 可打断损失模型的建立

2.2.1 小节已经给出了与可打断损失有关的变量和三种假设情况，本小节在正式给出可打断损失模型之前，先介绍一些在项目组合选择问题中可能会用到的约束条件。根据不同的情况，这些约束条件可以从模型中增加或者删除。

约束条件如下。

1. 工作量约束

假设损失（如果有）必须在新工作开始之前修复或避免：对于任何项目 $i \in v$，要么不选择它，要么它必须在几个不同的时间段被执行。在这些时间段中，必须同时满足执行比例的最大值和最小值要求。因此，工作量必须满足式（2.21）：

$$\alpha_{it} y_{it} \leqslant \gamma_{it} y_{it} + x_{it} \leqslant \beta_{it} y_{it}, \quad i=1,2,\cdots,n, \quad t=1,2,\cdots,T, \quad 0 \leqslant \alpha_{it} < \beta_{it} \leqslant 1 \quad (2.21)$$

2. 资金约束

修复或避免损失不会产生任何新的收益。新的收益只来源于项目中最新完成的部分。因此，项目 i 在时间段 t 内的投资和收益分别为 $k_i(\gamma_{it} y_{it} + x_{it})$ 和 $c_i x_{it}$。

在此基础上，时点 $t-1$ 的资本流出包括生产准备成本和时间段 t 的投资，因此它可以用式（2.22）表示：

$$O_{t-1} = \sum_{i=1}^{n}[s_i y_{it} + k_i(\gamma_{it} y_{it} + x_{it})], \quad i=1,2,\cdots,n, \quad t=1,2,\cdots,T \quad (2.22)$$

同时，时点 t 的资本流入包括时点 t 的外部资金投入和时间段 t 的收益，可以用式（2.23）表示：

$$I_t = \sum_{i=1}^{n} c_i x_{it} + K_t, \quad i=1,2,\cdots,n, \quad t=1,2,\cdots,T \quad (2.23)$$

如果 $K_1, K_2, \cdots, K_t$ 都等于 0，问题就变成了一次性投资的情况。此外，假设项目已执行部分的收益可以在之后的阶段再次投资。考虑利率 r_0，L_t 与 L_{t-1} 之间的关系可以用式（2.24）表示：

$$L_t = (L_{t-1} - O_{t-1})(1 + r_0) + I_t, \quad t=2,3,\cdots,T \quad (2.24)$$

可以得到 L_t 的表达式为

$$L_t = L_1(1+r_0)^{t-1} + \sum_{l=2}^{t} I_l(1+r_0)^{t-l} - \sum_{l=2}^{t} O_{l-1}(1+r_0)^{t-l+1}, \quad t=2,3,\cdots,T \quad (2.25)$$

$$L_1 = K_0 - \sum_{i=1}^{n} s_i y_{i1} - \sum_{i=1}^{n} k_i x_{i1}(1+r_0) + \sum_{i=1}^{n} c_i x_{i1} + K_1 \quad (2.26)$$

时点 t 的可用资金 L_t 应足以支付资本流出 O_t，这可用式（2.27）表示：

$$L_t - O_t \geqslant 0, \quad t=0,1,\cdots,T-1 \quad (2.27)$$

3. 指标约束

根据定义，当且仅当项目 i 被选中并被执行时，$z_i = 1$。一旦项目 i 被选中，它需要在时点 T 之前完成，即 $\sum_{t=1}^{T} x_{it} = 1$。项目完整约束可以用式（2.28）表示：

$$\sum_{t=1}^{T} x_{it} = z_i, \quad i=1,2,\cdots,n \quad (2.28)$$

整个规划周期内可选项目的总数约束可以用式（2.29）表示：

$$\sum_{i=1}^{n} Z_i \leqslant N \quad (2.29)$$

由于 y_{it} 表示项目 i 在时间段 t 是否被执行，则时间段 t 可执行项目的数量约束可以用式（2.30）表示：

$$\sum_{i=1}^{n} y_{it} \leqslant M_t, \quad t=1,2,\cdots,T \tag{2.30}$$

4. 紧前关系约束

根据定义，$(i,j)\in \varepsilon$ 表示当且仅当项目 i 完成时，项目 j 才能开始被执行。紧前关系可以用式（2.31）表示：

$$y_{j1}=0, \quad \sum_{l=1}^{t-1} x_{il} \geqslant y_{jt}, \quad \forall(i,j)\in \varepsilon, \quad t=2,3,\cdots,T \tag{2.31}$$

上述假设的三种情景，目标函数都是在规划周期末使最终利润最大化，而最终利润等于规划期末的未来净值减去从外部得到的资金，三种情景下的数学模型如下所示。

（1）损失与已完成的工作量有关。令 $(P1)$ 表示损失与已完成的工作量相关的项目选择问题，$(P1)$ 可以用以下数学公式表示：

$$\max L_T - \sum_{t=1}^{T} K_t(1+r_0)^{T+1-t}$$

约束条件如下：

式（2.14），式（2.15），式（2.21）~式（2.23），式（2.25）~式（2.31）

$$w_{it} \in [0,1], \quad i=1,2,\cdots,n, \quad t=1,2,\cdots,T$$
$$x_{it} \in [0,1], \quad i=1,2,\cdots,n, \quad t=1,2,\cdots,T$$
$$y_{it} \in \{0,1\}, \quad i=1,2,\cdots,n, \quad t=1,2,\cdots,T$$
$$z_i \in \{0,1\}, \quad i=1,2,\cdots,n$$

该模型有一个线性目标函数，有 $nT+n$ 个布尔变量，$2nT$ 个连续变量。约束的数量为 $8nT+2T-n+1+t|\varepsilon|$，其中 $|\varepsilon|$ 为紧前关系中的元素数目。

（2）损失与打断长度有关。令 $(P2)$ 表示损失与已完成的工作量无关，而与打断长度有关的项目选择问题，$(P2)$ 可以用以下数学公式表示：

$$\max L_T - \sum_{t=1}^{T} K_t(1+r_0)^{T+1-t}$$

约束条件如下：

式（2.16）~式（2.19），式（2.21）~式（2.23），式（2.25）~式（2.31）

$$w_{it} \in [0,1], \quad i=1,2,\cdots,n, \quad t=1,2,\cdots,T$$
$$x_{it} \in [0,1], \quad i=1,2,\cdots,n, \quad t=1,2,\cdots,T$$

$$y_{it} \in \{0,1\}, \quad i=1,2,\cdots,n, \quad t=1,2,\cdots,T$$

$$\delta_{it} \in \{0,1\}, \quad i=1,2,\cdots,n, \quad t=1,2,\cdots,T$$

$$z_i \in \{0,1\}, \quad i=1,2,\cdots,n$$

该模型有一个线性目标函数，有 $2nT+n$ 个布尔变量，$2nT$ 个连续变量。约束的数量为 $nT^2+6nT+2t-n+1+t|\xi|$，其中 $|\xi|$ 为紧前关系中的元素数目。

（3）损失与完成的工作量和打断长度有关。令 $(P3)$ 表示损失与已完工的工作量和打断长度有关的项目选择问题。那么 $(P3)$ 可以用以下数学公式表示：

$$\max L_T - \sum_{t=1}^{T} K_t(1+r_0)^{T+1-t}$$

约束条件如下：

式（2.16），式（2.17），式（2.20）~式（2.23），式（2.25）~式（2.31）

$$w_{it} \in [0,1], \quad i=1,2,\cdots,n, \quad t=1,2,\cdots,T$$

$$x_{it} \in [0,1], \quad i=1,2,\cdots,n, \quad t=1,2,\cdots,T$$

$$y_{it} \in \{0,1\}, \quad i=1,2,\cdots,n, \quad t=1,2,\cdots,T$$

$$z_i \in \{0,1\}, \quad i=1,2,\cdots,n$$

该模型有一个线性目标函数，有 $nT+n$ 个布尔变量，$2nT$ 个连续变量。约束的数量为 $nT^2+5nT+2T+n+1+t|\xi|$，其中 $|\xi|$ 为紧前关系中的元素数目。

2.2.3 某厂生产项目组合选择问题

本小节我们将模型应用于一家丙烯酸工厂，以帮助工厂经理解决生产项目组合选择问题。这家工厂位于成都市附近的郫县，它根据收到的订单生产不同的丙烯酸产品。

我们希望用模型为该工厂选择一些最佳项目，并为工厂制订 10 月 5~31 日的最佳制造计划（该工厂在 10 月 1~4 日停止工作）。因为每天都被视为一个时间段，所以整个规划周期有 27 个时间段（$T=27$）。截至 2015 年 9 月底，该工厂已收到 4 份订单，即 10 000 个展示架、600 个酒架、300 个安全防护装置和 1 000 个配件。令项目 1~4 分别表示这 4 种类型的产品，一个完整的项目可以被视为整个规划周期内 1 种产品的订单总额（$n=4$）。表 2.5 列出了一个规划周期内每个项目的最大生产能力和相应的最大工作量。在这个例子中，没有最低生产值，这些产品的净利润率从 10%到 35%不等（不含税）。基于每个项目的单位成本、单位收益和订单数量，我们可以计算出每个项目的成本和收益，见表 2.6。

第 2 章 静态项目组合选择问题

表2.5 每个项目的订单数量、最大生产能力和最大工作量

项目	订单数量/个	最大生产能力/个	最大工作量
1	10 000	800	0.08
2	650	50	0.77
3	300	25	0.83
4	1 000	100	0.10

表2.6 每个项目的成本和收益 单位：元

项目	成本	收益
1	150 000	172 500
2	21 000	28 350
3	60 000	72 000
4	80 000	88 000

值得指出的是，该工厂在同一规划周期只能生产一种产品（$M_t = 1$，$t = 1, 2, \cdots, 27$）。在整个规划周期，除了初始投资以外没有其他外部资金投入（$K_0 = 100\,000$，$K_t = 0$，$t = 1, 2, \cdots, 26$）。由于时间跨度短，在这个模型中没有考虑资本利率。此外，因为这些项目是独立的，它们之间不存在紧前关系。

就可分性而言，如果任何项目在两个连续的时间段内被执行，那么这些时间段之间不存在打断，否则该项目在其余时间段发生打断。注意，从组织学习的角度来看，停止使用某些做法和随之而来的遗忘将会导致生产力水平下降。遗忘与打断长度呈正相关关系，该工厂经理已经证实了这一陈述的有效性。如果以前的生产过程被其他产品打断，工人确实需要一些时间来熟悉生产过程，此外，更换产品时也需要耗费一些时间来安装机器，因此，项目的打断会导致工人对操作的遗忘，耗费时间并降低生产率。产量的减少可以被认为是项目的可分性造成的损失，特别是，我们可以简单地假设损失与打断长度呈线性关系，因此，可以用模型（P2）来求解相应的项目组合选择问题。由于不同的产品在制造过程中有不同的复杂性，这些产品的损失率是不一样的。在该工厂经理的帮助下，我们在表2.7中估算了每个项目的生产准备成本和损失率。

表2.7 每个项目的生产准备成本和损失率

项目	生产准备成本/元	损失率
1	200	0.4%
2	300	0.2%
3	150	0.3%
4	100	0.5%

此外，客户在几个指定的时点上对他们的订单有一些时间安排要求。例如，展台的客户要求至少一半的订单必须在 10 月的第二个周末（10 月 18 日）之前完成，总订单必须在月底（10 月 31 日）之前完成。表 2.8 列出了每个项目的详细要求。这里，括号外的数字表示所需的数量，括号内的数字表示相应的指定时间。例如，"0.25（7）"意味着客户要求的总订单的四分之一必须在第 7 时间段结束前完成。

表2.8 每个项目的时间要求

项目	要求			
1		0.5（14）		1（27）
2	0.25（7）	0.5（14）	0.75（21）	1（27）
3	0.33（7）			1（27）
4		0.33（14）	0.66（21）	1（27）

令 $d_{i,\bar{t}}$ 表示项目 i 在指定时点 $\bar{t}$ 的临界值。约束（2.32）被添加到模型（P2）中以描述该要求：

$$\sum_{t=1}^{\bar{t}} x_{i,t} \geq z_i d_{i,\bar{t}} \tag{2.32}$$

此外，工厂不是在每个时间段结束时都能获得一部分收益，而是在交付所需产品后的指定时点才能收到钱。因此，对于非指定时点 t，$I_t = 0$。对于指定时点 t，我们应该按以下方式更改式（2.23）中流入的资金约束：

$$I_{\bar{t}} = \sum_{i=1}^{n} c_i \sum_{t=\tilde{t}}^{\bar{t}} x_{it} \tag{2.33}$$

其中，$\tilde{t}$ 为在 $\bar{t}$ 之前的指定时点。

模型（P2）相应的最佳项目、计划和生产数量如表 2.9 所示。这里，括号外的数字表示执行的项目，括号内的数字表示在该时间段的产量。例如，表 2.9 中的 3（25）表示工厂计划在第 1 时间段生产 25 个产品 3。结果表明，该工厂经理应接受展示架和安全防护装置的订单。在整个规划周期内，项目 3 只被打断了 1 次。

表2.9 模型（P2）的最佳项目、计划和生产数量

时间段	项目
1	3（25）
2	3（25）
3	3（25）
4	3（25）

续表

时间段	项目
5	1（800）
6	1（800）
7	1（800）
8	1（800）
9	1（800）
10	1（800）
11	1（800）
12	1（800）
13	1（800）
14	1（800）
15	1（800）
16	1（800）
17	1（400）
18	3（12）
19	3（25）
20	3（25）
21	3（25）
22	3（25）
23	3（25）
24	3（25）
25	3（25）
26	3（13）
27	

在现实生活中，该工厂经理采纳了我们的模型所给出的建议，并按照计划生产相应的产品。值得注意的是，计划生产和实际生产之间只有很小的波动。该工厂通常轮流生产几种产品来处理需要生产多种产品的情况。例如，该工厂将这些项目排成一排，在每个产品上花费 2~3 天，然后重复相同的安排直到完成。与旧的方法相比，新的安排避免了许多的打断，从而减少了可分性的损失和生产准备成本。因此，新模型确实为管理者解决项目组合选择问题提供了一些有用的信息。此外，该工厂在 10 月中旬收到了另一份订单，并从第 27 时间段开始相应的生产。

2.3 协同收益与竞争损失

2.3.1 协同收益与竞争损失的提出

管理者在任何时点进行项目组合选择时,对现有项目的决策主要分为三类,即放弃、维持原状与更新规模(Huang et al., 2014)。如果选择放弃,则该项目被出售,从而转化成企业的收益。如果不放弃,这些现有项目就会与新项目产生协同与竞争,而协同与竞争关系可能导致彼此的收益较原来有所增加或减少,增加的值为协同收益,减少的值为竞争损失。例如,项目间共享人员、设备等资源从而使企业无须重复支付聘请人员与购置设备的费用,这就会导致成本降低、收益提高,提高的部分为协同收益。又如,同时执行的两个或者多个项目在同一市场上面对相同的客户群,这就会导致个体收益下降,下降的部分为竞争损失。

因此,在供给侧结构性改革的时代背景下,如何充分认识项目间的协同与竞争关系,以发挥项目间存在的系统效应,规避竞争带来的损失,从而提高产品供给质量,是企业在新的投资环境下生存发展的关键所在。

对于动态项目组合选择模型来说,收益和成本主要由三部分构成:一是单个新项目的收益与成本;二是单个现有项目的收益与成本;三是新旧项目间的协同收益与竞争损失。在每个时间段内,这三者均会受到新旧项目本身及项目间存在的多种现实因素的交互影响。例如,企业资源约束就会导致新项目需要排序进行,或者导致现有项目更新时点的推迟及更新规模的变化,这就会引起原有时间段内收益和成本模型的变化。

相互依赖性是指当两个或多个相互依赖的项目被选择并在同一时间段内执行时,组织获得的收益可能比单个项目收益的总和多(或少)(Reiter, 1963; Weber et al., 1990; Santhanam and Kyparisis, 1996; Liesiö et al., 2008)。这种现象被称为项目之间的相互依赖。多个项目之间存在对人力、设备等资源共享的现象,资源共享可以导致成本减少,进而达到收益增加的目的,这种现象即协同收益(Santhanam and Kyparisis, 1996)。此外,对于处在同一市场的几个项目,如果它们面对的是相同的客户资源的话,就会产生竞争,导致收益减少,即项目间存在着竞争关系,减少的收益成为竞争损失(Fox et al., 1984)。

2.3.2 协同收益与竞争损失的量化

经典的项目间协同与竞争关系模型的量化形式表述为多个 0-1 变量的乘积，每个 0-1 变量表示项目选择与否（Nemhauser and Ullmann, 1969；Carraway and Schmidt, 1991；Santhanam and Kyparisis, 1996；Yu et al., 2012）。然而，该表述形式会导致项目组合选择问题成为一个多项式规划模型，因为其包含非线性和非凸函数，启发式算法或是一个好的选择，但不一定能找到全局最优解。在这一部分，我们将会提供一个同时考虑项目间的相互依赖性、项目的可分性，以及其他约束条件的拓展模型，从而使模型更加符合实际情况。

本小节中出现的参数和变量的含义如下。

A_l：具有相互依赖关系的项目的集合，$l=1,2,\cdots,L,L+1,\cdots,\hat{L}$。

C_l：A_l 中至少有 m_l 个项目在同一时间段被执行时所产生的协同收益。

d_l：A_l 中至少有 m_l 个项目在同一时间段被执行时所产生的竞争损失。

m_l：为了使 A_l 生效，在同一时间段所需执行的项目的最小数量。

g_{lt}：0-1 变量，当且仅当 $\sum_{j\in A_l} y_{jt} \geqslant m_l$ 时，$g_{lt}=1$，否则 $g_{lt}=0$。

λ_t：总收益中可以被再投资于下一个时间段的部分，$0 \leqslant \lambda_t \leqslant 1$。

b_j：项目 j 完成时的收益。

M：整个规划周期可以执行的项目的最大数量。

下面我们对模型的基本特征进行描述。

1. 项目可分性

考虑可分性时，对于项目 $j \in N$，要么不选择它，要么它必须在一个或多个时间段内被执行，并且项目被执行的部分需要满足最大和最小执行比例。因此，半连续变量 x_{jt} 可以表示为 $x_{jt} \in \{0\} \cup [\alpha_{jt}, \beta_{jt}]$（$j=1,2,\cdots,n$，$t=1,2,\cdots,T_j$），$x_{jt}=0$ 表示项目 j 在 t 时间段内没有被执行，$x_{jt} \in [\alpha_{jt}, \beta_{jt}]$ 表示项目 j 的一部分将会在 t 时间段内被执行。在之后的情况中，项目 j 可以在几个时间段内完成，不一定要连续被执行。$x_{jt} \in \{0\} \cup [\alpha_{jt}, \beta_{jt}]$ 等价于式（2.34）：

$$\alpha_{jt} y_{jt} \leqslant x_{jt} \leqslant \beta_{jt} y_{jt}, \quad y_{jt} \in \{0,1\}, \quad j=1,2,\cdots,n, \quad t=1,2,\cdots,T_j \quad (2.34)$$

且有

$$x_{jt}=0, \quad j=1,2,\cdots,n, \quad t=T_{j+1}, T_{j+2}, \cdots, T \quad (2.35)$$

2. 项目相互依赖性

变量 g_{lt} 的值取决于在 t 时间段内相互依赖集合 $A_l = (l=1,2,\cdots,L,L+1,\cdots,\hat{L})$ 中执行的项目数量,其可以用 $\sum_{j \in A_l} y_{jt}$ 表示,当且仅当 $\sum_{j \in A_l} y_{jt} \geq m_l$ 时,$g_{lt}=1$。这可用式(2.36)和式(2.37)表示:

$$2n-1+m_l \geq \sum_{j \in A_l} y_{jt} + 2n(1-g_{lt}) \geq m_l, \quad l=1,2,\cdots,L,L+1,\cdots,\hat{L}, \quad t=1,2,\cdots,T \quad (2.36)$$

$$g_{lt} \in \{0,1\}, \quad l=1,2,\cdots,L,L+1,\cdots,\hat{L}, \quad t=1,2,\cdots,T \quad (2.37)$$

3. 协同收益和竞争损失

协同收益可能有许多来源。例如,有价值的资源可以在信息系统中的项目之间共享,因为协同收益的存在,总的资源支出将会降低。同样,在相互依赖项目的执行过程中,有效的管理,更快、更高效的处理过程也会带来协同收益,由于 $x_{jt} \in \{0\} \cup [\alpha_{jt}, \beta_{jt}]$,时间段 t 内的协同收益与 x_{jt} 密切相关。注意,这与经典案例中 $x_{jt} \in \{0,1\}$ 非常不同,因此,这里不能直接使用以往的对相互依赖性的定义。从保守的观点来看,当相互依赖的子集 $A_l(l=1,2,\cdots,L)$ 生效时,假设相互依赖的子集 $A_l(l=1,2,\cdots,L)$ 在时间段 t 内获得的协同收益为 $x_{jt}(x_{jt}>0, j \in A_l)$ 的最小值乘以 c_l,为了描述时间段 t 内协同收益的概念,u_{lt} 可用式(2.38)表示:

$$u_{lt} = \begin{cases} \min\{x_{jt} | x_{jt} > 0, \ j \in A_l\}, & g_{lt}=1 \\ 0, & g_{lt}=0 \end{cases} \quad (2.38)$$

其中,$l=1,2,\cdots,T$;$t=1,2,\cdots,T$;$u_t = (u_{1t}, u_{2t}, \cdots, u_{Lt})^T \in R^L$。那么时间段 t 内总的协同收益可以用式(2.39)表示:

$$\sum_{l=1}^{L} c_l u_{lt}, \quad t=1,2,\cdots,T \quad (2.39)$$

通过用这种保守的方式来定义协同收益,可以确保在整个规划周期内,相互依赖的项目子集 $A_l(l=1,2,\cdots,T)$ 总的协同收益不超过 c_l,这是合理和现实的,因为在不同的时间段只执行相互依赖的项目组合中每个项目的一部分,而不是在一个时间段内将相互依赖的项目组合中的每个项目完全执行时,协同收益就会减少。

竞争损失可能来自相互依赖的项目,但这些项目之间相互竞争。例如,一些项目以相同的人口群体为目标,那么就可能降低每个产品的销售额,从而导致竞争损失,从保守的观点来看,当相互依赖的项目子集 $A_l(l=1,2,\cdots,T)$ 生效时,假设相互依赖的项目子集 $A_l(l=1,2,\cdots,T)$ 在时间段 t 内的竞争损失为 $x_{jt}(x_{jt}>0, \ j \in A_l)$ 的最大值乘以 $d_l(l=L+1,L+2,\cdots,\hat{L})$,为了描述时间段 t 内竞争损失的概念,我们可以用式（2.40）表示 v_{lt}：

$$v_{lt} = \begin{cases} \max\{x_{jt} | x_{jt} > 0, j \in A_l\}, & g_{lt} = 1 \\ 0, & g_{lt} = 0 \end{cases} \quad (2.40)$$

其中，$l=L+1, L+2, \cdots, \hat{L}$；$t=1, 2, \cdots, T$；$v_t = (v_{(L+1)t}, v_{(L+2)t}, \cdots, v_{\hat{L}t})^T \in R^{\hat{L}-L}$。那么，在时间段 t 内总的竞争损失可用式（2.41）表示：

$$\sum_{l=L+1}^{\hat{L}} d_l v_{lt}, \quad t=1, 2, \cdots, T \quad (2.41)$$

通过以这种保守的方式来定义竞争损失，我们确保在整个规划周期内，相互依赖的项目子集 $A_l (l=1, 2, \cdots, T)$ 总的竞争损失不低于 d_l，也就是说，在不同时间段内只执行竞争性项目组合中每个项目的一部分，而不是在一个时间段内将竞争性项目组合中的每个项目完全执行时，项目组合会遭受更多的损失。

2.3.3 协同收益与竞争损失模型的建立

2.3.2 小节我们已经对模型的基本特征进行了描述，在此基础上，我们给出模型的约束条件。

1. 预算约束

设项目 j 的完成比例为 x_{jt} 时，所需的投资和获得的收益分别为 $k_j x_{jt}$ 和 $b_j x_{jt}$。时间段 t 内的总收益由单个项目的收益 $\sum_{j=1}^{n} b_j x_{jt}$、协同收益 $\sum_{l=1}^{L} c_l u_{lt}$ 和竞争损失 $\sum_{l=L+1}^{\hat{L}} d_l v_{lt}$ 组成，假设已执行部分的收益可以再投资于未执行的项目，而且再投资部分只能是在时间段 t 内的总收益的一部分，表示为 $\lambda_t (0 \leq \lambda_t \leq 1)$。注意 $\lambda_t \in [0, 1]$ $(t=1, 2, \cdots, T)$，如果 $\lambda_t = 0$，表示在时间段 t 内没有任何收益可再投资到之后的时间段；如果 $\lambda_t = 1$，表示在时间段 t 内的所有收益都将再投资到之后的时间段；如果 $\lambda_t \in (0, 1)$，表示时间段 t 内的一部分收益将再投资到之后的时间段。

在时点 0 处，即在第 1 个时间段开始时，用于项目生产准备成本和投资的初始可用资金为 $K(0)$，其满足式（2.42）：

$$K(0) - \sum_{j=1}^{n} (s_j y_{j1} + k_j x_{j1}) \geq 0 \quad (2.42)$$

不难验证， $L(0)=K(0)$ 及 $L(t)=K(t)+\left[L(t-1)-\sum_{j=1}^{n}s_jy_{jt}-\sum_{j=1}^{n}k_jx_{jt}\right](1+r)$
$+\lambda_t\left(\sum_{j=1}^{n}b_jx_{jt}+\sum_{l=1}^{L}c_lu_{lt}-\sum_{l=L+1}^{\hat{L}}d_lv_{lt}\right)$。为了满足时间段 $t+1$ 执行项目所需的生产准备成本和投资，$L(t)$ 需满足式（2.43）:

$$L(t)-\sum_{j=1}^{n}(s_jy_{j(t+1)}+k_jx_{j(t+1)}) \geq 0, \quad t=1,2,\cdots,T-1 \qquad (2.43)$$

进一步，我们有

$$\begin{aligned}&\sum_{\tau=0}^{t}K(\tau)(1+r)^{t-\tau}+\sum_{\tau=1}^{t}\lambda_\tau\left(\sum_{j=1}^{n}b_jx_{j\tau}+\sum_{l=1}^{L}c_lu_{l\tau}-\sum_{l=L+1}^{\hat{L}}d_lv_{l\tau}\right)(1+r)^{t-\tau}\\&-\sum_{\tau=1}^{t+1}\sum_{j=1}^{n}\left[s_jy_{j\tau}+k_jx_{j\tau}\right](1+r)^{t-\tau+1} \geq 0, \quad t=1,2,\cdots,T-1\end{aligned} \qquad (2.44)$$

2. 指标约束

如果选择了太多的项目，企业可能会没有能力执行，因此，不得不控制整个规划周期和每个时间段内选择的项目总数。整个规划周期内项目组合选择的指标约束用式（2.45）表示：

$$\sum_{j=1}^{n}z_j \leq M \qquad (2.45)$$

在每个时间段内，投资组合的项目指标约束可用式（2.46）表示：

$$\sum_{j=1}^{n}y_{jt} \leq M_t, \quad t=1,2,\cdots,T \qquad (2.46)$$

3. 其他约束

为了使模型更加符合实际情况，每个被选中的项目 j 都必须在规划周期结束时完成，项目的完整约束可用式（2.47）表示：

$$\sum_{\tau=1}^{T_j}x_{j\tau}=z_j, \quad j=1,2,\cdots,n \qquad (2.47)$$

另一种类型的约束是紧前关系约束，给定紧前关系集 ε，$(i,j)\in\varepsilon$ 表示当且仅当项目 i 结束时，项目 j 才能开始被执行，其中 $i,j\in N$。这种紧前关系约束可以用式（2.48）表示：

$$y_{j1}=0, \quad \sum_{\tau=1}^{t-1}x_{i\tau} \geq y_{jt}, \quad (i,j)\in\varepsilon, \quad t=2,3,\cdots,T \qquad (2.48)$$

4. 目标函数

将最大净现值设定为该模型的目标，根据前面的描述，目标函数可以用式（2.49）表示：

$$\text{NPV}(x_t, y_t, u_t, v_t) = -\sum_{j=1}^{n}\left[s_j y_{j1} + k_j x_{j1}\right] + \sum_{\tau=1}^{T-1}\left[\lambda_\tau\left(\sum_{j=1}^{n} b_j x_{j\tau} + \sum_{l=1}^{L} c_l u_{l\tau} - \sum_{l=L+1}^{\hat{L}} d_l v_{l\tau}\right)\right.$$
$$\left. - \sum_{j=1}^{n}(s_j y_{j(\tau+1)} + k_j x_{j(\tau+1)})\right](1+r)^{-\tau} \quad (2.49)$$
$$+ \lambda_T\left(\sum_{j=1}^{n} b_j x_{jT} + \sum_{l=1}^{L} c_l u_{lT} - \sum_{l=L+1}^{\hat{L}} d_l v_{lT}\right)(1+r)^{-T}$$

故同时考虑可分性和相互依赖性的扩展净现值（net present value with divisibility and interdependency，NPVDI）模型可以表示为：

$$\max \text{NPV}(x_t, y_t, u_t, v_t)$$

约束条件如下：

式（2.34）~式（2.36），式（2.38），式（2.40），式（2.42），式（2.44）~式（2.48）

$$x_t = (x_{1t}, x_{2t}, \cdots, x_{nt})^T \in [0,1]^n, \quad t = 1, 2, \cdots, T \quad (2.50)$$
$$y_t = (y_{1t}, y_{2t}, \cdots, y_{nt})^T \in [0,1]^n, \quad t = 1, 2, \cdots, T \quad (2.51)$$
$$g_t = (g_{1t}, g_{2t}, \cdots, g_{Lt}, \cdots, g_{\hat{L}t})^T \in \{0,1\}^{\hat{L}}, \quad t = 1, 2, \cdots, T \quad (2.52)$$
$$u_t = (u_{1t}, u_{2t}, \cdots, u_{Lt})^T \in R^L, \quad t = 1, 2, \cdots, T \quad (2.53)$$
$$v_t = (v_{(L+1)t}, v_{(L+2)t}, \cdots, v_{\hat{L}t})^T \in R^{\hat{L}-L}, \quad t = 1, 2, \cdots, T \quad (2.54)$$
$$z = (z_1, z_2, \cdots, z_n)^T \in \{0,1\}^n \quad (2.55)$$

5. 混合整数线性规划模型（MILP 模型）的等价和简化

为了有效计算，NPVDI 模型的等价数学表达式 ENPVDI（equivalent net present value with divisibility and interdependency，考虑可分性和相互依赖性的等价扩展净现值）模型可以写成：

$$\max \text{NPV}(x_t, y_t, u_t, v_t)$$

约束条件如下：

式（2.34）~式（2.36），式（2.42），式（2.44）~式（2.48），式（2.50）~式（2.55）

$$0 \leq u_{lt} \leq g_{lt}, \quad l = 1, 2, \cdots, L, \quad t = 1, 2, \cdots, T \quad (2.56)$$
$$u_{lt} \leq x_{jt} + (1 - y_{jt}), \quad j \in A_l, \quad l = 1, 2, \cdots, L, \quad t = 1, 2, \cdots, T \quad (2.57)$$
$$0 \leq v_{lt} \leq g_{lt}, \quad l = L+1, L+2, \cdots, \hat{L}, \quad t = 1, 2, \cdots, T \quad (2.58)$$

$$x_{jt}+(y_{jt}-1)\leqslant v_{lt}+(1-g_{lt}), \quad j\in A_l, \quad l=L+1,L+2,\cdots,\hat{L}, \quad t=1,2,\cdots,T \quad (2.59)$$

注意，模型（ENPVDI）有一个线性目标函数，有 $(n+\hat{L})T+n$ 个 0-1 变量，以及 $(n+\hat{L})T$ 个连续变量。约束的数量为 $nT+\sum_{j=1}^{n}T_j+2(2\hat{L}T+T)+T\left(\sum_{l=1}^{\hat{L}}|A_l|\right)+n+1+(T-1)|\varepsilon|$，加上出现在紧前关系后面且不能在第 1 时间段执行的项目数量。

接下来，提供 NPVDI 模型的三个简化模型，从而与一些已知模型建立联系（Servakh and Sukhikh, 2004; Li et al., 2014），为了便于比较，假设收益可以全部再投资到之后的时间段，即 $\lambda_t=1$ $(t=1,2,\cdots,T)$。

1）不考虑项目相互依赖性的模型：NPVD/I

如果不考虑项目相互依赖性，扩展净现值模型（NPVDI）可以简化为以下模型：

$$\max \text{NPV}(x_t,y_t)=-\sum_{j=1}^{n}\left[s_j y_{j1}+k_j x_{j1}\right]+\sum_{j=1}^{n}b_j x_{jT}(1+r)^{-T}$$
$$+\sum_{\tau=1}^{T-1}\sum_{j=1}^{n}\left(b_j x_{j\tau}-s_j y_{j(\tau+1)}-k_j x_{j(\tau+1)}\right)(1+r)^{-\tau} \quad (2.60)$$

约束条件如下：

式（2.34），式（2.35），式（2.42），式（2.43）~式（2.48），式（2.50），式（2.51），式（2.55）

$$\sum_{\tau=0}^{t}K(\tau)(1+r)^{t-\tau}+\sum_{j=1}^{n}\sum_{\tau=1}^{t}b_j x_{j\tau}(1+r)^{t-\tau}-\sum_{j=1}^{n}\sum_{\tau=1}^{t+1}\left[s_j y_{j\tau}+k_j x_{j\tau}\right](1+r)^{t-\tau+1}\geqslant 0,$$
$$t=1,2,\cdots,T-1 \quad (2.61)$$

这是一个具有线性目标函数的混合整数规划问题，有 $nT+n$ 个 0-1 变量和 nT 个连续变量，约束的数量为 $nT+\sum_{j=1}^{n}T_j+2T+n+1+T-1|\varepsilon|$，加上出现在紧前关系后面且不能在第 1 时间段执行的项目数量。

2）不考虑项目可分性的模型：NPVI/D

如果项目是不可分的，那么每个选定的项目必须在一个时间段内被执行，并且不能中断，因此，x_{jt} 是模型中的 0-1 变量，当且仅当项目 j 在第 t 时间段内被执行时，$x_{jt}=1(j\in N, t\in\{1,2,\cdots,T_j\})$，扩展净现值模型（NPVDI）可以简化为以下模型：

$$\max \text{NPV}(x_t, g_t) = -\sum_{j=1}^{n}(s_j+k_j)x_{j1} + \sum_{\tau=1}^{T-1}\left[\sum_{j=1}^{n}b_j x_{j\tau} + \sum_{l=1}^{L}g_{l\tau}c_l - \sum_{l=L+1}^{\hat{L}}g_{l\tau}d_l\right.$$
$$\left. -\sum_{j=1}^{n}(s_j+k_j)x_{j(\tau+1)}\right](1+r)^{-\tau} \qquad (2.62)$$
$$+\left(\sum_{j=1}^{n}b_j x_{jT} + \sum_{l=1}^{L}g_{lT}c_l - \sum_{l=L+1}^{\hat{L}}g_{lT}d_l\right)(1+r)^{-T}$$

约束条件如下：

式（2.35），式（2.45），式（2.47），式（2.52），式（2.55）

$$2n-1+m_l \geqslant \sum_{j \in A_l} x_{jt} + 2n(1-g_{lt}) \geqslant m_l, \quad l=1,2,\cdots,L,L+1,\cdots,\hat{L}, \quad t=1,2,\cdots,T \quad (2.63)$$

$$K(0) - \sum_{j=1}^{n}(s_j+k_j)x_{j1} \geqslant 0 \qquad (2.64)$$

$$\sum_{\tau=0}^{t}K(\tau)(1+r)^{t-\tau} + \sum_{\tau=1}^{t}\left(\sum_{j=1}^{n}b_j x_{j\tau} + \sum_{l=1}^{L}g_{l\tau}c_l - \sum_{l=L+1}^{\hat{L}}g_{l\tau}d_l\right)(1+r)^{t-\tau}$$
$$-\sum_{j=1}^{n}\sum_{\tau=1}^{t+1}(s_j+k_j)x_{j\tau}(1+r)^{t-\tau+1} \geqslant 0, \quad t=1,2,\cdots,T-1 \qquad (2.65)$$

$$\sum_{j=1}^{n} x_{jt} \leqslant M_t, \quad t=1,2,\cdots,T \qquad (2.66)$$

$$x_{j1}=0, \quad \sum_{\tau=1}^{t-1} x_{i\tau} \geqslant x_{jt}, \quad (i,j) \in \varepsilon, \quad t=2,3,\cdots,T \qquad (2.67)$$

$$x_t = x_{1t}, x_{2t}, \cdots, x_{nt} \in \{0,1\}^n, \quad t=1,2,\cdots,T \qquad (2.68)$$

NPVI/D 模型是一个具有线性目标函数和 $(n+\hat{L})T+n$ 个 0-1 变量的 0-1 线性规划问题。约束的数量为 $(n+2\hat{L}+1)T - \sum_{j=1}^{n}T_j + n + 1 + (T-1)|\varepsilon|$，加上出现在紧前关系后面且不能在第 1 时间段执行的项目数量。

3）不考虑项目相互依赖性和可分性的模型：NPV/DI

如果既不考虑项目相互依赖性也不考虑可分性，扩展净现值模型（NPVDI）可以进一步简化为

$$\max \text{NPV}(x_t) = -\sum_{j=1}^{n}(s_j+k_j)x_{j1} + \sum_{\tau=1}^{T-1}\sum_{j=1}^{n}\left[b_j x_{j\tau} - (s_j+k_j)x_{j(\tau+1)}\right](1+r)^{-\tau}$$
$$+ \sum_{j=1}^{n}b_j x_{jT}(1+r)^{-T} \qquad (2.69)$$

约束条件如下：

式（2.35），式（2.45），式（2.47），式（2.55），式（2.64），式（2.66）~式（2.68）

$$\sum_{\tau=0}^{t}K(\tau)(1+r)^{t-\tau}+\sum_{j=1}^{n}\sum_{\tau=1}^{t}\left[-(s_j+k_j)(1+r)^{t+1-\tau}+b_j(1+r)^{t-\tau}\right]x_{j\tau}$$

$$-\sum_{j=1}^{n}(s_j+k_j)x_{j(t+1)}\geqslant 0,\quad t=1,2,\cdots,T-1$$

(2.70)

这是一个具有 $nT+n$ 个 0-1 变量的线性整数规划问题。约束的数量为 $(2+n)T-\sum_{j=1}^{n}T_j+1+n+(T-1)|\varepsilon|$，加上出现在紧前关系后面且不能在第 1 时间段执行的项目数量。

2.3.4 协同收益与竞争损失的案例分析

在本小节中，我们使用随机生成问题的 4 个场景来展示所提出模型（NPVDI）的特征。设置 20 个候选项目 $N=\{A,B,\cdots,T\}$，并将整个规划周期分为 10 个阶段（$T=10$），表 2.10 列出了每个项目的有关数据，包括生产准备成本、投资、收益等，表 2.11 提供了每个时点（即时间段开始时）的初始资金 $K(t)$，以及每个时间段收益再投资的部分，即再投资率 $\lambda(t)$。显然，资金不足以支持所有项目的执行，表 2.12 列出了协同收益的三个相互依赖的子集，表 2.13 列出了竞争损失的三个相互依赖的子集，紧前关系为 $\varepsilon=\{(A,C),(E,H),(L,Q)\}$，利率假定为 6%（$r=6\%$），此外，整个规划周期内能够选择的项目的最大数量为 13（$M=13$），每个时间段执行项目的最大数量 $M_t=(2,2,3,4,4,3,3,2)$，这些模型是用建模语言 GAMS 实现的，并由 CPLEX 12.1 用默认设置求解，计算是在具有 2G 内存和 2.13 千兆赫兹双核 CPU（central processing unit/processor，中央处理器）的计算机上进行的。

表2.10　每个项目的生产准备成本、投资、收益、最小执行比例和最大执行比例

项目 j	生产准备成本 s_j/万美元	投资 k_j/万美元	收益 b_j/万美元	项目最小执行比例 α_{jt}	项目最大执行比例 β_{jt}	最后完成时间 t
A	25	560	726	0.25	1.00	3
B	30	640	838	0.25	1.00	5
C	10	197	261	0.25	1.00	6
D	35	680	755	0.25	1.00	7
E	25	545	705	0.25	1.00	4

续表

项目 j	生产准备成本 s_j/万美元	投资 k_j/万美元	收益 b_j/万美元	项目最小执行比例 α_{jt}	项目最大执行比例 β_{jt}	最后完成时间 t
F	15	300	354	0.25	1.00	4
G	35	750	794	0.25	1.00	5
H	15	260	330	0.25	1.00	6
I	25	488	634	0.25	1.00	6
J	45	900	1136	0.20	1.00	6
K	40	542	682	0.25	1.00	5
L	34	373	427	0.25	1.00	7
M	23	823	973	0.25	1.00	8
N	20	257	322	0.25	1.00	4
O	23	684	881	0.25	1.00	7
P	26	807	1009	0.25	1.00	9
Q	36	800	984	0.25	1.00	10
R	18	757	887	0.25	1.00	6
S	27	597	682	0.25	1.00	10
T	24	557	654	0.20	1.00	9

表2.11　每个时点的初始资金及再投资率

时点 t	0	1	2	3	4	5	6	7	8	9
初始资金 $K(t)$/万美元	500	0	0	0	0	500	0	0	0	0
再投资率 $\lambda(t)$	1.0	1.0	1.0	1.0	1.0	1.0	1.0	1.0	1.0	1.0

表2.12　相互依赖的子集及协同收益

相互依赖的子集	项目	最小数量 m_l	协同收益 C_l/万美元
A_1	C, F, H, M	2	40
A_2	E, F, G, N	2	45
A_3	D, G, H, I, J, Q	3	85

表2.13　相互依赖的子集及竞争损失

相互依赖的子集	项目	最小数量 m_l	竞争损失 d_l/万美元
A_4	A, F, K, O	2	45
A_5	B, D, H, L	2	55
A_6	G, M, N, P, S, T	3	90

1. 考虑可分性和相互依赖性的项目组合选择

在第一种情况下，我们使用模型 ENPVDI。由 OP_1 表示的最佳投资组合如表 2.14 所示，括号内的数字是相应项目的执行比例。例如，"1"栏中的"O(0.697)"

表示项目 O 的 69.7%在第 1 时间段内被执行,计算时间为 7.37 秒,净现值为 939.8 万美元。

表2.14　投资组合OP_1

时间段 t	1	2	3	4	5	6	7	8
执行的项目及执行比例	O(0.697)	A(1.00)	B(1.00)	E(1.00) N(1.00)	C(1.00) M(1.00)	H(1.00) I(1.00) J(1.00)	L(1.00) O(0.303) P(1.00)	Q(1.00)
净现值/万美元					939.8			

下面我们详细研究模型给出的最优投资组合,以说明项目相互依赖性和可分性。投资组合 OP_1 的最优净现值总计为 939.8 万美元,其由 A、B、C、E、H、I、J、L、M、N、O、P 和 Q 共 13 个项目组成。在第 1 时间段,由于可分性,项目 O 被部分执行;在第 4 时间段,因为项目 E 和项目 N 已完全被执行,相互依赖的子集 A_2 生效,因此,获得 45 万美元的协同收益;在第 5 时间段,因为项目 C 和项目 M 已完全被执行,相互依赖的子集 A_1 生效,获得 40 万美元的协同收益;类似地,在第 6 时间段,相互依赖的子集 A_3 生效。注意,相互依赖的子集 A_4、A_5 和 A_6 不会生效,因为它们会导致竞争损失,其中协同效益的贡献为

$$\frac{40}{(1+6\%)^3}+\frac{45}{(1+6\%)^4}+\frac{85}{(1+6\%)^5}\approx 132.7(万美元)$$

2. 不考虑相互依赖性的项目组合选择

在第二种情况下,使用模型 NPVD/I,即不考虑项目相互依赖性的模型。由 OP_2 表示的最佳投资组合如表 2.15 所示,计算时间为 2.62 秒,净现值为 856.1 万美元,低于 OP_1 的净现值,这主要是由于缺少 A_1、A_2 和 A_3 产生的协同收益。需要注意的是,利润较高的项目在满足优先关系、预算和指标约束的情况下会被尽早安排,因为外部资金 $K(t)$ 的数量在减少,利润较高的项目应该尽可能早地被执行,以保证其他项目在后期被执行时有可用资金。还要注意,项目 H 不在最佳投资组合中,因为它产生的利润很低,而且在这种情况下,项目 H、项目 I 和项目 J 之间没有产生协同收益。相反,与表 2.14 中的投资组合 OP_1 相比,有着更高利润的项目 R 在第 6 时间段被执行。

第 2 章　静态项目组合选择问题

表2.15　投资组合OP$_2$

时间段 t	1	2	3	4	5	6	7	8
执行的项目及执行比例	O(0.697)	A(1.00)	B(1.00)	C(1.00) E(1.00)	I(1.00) K(1.00)	J(1.00) R(1.00)	L(1.00) O(0.303) P(1.00)	M(1.00) Q(1.00)
净现值/万美元				856.1				

3. 不考虑可分性的项目组合选择

在第三种情况下，使用模型 NPVI/D，即不考虑项目可分性的模型。由 OP$_3$ 表示的最佳投资组合如表 2.16 所示，计算时间为 0.28 秒，净现值为 828.3 万美元，低于OP$_1$的净现值。在第 6 时间段，第 1~5 时间段节省的资金用于第 6 时间段去执行项目 C、H 和 J，这些项目共同产生 40 万美元的协同收益，这不同于第一种情况和第二种情况，在前两种情况中，资金几乎全部投资于第 1~5 时间段。注意，在这种情况下不考虑项目可分性，因此，项目 O 不是在第 1 时间段内被部分执行，而是在第 7 时间段内被完全执行。

表2.16　投资组合OP$_3$

时间段 t	1	2	3	4	5	6	7	8
执行的项目及执行比例	N(1.00)	I(1.00)	A(1.00)	E(1.00)	B(1.00)	C(1.00) H(1.00) J(1.00)	L(1.00) O(1.00) P(1.00)	M(1.00) Q(1.00)
净现值/万美元				828.3				

4. 不考虑项目依赖性和可分性的项目组合选择

在第四种情况下，使用模型 NPV/ID，即不考虑项目相互依赖性和可分性的模型。由 OP$_4$ 表示的最佳投资组合如表 2.17 所示，计算时间为 0.11 秒，净现值为 817.0 万美元，是 4 个投资组合中最低的，当紧前关系和预算约束得到满足时，收益较高的项目将尽早被执行，原因是，项目的不可分性禁止投资组合选择更多的项目，项目的不相互依赖性抑制了节约资金以共同执行在后面的时间段可能会产生协同收益的项目的可能性。例如，在第 7 时间段，OP$_4$ 中的项目 O 和项目 P 被执行，而 OP$_2$ 中的 3 个项目（项目 L、项目 O 和项目 P）被执行，这是因为在投资于项目 L 和项目 P 之后，由于可分性，剩余的资金可以用于执行一部分项目 O，此外，OP$_3$ 中的项目 C 和项目 H 在第 6 时间段被执行，而在 OP$_4$ 中它们分别在第 4 时间段和第 5 时间段被执行，这是项目 C 和项目 H 之间的相互依赖性造成的，这种相互依赖性在第三种情况中的第 6 时间段生效，投资组合 OP$_3$ 和 OP$_4$ 的组成在第 4~8 时间段有很大不同。

表2.17 投资组合OP_4

时间段 t	1	2	3	4	5	6	7	8
执行的项目及执行比例	N（1.00）	I（1.00）	A（1.00）	C（1.00） E（1.00）	B（1.00） H（1.00）	J（1.00） R（1.00）	O（1.00） P（1.00）	M（1.00） T（1.00）
净现值/万美元				817.0				

表 2.18 比较了四种情况的净现值。在表 2.18 中"是"表示考虑相互依赖性或可分性,"否"表示不考虑。显而易见,无论是考虑相互依赖性还是可分性的净现值都高于两者都不考虑的净现值。这一现象说明项目可分性和相互依赖性的优势,特别是在可用资金不足的情况下。可分性可以为项目组合选择提供灵活性,从而将有限的资金投资于项目的一部分,项目相互依赖性可以产生协同效益以增加净现值。

表2.18 第一至第四种情况的净现值

		相互依赖性	
		是	否
可分性	是	939.8 万美元	856.1 万美元
	否	828.3 万美元	817.0 万美元

2.4 主动打断带来的机会成本

2.4.1 机会成本的提出及量化

1. 机会成本的提出

在当今竞争激烈的市场上,以项目为导向的企业需要同时选择和执行一部分项目以达到其目标(Lorie and Savage, 1955; Archer and Ghasemzadeh, 1999; Arratia et al., 2016)。在项目组合选择中,利润最大化是最重要和最常见的目标(Liu and Wang, 2011; Huang et al., 2016; Sefair et al., 2017; Shariatmadari et al., 2017),因此,我们会考虑诸如项目相互依赖性(Weingartner, 1966; Fox et al., 1984; Santhanam and Kyparisis, 1996; Yu et al., 2012; Bhattacharyya, 2015; Li et al.,

2016a)、项目调整（Huang et al., 2014；Huang et al., 2016）、项目调度（Mohanty et al., 2005；Huang et al., 2014）、资源分配（Dov, 1965；Carraway and Schmidt, 1991；Fliedner and Liesiö, 2016）和灵活的时间界限（Jafarzadeh et al., 2015）等因素，从而选择出最有利可图的项目组合。为了选择出一个更好的项目执行安排，我们在项目组合选择中考虑了项目打断，通过将项目分成若干部分来优化项目执行（Li et al., 2016b），这种类型的打断称为项目可分性，考虑项目可分性的项目组合选择问题被称为可分项目组合选择（divisible project portfolio selection, DPPS）问题。

以前，决策者试图通过使净现值最大化来获得更多的利润，然而，从可分项目组合选择中浮现出的机会成本已成为一个严重的问题。一个真实的建设项目可以用来解释这种机会成本。某年夏天，一所大学正在修建两座新的教学楼，施工被一场暴雨中断，几乎所有的设备（固定资产）都闲置了，虽然这些闲置的固定资产看上去似乎并没有什么损失，但是实际上建筑企业失去了利用这些设备产生更多收入的机会（Kaiser and Young, 2015），我们将这种潜在收益的损失定义为固定资产的机会成本。该实例表明，在可分项目组合选择中考虑机会成本是自然的，也是必要的。

本节给出一种新的可分项目组合选择与进度规划模型，它弥补了可分项目组合选择与机会成本之间的间隙。当一个项目被中断时，相关的固定资产也就闲置了，决策者应认真考虑这一机会成本。新模型所建议的项目组合同时考虑了净现值和机会成本，与传统模型相比，新模型能够有效地利用固定资产，为投资者带来更大的利润（Zhong et al., 2019）。

2. 机会成本的量化

为了更好地表示机会成本，下面介绍本节涉及的参数和变量及其所代表的含义。

Ω：固定资产的集合，其中 $i=1,2,\cdots,m$。

Γ_i：需要固定资产 i 的候选项目集合，$i \in \Omega$。

Ψ_j：需要执行项目 j 的固定资产集合，$j \in v$。

r：折现率，$r \geq \gamma_0$，γ_0 为基本利率。

u_{jt}：项目 j 在时间段 t 的最小执行比例，$0 < u_{jt} < 1$。

η_{jt}：项目 j 在时间段 t 的最大执行比例，$0 < u_{jt} \leq \eta_{jt} < 1$。

α_{it}：固定资产 i 在时间段 t 产生的机会成本，$i \in \Omega$，$t \in \Lambda$。

l_j：一个正整数变量，对于从 v 中选择出的项目 j 来说，l_j 表示项目 j 第一次开始被执行的时间段，特别地，定义 $\hat{l}_i = \min_{i \in \Gamma_i} l_j$，$i \in \Omega$。

u_j：一个正整数变量，对于从 v 中选择的项目 j 来说，u_j 表示项目 j 最后被执行的时间段，特别地，定义 $\hat{u}_i = \max_{j \in \Gamma_i} u_j, i \in \Omega$。

d_{jt}：0-1 变量，$d_{jt} = \begin{cases} 1, & l_j \leq t \leq u_j \\ 0, & 其他 \end{cases}$，$j \in v$，$d_{jt}=1$ 表示项目 j 在时间段 t 开始被执行但是还没有完成。

b_{it}：0-1 变量，$b_{it} = \begin{cases} 1, & \hat{l}_i \leq t \leq \hat{u}_i \\ 0, & 其他 \end{cases}$，$i \in \Omega$，$b_{it}=1$ 表示固定资产 i 在时间段 t 被占用。

2.4.2　固定资产的机会成本假设

为了更好地理解 Γ_i 和 Ψ_j 的含义，我们用图 2.1 中的例子来解释 Γ_i 和 Ψ_j。图 2.1 中有 3 个候选项目和 4 个固定资产，以项目 A 和固定资产 1 为例，项目 A 与固定资产 1 之间的线段表示执行项目 A 需要固定资产 1，其他线段的含义与此相同。对于项目 A，它与固定资产 1、固定资产 2 和固定资产 3 有关，因此 $\Psi_A = \{1,2,3\}$，固定资产 1 与项目 A 和项目 B 有关，因此 $\Gamma_1 = \{A,B\}$。

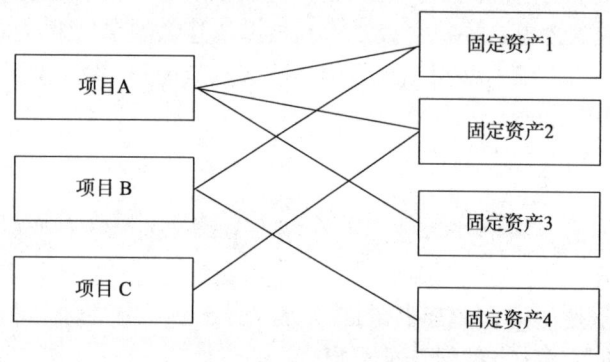

图 2.1　Γ_i 和 Ψ_j 的说明

假设 Γ_i 中的所有项目在被执行时共享相同的固定资产 i。如果 Γ_i 中至少有一个项目被选中，那么固定资产 i 在第 $\hat{l}_i$ 时间段到第 $\hat{u}_i$ 时间段将被占用，因此，固定资产 i 的机会成本是在第 $\hat{l}_i$ 时间段到第 $\hat{u}_i$ 时间段产生的，图 2.2 说明了这种假设。

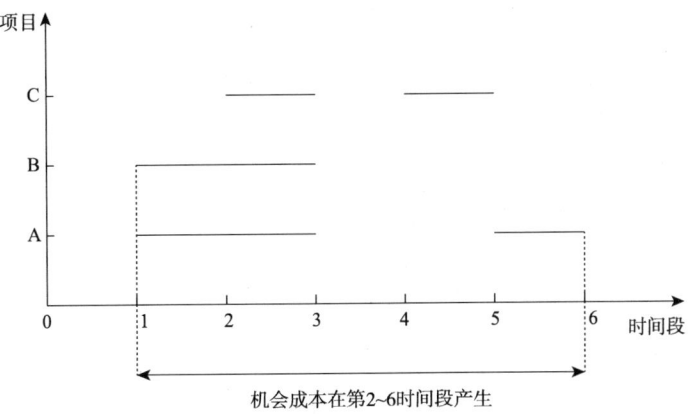

图 2.2 机会成本假设的说明

图 2.2 展示了一个项目 A、项目 B 和项目 C 共享固定资产 i 的例子。（1,A）和（3,A）之间的线段表示项目 A 在第 2 时间段到第 3 时间段被执行，（3,A）和（5,A）表示项目在第 4 时间段和第 5 时间段没有被执行，其他线段具有相同的意思。图 2.2 表明，$l_A = l_B = 2$，$l_C = 3$，$u_A = 6$，$u_B = 3$，$u_C = 5$，$\hat{l}_i$ 和 $\hat{u}_i$ 可以表示为 $\hat{l}_i = \min\{2,2,3\} = 2$ 和 $\hat{u}_i = \max\{6,3,5\} = 6$，因此，固定资产的机会成本是在第 2 时间段到第 6 时间段之间产生的，即 $b_{i2} = b_{i3} = \cdots = b_{i6} = 1$。

可见，b_{it} 是计算机会成本的关键，然而，根据定义，b_{it} 与 $\hat{l}_i(\min_{j \in \Gamma_i} l_j)$ 和 $\hat{u}_i(\max_{j \in \Gamma_i} u_j)$ 并不是线性相关的，非线性公式使得模型难以求解，为了有效地计算，将用下面的定理来线性地表示 l_j、u_j 和 b_{it}。

定理 2.7 对于从 v 中选择出的每个项目 j，当且仅当不等式（2.71）和不等式（2.72）成立时，l_j 表示项目 j 第一次被执行的时间段：

$$1 \leqslant l_j \leqslant y_{j1} + M(1 - y_{j1}), \quad j \in v \tag{2.71}$$

$$\left(1 - \sum_{\tau=1}^{t-1} y_{j\tau}\right) \cdot t \leqslant l_j \leqslant \sum_{\tau=1}^{t} y_{j\tau} \cdot t + M(1 - y_{jt}), \quad j \in v, \quad t = 2, 3, \cdots, T \tag{2.72}$$

其中，M 为一个足够大的正数。

定理 2.8 对于从 v 中选择的每个项目 j，当且仅当不等式（2.73）成立时，u_j 表示项目 j 最后一次被执行的时间段：

$$y_{jt} \cdot t \leqslant u_j \leqslant \sum_{\tau=1}^{t} x_{j\tau} \cdot t + M\left(1 - \sum_{\tau=1}^{t} x_{j\tau}\right) \tag{2.73}$$

其中，$j = 1, 2, \cdots, n$；$t = 1, 2, \cdots, T$；M 为一个足够大的正数。

定理 2.9 考虑以下两个命题，其中 $i=1,2,\cdots,m$，M 为一个足够大的正数：

（1）如果从 Γ_i 中至少选择一个项目 j，当 $\hat{l}_i \leqslant t \leqslant \hat{u}_i$ 时，$b_{it}=1$；对于其他的 $t \in \Lambda$，$b_{it}=0$。

（2）如果没有从 Γ_i 中选择项目，当 $t \in \Lambda$ 时，$b_{it}=0$。

当且仅当不等式（2.74）~不等式（2.77）满足时，上述两个命题成立：

$$(1-b_{i1})+M\sum_{\varepsilon \in \Gamma_i}z_\varepsilon \geqslant u_j, \quad j \in \Gamma_i, \quad i=1,2,\cdots,m \quad (2.74)$$

$$(1-b_{it})t+M\left(\sum_{\varepsilon \in \Gamma_i}z_\varepsilon - \sum_{\varepsilon \in \Gamma_i}\sum_{\tau=1}^{t-1}x_{\varepsilon\tau}\right) \geqslant u_j, \quad j \in \Gamma_i, \quad t=2,3,\cdots,T, \quad i=1,2,\cdots,m \quad (2.75)$$

$$\sum_{t=1}^{T}b_{it} \geqslant u_\varphi - l_\chi + 1, \quad \varphi,\chi \in \Gamma_i, \quad i=1,2,\cdots,m \quad (2.76)$$

$$b_{it} \leqslant \sum_{j \in \Gamma_i}\sum_{\tau=1}^{t}y_{j\tau}, \quad t=1,2,\cdots,T, \quad i=1,2,\cdots,m \quad (2.77)$$

在定理 2.7~定理 2.9 的基础上，计算机会成本就变得容易了，具体如下。

定理 2.10 折现到 0 时点的固定资产机会成本的总和可以用式（2.78）表示：

$$\sum_{i=1}^{m}\sum_{t=1}^{T}b_{it}\alpha_{it}(1+r_0)^{-t} \quad (2.78)$$

2.4.3 机会成本的模型建立

1. 一个新的项目组合选择模型：PPS-1

同时考虑项目可分性和固定资产机会成本的新的项目组合选择模型，其目标函数是用项目组合的净现值减去机会成本来表示的，具体如式（2.79）所示。

$$\max L(T)-\sum_{t=0}^{T}K(t)(1+r_0)^{-t}-\sum_{i=1}^{m}\sum_{t=1}^{T}b_{it}\alpha_{it}(1+r)^{-t} \quad (2.79)$$

约束条件如下所示。

1）可打断约束

对于每个选择的项目来说，要么在时间段 t 不被执行（$x_{jt}=0$，$y_{jt}=0$），要么在时间段 t 的执行比例要超过最小值而不超过最大值（$\mu_{jt} \leqslant x_{jt} \leqslant \eta_{jt}$，$y_{jt}=1$），可打断约束可以用不等式（2.80）表示：

$$\mu_{jt}y_{jt} \leqslant x_{jt} \leqslant \eta_{jt}y_{jt}, \quad j=1,2,\cdots,n, \quad t=1,2,\cdots,T \quad (2.80)$$

2）预算约束

如果项目 j 在时间段 t 的执行比例为 x_{jt}，那么企业必须在时点 $t-1$（即时间段 t 的开始）支付执行部分的投资资金 $k_j x_{jt}$，除投资外，企业需要额外支付资金 s_j 作为这部分的生产准备成本，生产准备成本的金额只与项目 j 是否在时间段 t 被执行有关，而与 x_{jt} 的值无关（如果 $x_{jt}>0$）。在时间段 t 结束后，企业可获得资金 $c_j x_{jt}$ 作为执行这部分的收益。$L(t)$ 中还包括选择的所有项目到时间段 t 的总收益。时点 t 的可用资金 $L(t)$ 可以用式（2.81）表示：

$$L(t) = \sum_{\tau=0}^{t} K(\tau)(1+r_0)^{-\tau} + \sum_{j=1}^{n}\sum_{\tau=1}^{t} c_j x_{j\tau}(1+r)^{-\tau+1} - \sum_{j=1}^{n}\sum_{\tau=1}^{t} k_j x_{j\tau}(1+r)^{-\tau}, \quad t=1,2,\cdots,T \tag{2.81}$$

为了保证时间段 t 需要的生产准备成本和投资不能超过在时点 $t-1$ 的可用资金，预算约束可用不等式（2.82）表示：

$$L(t) - \sum_{j=1}^{n} s_j y_{j(t+1)} - \sum_{j=1}^{n} k_j x_{j(t+1)} \geq 0, \quad t=0,1,\cdots,T-1 \tag{2.82}$$

3）完整约束

如果一个项目被选择，它必须在整个规划周期结束之前完成。项目的完整约束可用式（2.83）表示：

$$\sum_{\tau=1}^{T} x_{j\tau} = z_j, \quad j=1,2,\cdots,n \tag{2.83}$$

4）指标约束

整个规划周期内执行项目的数量约束可用不等式（2.84）表示：

$$\sum_{j=1}^{n} z_j \leq N \tag{2.84}$$

每个时间段内执行项目的数量约束可用不等式（2.85）表示：

$$\sum_{j=1}^{n} y_{jt} \leq M_t, \quad t=1,2,\cdots,T \tag{2.85}$$

2. 一种不考虑固定资产共享的特殊模型：PPS-2

模型 PPS-1 假设 Γ_i 中的所有项目在被执行时共享相同的固定资产 i，然而，固定资产并不是都可以共享的，如有时 Γ_i 中的项目并不位于相同的位置，在这种情况下，企业需要同时使用多个固定资产来执行从 Γ_i 中选择的项目。一个示例可以显示这些差异（图 2.3）。

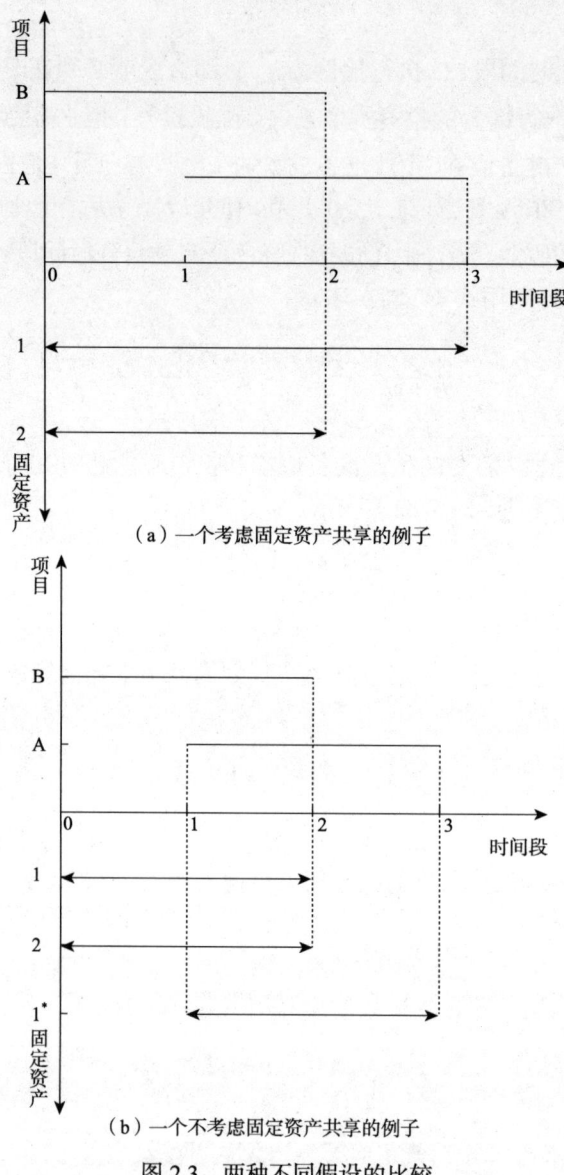

（a）一个考虑固定资产共享的例子

（b）一个不考虑固定资产共享的例子

图 2.3　两种不同假设的比较

假设有两个项目，3 个固定资产和 3 个时间段，图 2.3 中的所有符号都具有与图 2.2 相同的含义，我们有 $\Psi_A=1$ 和 $\Psi_B=\{1,2\}$。在图 2.3（a）中，固定资产 1 在项目 B 完成后不能投资到其他地方，相反，它用于执行项目 A，因此，固定资产 1 从第 1 时间段到第 3 时间段被占用。在图 2.3（b）中，在执行项目 B 时，固定资产 1 和固定资产 2 在第 1 时间段和第 2 时间段都被占用，但是，企业必须在第 2 时间段到第 3 时间段使用另一固定资产 1^* 执行项目 A，固定资产 1^* 与固定资产 1

属于同一类，但不是同一个。

不考虑固定资产共享情况的项目组合选择模型可视为 PPS-1 模型的特例。在这个特例中，$\Gamma_i(i \in \Omega)$ 中只有一个项目，因此 PPS-1 模型仍然适用于这个情况，但是，如果不考虑固定资产共享，则需要更多的固定资产来执行项目，大量的整数变量 $\hat{l}_i$、$\hat{u}_i$ 和 b_{it} 会导致沉重的计算负担，因此我们提出一种更简便的计算机会成本的方法，该方法有更少的整数变量。

对于任一被选择的项目 j，$l_j = \hat{l}_i$，$u_j = \hat{u}_i (j \in \Gamma_i,\ i \in \Omega)$，$d_{jt}$ 表示固定资产 $i(i \in \Psi_j)$ 在时间段 $t(t \in \Lambda)$ 是否被占用，因此，我们可以用式（2.86）来表示机会成本。

$$\sum_{i \in \Omega} \sum_{t \in \Lambda} b_{it} \alpha_{it} (1+r_0)^{-t} = \sum_{j \in v} \sum_{i \in \Psi_j} \sum_{t \in \Lambda} b_{it} \alpha_{it} (1+r_0)^{-t} = \sum_{j \in v} \sum_{t \in \Lambda} d_{jt} \sum_{i \in \Psi_j} \alpha_{it} (1+r_0)^{-t} \quad (2.86)$$

不考虑固定资产共享的新的项目组合选择模型（PPS-2）如下：

$$\max L(T) - \sum_{\tau=0}^{T} K(\tau)(1+r_0)^{-\tau} - \sum_{j \in v} \sum_{t \in \Lambda} d_{jt} \sum_{i \in \Psi_j} \alpha_{it} (1+r)^{-t} \quad (2.87)$$

约束条件如下：

式（2.72）~式（2.74），式（2.79）~式（2.84）

$$td_{jt} \leq u_j, \quad j=1,2,\cdots,n, \quad t=1,2,\cdots,T \quad (2.88)$$

$$\sum_{t=1}^{T} d_{jt} = u_j - l_j + 1, \quad j=1,2,\cdots,n \quad (2.89)$$

$$d_{jt} \leq \sum_{\tau=1}^{t} y_{jt}, \quad j=1,2,\cdots,n, \quad t=1,2,\cdots,T \quad (2.90)$$

值得一提的是，如果不考虑机会成本，PPS-1 模型和 PPS-2 模型与 ENPVD（equivalent net present value with divisibility，考虑可分性的等价扩展净现值）模型等同。

2.4.4　机会成本的实例分析

在本小节中，我们使用能源和电力行业的真实案例来展示以上建立的模型。投资、收益和规划周期由中国华电集团有限公司（CHD）提供，中国华电集团有限公司是全球最大的能源公司之一（2016 年世界 500 强中排名 331 位），该公司主营业务包括发电、污水处理、能源基础设施建设等。在这个案例中，我们首先介绍行业数据，这些数据将用于 ENPVD、PPS-2 和 PPS-1 三个模型中，以说明我们提出模型的能力和特征。所有的实例都是在配备 Intel（R）Core（TM）i7-4720HQ@2.60 GHZ CPU、12 GB RAM 和 Windows10（64 位）操作系统的 PC （personal computer，个人电脑）上执行的，GAMS/BARON[①]（Tawarmalani and Sahinidis，2005）被用作 MILP 求解器。

在这个案例中，规划周期被分为 5 个时间段（$T=5$），研究集中在 3 个地区，包括河北省、山西省和内蒙古自治区，位于同一地区的项目具有相同的性质。例如，内蒙古自治区主要是平坦的草原，因此该地区的项目主要是风力发电场。山西省煤矿资源丰富，因此有着大量的火电厂，在每个省或自治区，都有一个子公司负责执行特定区域内的项目，假设每个子公司都可以被视为一个固定资产（$i=3$），这意味着子公司 $i(i=1,2,3)$ 的机会成本在 Γ_i 中任一项目被选择并且子公司 i 开始执行时产生，当全部完成在 Γ_i 中选择的项目时，子公司才能从事其他业务，所有的相关信息由表 2.19 和表 2.20 给出，其中表 2.19 给出了每个候选项目的投资和收益，表 2.20 给出了每个子公司的机会成本，前面提到的内容反映了这些候选项目的本质。例如，风电场的基础设施并不像其他发电设施那么复杂，如热能或核能，因此，与其他地区的项目相比，内蒙古自治区的大部分项目不需要太多的投资，这也意味着在内蒙古自治区执行项目需要较少的固定资产，从逻辑上来说，其固定资产的机会成本会低于其他地区。

表2.19　每个项目的收益和投资

项目 j（内蒙古自治区）	1	2	3	4	5
k_j/万元	2 800	5 500	2 000	2 600	1 800
c_j/万元	3 400	6 600	2 400	3 100	2 200
项目 j（山西省）	6	7	8	9	10
k_j/万元	5 000	2 400	4 500	3 400	3 300
c_j/万元	6 000	2 900	5 400	4 100	4 000
项目 j（河北省）	11	12	13	14	15
k_j/万元	4 800	1 800	4 900	3 700	3 500
c_j/万元	5 800	2 200	5 900	4 400	4 200

表2.20　每个子公司的机会成本　　　　　单位：万元

i	1	2	3
α_{it}	50	100	150

然而，风能是不稳定的，与其他项目相比，这些项目的收益较少，相反，山西省的火电项目投资大，机会成本高，但由于其地理优势，也能产生较高的利润，这些现实情况将会影响决策的制定，稍后将对此进行说明。

此外，每个候选项目的生产准备成本为 100 万元（$s_j=1$，$j \in v$），每个时间

[①] BARON：branch aimed at reducing optimization of navigation，分支减少优化导航。

段的指标约束为 2（$M_t = 2$，$t \in \Lambda$），能够选择项目的最大数量为 5（$N = 5$），假设 $r_0 = r = 5\%$，表 2.21 和表 2.22 提供了进行实验所需的其他数据。

表2.21 可用外部资金   单位：万元

t	0	1	2	3	4
$K(t)$	2 800	1 800	2 500	2 700	2 700

表2.22 每个候选项目的最大执行比例和最小执行比例

项目 j	1	2	3	4	5	6	7	8	9	10
μ_{jt}	0.10	0.15	0.10	0.15	0.20	0.10	0.25	0.10	0.20	0.10
η_{jt}	0.90	0.85	0.90	0.85	0.85	0.70	0.90	0.90	0.85	0.85
项目 j	11	12	13	14	15	16	17	18	19	20
μ_{jt}	0.10	0.15	0.10	0.15	0.20	0.10	0.25	0.10	0.20	0.10
η_{jt}	0.90	0.85	0.90	0.85	0.85	0.70	0.90	0.90	0.85	0.85

在本小节中，将分别执行 ENPVD、PPS-1 和 PPS-2 三个模型，通过对比来展示机会成本及固定资产共享是如何影响决策的。

在第一种情况中，执行 ENPVD 模型（不考虑机会成本和固定资产共享），图 2.4 展示了相应的最优解决方案，包括最优投资组合、执行计划和每个项目的执行比例，计算时间为 0.02 秒。

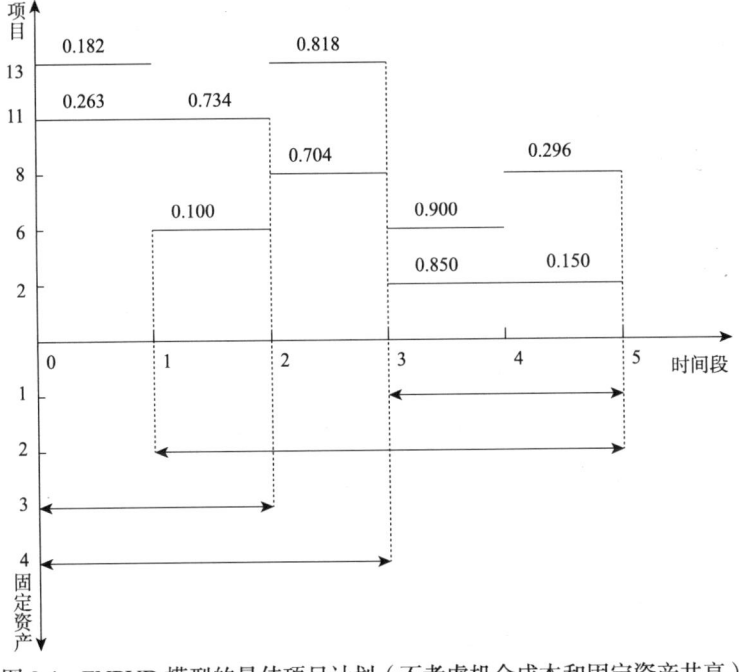

图 2.4 ENPVD 模型的最佳项目计划（不考虑机会成本和固定资产共享）

图 2.4 中（0,13）和（1,13）之间的线段表示项目 13 在第 1 时间段被执行，这条线段上面的数字表示整个项目的执行比例为 0.182（18.2%），（3,1）与（5,1）之间的线段表示固定资产从第 3 时间段到第 5 时间段被占用，也就是说，固定资产 1 的机会成本在第 3 时间段到第 5 时间段之间产生，其他的符号具有相同的含义。可以看到，选择的项目 2、项目 6、项目 8、项目 11 和项目 13 是候选项目中收益较高的项目，其中项目 $1 \in \varGamma_1$，项目 6 和项目 $8 \in \varGamma_2$，项目 $11 \in \varGamma_3$，项目 $13 \in \varGamma_4$，如果不考虑机会成本带来的损失，则每个子公司至少执行一个项目（每个项目所在地区见表 2.19）。在不考虑机会成本的情况下，ENPVD 模型建议项目 6、项目 8、项目 13 打断执行，ENPVD 模型的目标值为 2 317.9 万元，也即最优投资组合的净现值为 2 317.9 万元。

在第二种情况中，执行 PPS-2 模型（考虑机会成本但不考虑固定资产共享），相应的最优解决方案如图 2.5 所示，最优目标值为 1 385.4 万元，计算时间为 18.12 秒。

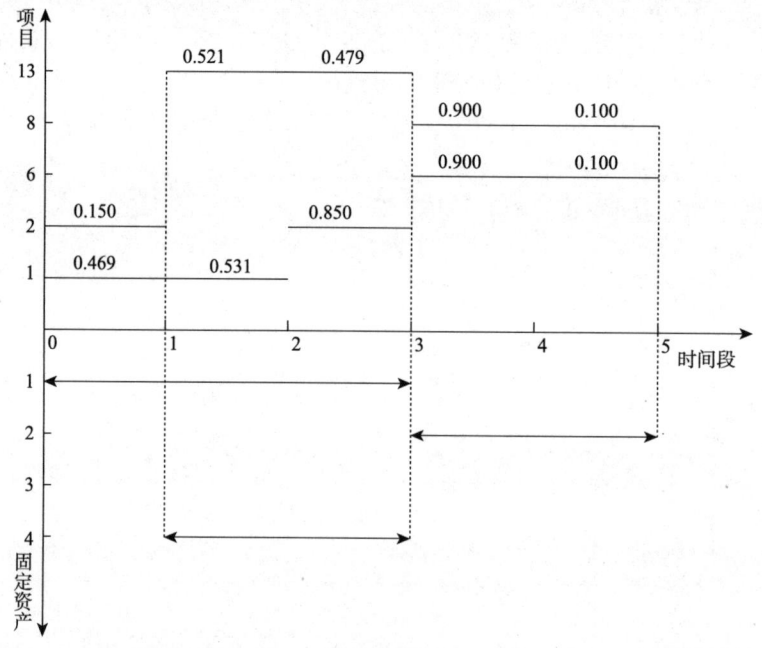

图 2.5　PPS-2 模型的最佳项目计划（考虑机会成本但不考虑固定资产共享）

比较 ENPVD 模型和 PPS-2 模型的结果，我们可以清楚地看到，它们都提出了不同的最优投资组合、执行计划，并将项目分成不同的部分。在项目组合选择中，虽然项目 1 的收益低于项目 11，但是 PPS-2 模型认为该公司应该选择项目 1 而不是项目 11，其原因有二：第一，因为资金有限，项目 1 的成本较低。项目 1 只需要投资 2 800 万元，然而项目 11 需要投资 4 800 万元。第二，选择项目 1 会降低不必要的机会成本的风险。项目 1 的机会成本仅为 50 万元，而项目 11 的机会成本为 150

万元。此外，这两个模型在项目执行安排上也有很大的不同，因为 ENPVD 模型建议在 5 个项目中有 2 个可以不间断地被执行，而 PPS-2 模型则建议有 4 个项目可以不间断地被执行。在 ENPVD 模型中，有利可图的项目 11 和项目 13 往往在早期被执行。然而，PPS-2 模型优先考虑需要较少投资的项目，如项目 1 和项目 2。

在第三种情况中，执行 PPS-1 模型（同时考虑机会成本和固定资产共享），其最优方案如图 2.6 所示，最优目标值为 1 560.4 万元，计算时间为 16.98 秒。

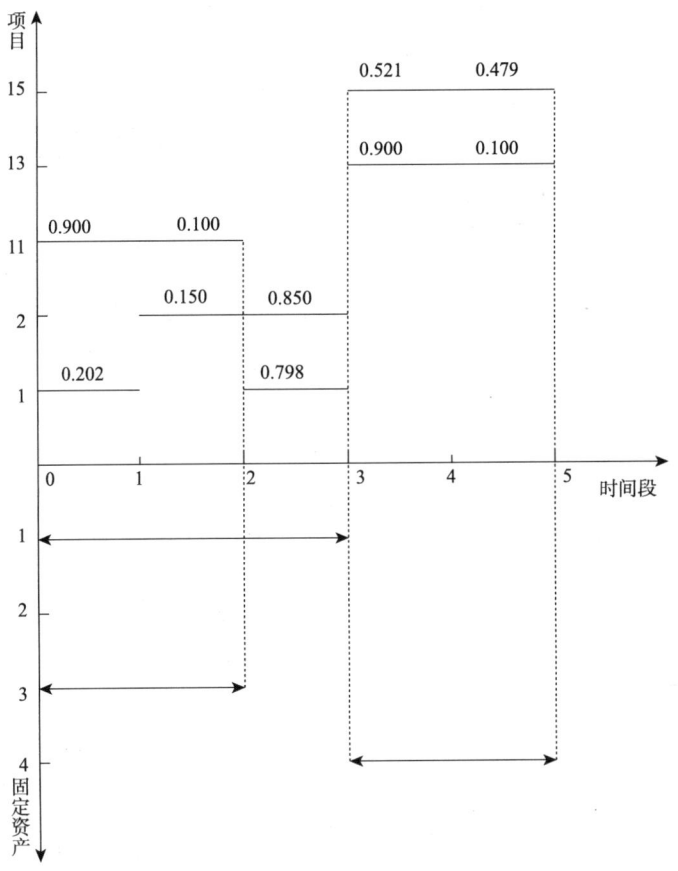

图 2.6　PPS-1 模型的最佳项目计划（同时考虑机会成本和固定资产共享）

接下来比较 PPS-1 模型和 PPS-2 模型的结果。在固定资产共享的情况下，PPS-1 模型更倾向选择项目 11 和项目 15，而不是 PPS-2 模型选择的项目 6 和项目 8。随着灵活性的增加，像项目 6 和项目 8 这样的高成本项目被放弃，因为它们很难快速地被完成。固定资产共享所带来的收益，促使人们尽量选择在同一地区的项目，并尽可能紧密地将它们安排在一起，项目 1 和项目 2 共享相同的固定资产 1，并且在第 1 时间段到第 3 时间段同时被执行以降低机会成本，同样地，项目 13 和项目 15 在第 4 时间段到第 5 时间段被执行并共享固定资产 4。PPS-1 模型的目标值为 1 560.4 万元，高于 PPS-2 模型的 1 385.4 万元。

为了更直观地反映不同模型所建议的投资组合的经济效益，使用净现值和机会成本两个指标分别对 ENPVD 模型和 PPS-1 模型所生成的投资组合进行评价和比较。结果如图 2.7 所示。

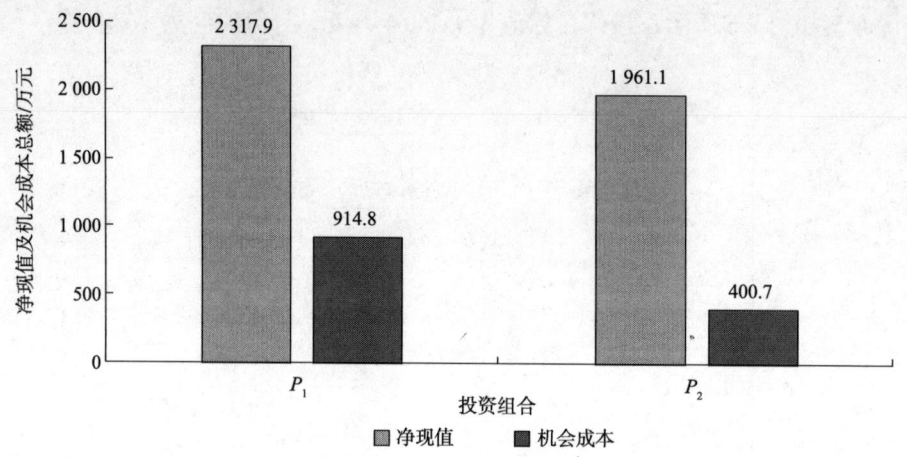

图 2.7　ENPVD 模型的最优投资组合（P_1）和 PPS-1 模型的最优投资组合（P_2）的比较

在图 2.7 中，P_1 为 ENPVD 模型的最优投资组合，P_2 为 PPS-1 模型的最优投资组合。当我们考虑固定资产共享时，机会成本也被计算在内，机会成本的计算假设候选项目的投资和替代投资的最大潜在收益具有相同的风险水平，P_2 的机会成本为 400.7 万元，它比 P_1 少了 914.8 – 400.7 = 514.1 万元，同时牺牲了 2 317.9 – 1 961.1 = 356.8 万元的净现值，虽然 P_2 不像 P_1 一样产生那么多的净现值，但是更低的机会成本使 P_2 优于 P_1，尽管 P_1 的净现值很高，但 P_1 比 P_2 少了 514.1 – 356.8 = 157.3 万元的收益，这个比较表明，企业不应该只关注项目组合的净现值，而应该有一个更长远的目标。

2.5　多期混合项目组合决策

2.5.1　多期混合项目组合决策的提出

随着经济社会发展，企业面临的项目选择机会越来越多，如何为企业在众多项目中选取一个既符合企业战略又切实可行的项目组合成为企业面临的首要问题。在现有的项目组合选择理论中，有的项目组合选择方法偏向确保被选项目和企业战略的一致性，有的项目组合选择方法偏向选取那些企业现有能力可推动的项目。这两种方法各有优劣，但均未能全面地解决企业所面临的问题。因此，深入分析项目和企业战略各自的特点和两者的关系，将上述两种项目组合选择方法有机地整合在一起，构建一个比较系统的、科学的混合项目组合选择决策方案，就变得十分迫切了。

企业战略的制定要考虑两方面影响：一是要合理地分配企业资源，企业资源是企业制定战略的出发点，掌握企业当前的状况，明确企业的优劣势，可以保证战略目标得以实现；二是要对企业的外部环境作出恰当的反应，企业的外部环境总是在不断变化，企业的战略选择也应依据这些变化进行修正或调整，以便达成企业战略和外部环境的匹配和平衡。虽然企业战略千差万别，但可按企业发展态势的不同将企业战略大致分为三类，即发展型战略、稳定型战略和紧缩型战略。可根据对企业的发展作用不同，将项目分为保持类项目和发展类项目，其中发展类项目可按项目技术创新程度不同分为增量型创新项目和技术开发型创新项目。

结合对企业战略类型和项目类型的分析，可以对混合项目组合作出如下定义：混合项目组合是指企业拥有一系列项目，这些项目对于企业发展有不同的作用，是按企业需求形成的一个项目集合，共同服务于企业战略（张嵩，2016）。

根据定义，混合项目组合有以下特征。

1. 混合项目组合反映企业的战略类型

在进行项目组合选择前，应做好必要的准备工作，即应该对企业采用的战略类型的特点及与其相匹配的混合项目组合有基本的了解，具体包括两方面内容：一方面是确定企业战略的类型。企业战略不是可知的，也不是一成不变的，企业可根据对内外部环境的分析形成或调整其战略选择，即企业所采用的战略类型，包括发展型战略、稳定型战略和紧缩型战略三个类型，这是进行项目组合选择的决策基础。另一方面是根据企业战略类型划定可进入项目组合的项目类型（多种或一种）。企业战略包含生存和发展两部分，因企业所处环境等因素的变化，一个企业的战略在不同时期偏重不同，或强调生存，或强调发展，如企业采用发展型战略，并不意味着企业会忽略生存，这两者是构成企业战略不可或缺的部分。企业战略的生存和发展这两个层面可分别通过实施保持类项目和发展类项目来支撑，故企业在确定其战略类型的同时，也确定了实施这个战略的混合项目组合的项目类型。

2. 混合项目组合影响项目组合选择的工作重心

项目组合选择是项目组合管理的一部分，是根据企业战略进行项目组合范围定义的决策过程。作为连接企业战略和项目的纽带，该决策过程需要在项目成本要求、项目进度要求、企业的风险承受能力范围等条件的约束下，在备选项目中确定一个最符合企业战略需求的项目组合，以保证企业战略的实施。企业战略类型决定了企业资源应该在哪些类型的项目中划分，当企业战略不同时，构成项目组合的项目类型之间的关系也不同，因此，项目组合选择的工作重心也不同。如表2.23所示，在混合项目组合同时有保持类项目和发展类项目时有以下两种情况：①当发展类项目为发展B类项目时，保持类项目和发展类项目之间的关系为渐进式，企业的资源运作方式有继承性，项目收益的确定性高，风险较小，项目组合选择的工作重心在于使项目组合的收益最大化；②当发展类项目为发展A类项目时，保持类项目和发展类项目的相关性不大且发展类项目存在较高不确定性的时候，项目组合选择的工作重心在于把项目组合投资的风险控制在企业的风险承受能力范围之内[①]。

表2.23　混合项目组合特征表

战略类型	战略选择的基础或倾向	混合项目组合	项目选择的工作重心
发展型	资源充足，发展跨度较大	保持类和发展A类	发展风险控制
	有闲置资源，发展跨度较小	保持类和发展B类	项目组合收益最大化
稳定型	投资策略较谨慎	保持类和发展B类	项目组合收益最大化
	对保持类项目市场持观望态度	保持类	项目组合收益最大化
紧缩型	保持类项目市场萎缩，有闲置资源	保持类和发展A类	发展风险控制
	保持类项目市场萎缩，无闲置资源	保持类	项目组合收益最大化

注：发展A类项目为技术开发创新型项目，发展B类项目为增量型创新项目

3. 混合项目组合的集合性

混合项目组合的集合性表现在三个方面：①所有项目的实施主体都相同；②执行选中项目所使用的资源均来自实施主体；③所有项目的执行时间都在一个项目规划周期内。项目实施的技术条件相同、项目实施使用的资源有限且来源相同和所有备选项目应处在相同的外部环境（包括政策环境、社会环境等）中，这三个由混合项目组合集合性保障的因素是进行项目组合选择的决策背景和必要条件，每一个因素的变化都会影响项目组合选择的结果。如果在企业已经开始执行被选项目组合中的项目时，上述因素发生变化，企业应该综合评估

---

① 为了方便下文使用混合项目组合这个概念，本章记包含发展A类项目和保持类项目的混合项目组合为混合项目组合A，记包含发展B类项目和保持类项目的混合项目组合为混合项目组合B。

该项目组合的收益情况和更改进行中项目所需的费用等因素，以决定是否有调整项目组合的必要。

项目是企业资源的基本使用单位，相应地对项目的安排也是对企业资源的调配，为了使企业资源的效用最大化，应在确定项目类别、完成企业资源的基本划分后，进一步通过调整项目安排的方式优化企业资源使用情况。据此，在简化发展类项目、保持类项目和企业三者收益关系的基础上建立基于财务标准的多期混合项目组合选择数学规划模型，其中包括针对混合项目组合 A 的多期混合项目组合选择模型 A 和针对混合项目组合 B 的多期混合项目组合选择模型 B。

2.5.2 多期混合项目组合决策模型构建

在建立混合项目组合选择模型时，要先在企业战略选择的指导下通过项目战略符合度评价完成项目的备选（选择战略符合度较高的发展类项目），但这仅仅是完成了混合项目组合选择的前期准备工作。在进行混合项目组合选择时，需要确认备选项目中发展类项目与保持类项目的关系，由此确定混合项目组合选择工作的重心，有针对性地建立混合项目组合选择模型。

1. 不考虑项目排序的混合项目组合选择模型与多期混合项目组合选择模型

混合项目组合选择模型一般由决策变量、有关项目实施的约束条件和目标函数组成，用相关算法求解该模型可得到一个在满足项目实施约束条件的前提下使目标函数值最优的项目组合方案，模型的优化目标多以较易获取数据的项目财务标准为主。该类模型按其是否涉及项目排序问题可分为不考虑项目排序的混合项目组合选择模型和多期混合项目组合选择模型。这两个模型的区别在于对混合项目组合选择问题中时间概念的假设不同：一个是在企业于某时点所拥有的项目中搜索最优项目组合；一个是在企业于某时间段内所拥有的项目中搜索最优项目组合和该项目组合的最优实施次序。我们在"时间段"这个时间框架内不仅可以优化项目实施次序，还可以考察企业有关项目实施的资金运动情况、项目内的工序安排等问题，可以说多期这个概念的引入为混合项目组合选择模型全面考察现实中影响混合项目组合选择问题的因素做好了关键性的铺垫。据此，采用多期混合项目组合选择模型作为备选项目中只含保持类项目的混合项目组合决策模型，并根据混合项目组合的其他特征对该模型进行扩展。以下从模型的假设条件、决策变量与参数设置、目标函数和约束条件四个方面介绍多期混合项目组合选择模型。

2. 模型的假设条件

（1）企业做出的战略选择是符合实际情况的，即企业对自己的优劣势及外部环境有充分的了解，不存在信息不完整或者不确定的情形。在此前提下，企业需要选出一个混合项目组合来支撑、实施自己的战略规划。

（2）所有备选项目均需在一个项目规划周期内完成。在此，项目规划周期并不指具体的项目起始时间，指的是完成项目的周期，或许是一年，或许是两年。

（3）关于所有备选项目的未来现金流的估计都是可信的，且项目的费用都在该项目规划周期期初发生，项目的收益在项目规划周期期末实现。

3. 决策变量与参数设置

1）决策变量

因为模型需要同时确定混合项目组合及其排序，所以需要从项目是否被选和项目在哪个周期执行这两个方面来定义决策变量，相关决策变量如下。

（1）0-1 变量 x_{jt}，其中，$j=1,2,\cdots,n$，每个 j 对应 n 个备选项目中的一个；$t=1,2,\cdots,T$，T 为项目规划周期，时间段 t 表示从时点 $t-1$ 到时点 t 的时间段（模型中会用 $\tau=0,1,2,\cdots,T$ 来表示时点）。若 $x_{jt}=1$，表示被选中的项目 j 在时间段 t 被执行；若 $x_{jt}=0$，包含两种情况，即项目 j 未被选中，或项目 j 被选中，但是项目是在其他时间段被执行的。

（2）0-1 变量 z_j，为辅助决策变量，利用式（2.91）来明确 $x_{jt}=0$ 时出现的两种可能的情况。当 $x_{jt}=0$ 时，若 $z_j=1$，表示项目 j 被选中，未在时间段 t 被执行；若 $z_j=0$，表示项目 j 没有被选中。

$$\sum_{\tau=1}^{T} x_{jt} = z_j \tag{2.91}$$

2）参数设置

$k(\tau)$：表示企业在 τ 时点的外来资金量，$\tau=0,1,\cdots,T-1$。

r_0：表示贴现率，并假设其在项目规划周期内保持不变。

k_j：表示与完成项目 j 直接相关的费用。

C_j：表示完成项目 j 后的收益。

M_t：表示企业在时间段 t 可以实施项目数量的上限。

N：表示在整个项目规划周期内企业可以实施项目数量的上限。

4. 目标函数和约束条件

根据上面描述的模型的假设条件、决策变量与参数设置，多期混合项目组合选择模型可用式（2.92）表示：

$$\max K(0)-\sum_{j=1}^{n}k_{j}x_{j1}+\sum_{j=1}^{n}c_{j}x_{jT}(1+r_{0})^{-T}+\sum_{\tau=1}^{T-1}\left\{K(\tau)+\sum_{j=1}^{n}\left[c_{j}x_{j\tau}-k_{j}x_{j(\tau+1)}\right]\right\}(1+r_{0})^{-\tau}$$
（2.92）

式（2.92）根据贴现率 r_0 和混合项目组合的安排情况（选择和排序），把项目规划周期各个时刻的现金流入与流出统一折算到 0 时点。

约束条件如下。

1）资金约束

企业需要保证每期期初的可使用资金满足执行该期被选项目的资金需求，据此，模型的项目资金约束可由式（2.93）和式（2.94）表示：

$$K(0)-\sum_{j=1}^{n}k_{j}x_{j1}\geqslant 0 \tag{2.93}$$

$$\sum_{\tau=0}^{t}K(\tau)(1+r_{0})^{t-\tau}+\sum_{j=1}^{n}\sum_{\tau=1}^{t}\left[-k_{j}(1+r_{0})^{t+1-\tau}+c_{j}(1+r_{0})^{t-\tau}\right]x_{j\tau}-\sum_{j=1}^{n}k_{j}x_{j(t+1)}\geqslant 0,$$
$$t=1,2,\cdots,T-1 \tag{2.94}$$

式（2.93）与式（2.94）分别表达的是第 1 时间段与其他各个时间段的净现金流量均要大于等于 0，以确保其对应时间段的被选项目的资金使用情况正常。

2）项目完整约束

每个被选中的项目 j 都必须在规划周期结束时完成，项目完整约束可用式（2.95）表示：

$$\sum_{\tau=1}^{T}x_{jt}=z_{j},\quad j=1,2,\cdots,n \tag{2.95}$$

3）项目数量约束

企业资源是有限的，故无论是在单个项目规划周期，还是在整个项目规划周期，企业能运作的项目都是有限的。企业需要根据对自身资源情况或风险承受能力等的估计，约束单个和整个项目规划周期的可实施项目数量（在实际应用中可以用关于项目风险评价的数据代替项目数量）以保证项目所需资源或项目风险均在企业可承受的能力范围内，据此，该类约束可用不等式（2.96）表示：

$$\sum_{j=1}^{n}x_{jt}\leqslant M_{t},\quad t=1,2,\cdots,T \tag{2.96}$$

若 $N\leqslant M_{t}T$，则关于整个项目规划周期的项目数量约束可以用不等式（2.97）表示：

$$\sum_{j=1}^{n}z_{j}\leqslant N \tag{2.97}$$

4）其他约束

x_{jt} 和 z_j 都是 0-1 变量，故相应地有以下约束：

$$x_t = (x_{1t}, x_{2t}, \cdots, x_{nt}) \in \{0,1\}^n, \quad t = 1, 2, \cdots, T \quad (2.98)$$

$$z = (z_1, z_2, \cdots, z_n) \in \{0,1\}^n \quad (2.99)$$

5. 混合项目组合选择模型 A

本节把多期混合项目组合选择模型扩展为混合项目组合选择模型 A。混合项目组合选择模型 A 中的备选项目包括发展 A 类项目和保持类项目。发展 A 类项目是技术开发创新型项目，在企业某些战略选择下（发展型战略或紧缩型战略），具有实施的必要性，同时也具有高度不确定性，故决策者必须在保持类项目和发展 A 类项目之间合理地分配资源，以保证在发展企业的同时避免投资失败导致企业资金链断裂等致命性问题出现。据此，本节会更改模型假设，并相应地调整多期混合项目组合选择模型。

1）模型假设条件的更改

（1）在企业资源充足的背景下，决策者需合理地把企业资源分配在发展类项目和保持类项目上，在尽量保证项目组合收益的前提下实现企业的战略规划，故需将多期混合项目组合选择模型扩展为双目标混合项目组合选择模型以适应上述改变。

（2）为了获得混合项目组合整体的战略符合度，设保持类项目的战略符合度等于发展 A 类项目中战略符合度最低项目获得的评价值。

（3）发展 A 类项目的收益不能投入下一个项目规划周期，发展 A 类项目是战略性项目，属于企业的前瞻性投资活动，具有较大的不确定性，故为了保证项目规划周期内资金的稳定性，不把该类项目的收益作为项目资金来源。

2）模型的更改

（1）类似于反映普通保持类项目的选择与排序的决策变量 x_{jt} 与 z_j，本节引入 y_{it} 与 s_i 来反映模型对发展 A 类项目的选择与排序，其中 $i=1,2,\cdots,m$，$t=1,2,\cdots,T$。

（2）应模型假设的更改，本节增加战略符合度目标函数和有关的约束条件，以便给出混合项目组合战略符合度的变化情况，具体如下：

$$\max \sum_{i=1}^{m} H_i s_i + \sum_{j=1}^{n} H_j z_j \quad (2.100)$$

$$\sum_{\tau=1}^{T} y_{it} = s_i, \quad i = 1, 2, \cdots, m \quad (2.101)$$

$$\sum_{j=1}^{n} x_{jt} + \sum_{i=1}^{m} y_{it} \leq M_t, \quad t = 1, 2, \cdots, T \quad (2.102)$$

$$\sum_{j=1}^{n} z_j + \sum_{i=1}^{m} s_j \leqslant N \qquad (2.103)$$

式（2.100）为项目战略符合度目标函数，其中的 H_i 和 H_j 分别为发展 A 类项目和保持类项目的战略符合度。

结合上述模型变动，混合项目组合选择模型 A 可表示如下：

$$\max F_1 = K(0) - \sum_{j=1}^{n} k_j x_{j1} - \sum_{i=1}^{m} k_i y_{i1} + \sum_{\tau=1}^{T-1} \left\{ \begin{array}{l} K(\tau) + \sum_{i=1}^{m}\left[c_i y_{i\tau} - k_i y_{i(\tau+1)} \right] \\ + \sum_{j=1}^{n}\left[c_j x_{i\tau} - k_j x_{j(\tau+1)} \right] \end{array} \right\} (1+r_0)^{-\tau}$$

$$+ \left(\sum_{j=1}^{n} c_j x_{jT} + \sum_{i=1}^{m} c_{i1} y_{iT} \right)(1+r_0)^{-T}$$

$$F_2 = \sum_{i=1}^{m} H_i s_i + \sum_{j=1}^{n} H_j z_j$$

约束条件如下：

$$K(0) - \sum_{j=1}^{n} k_j x_{j1} - \sum_{i=1}^{m} k_i x_{i1} \geqslant 0$$

$$\sum_{\tau=0}^{t} K(\tau)(1+r_0)^{t-\tau} + \sum_{i=1}^{m}\sum_{\tau=1}^{t} -k_i (1+r_0)^{t+1-\tau} y_{i\tau} + \sum_{j=1}^{n}\sum_{\tau=1}^{t} \left[-k_j (1+r_0)^{t+1-\tau} + c_j (1+r_0)^{t-\tau} \right] x_{jt}$$

$$- \sum_{j=1}^{n} k_j x_{j(t+1)} - \sum_{i=1}^{m} k_i y_{i(t+1)} \geqslant 0, \quad t = 1, 2, \cdots, T-1$$

$$\sum_{\tau=1}^{T} x_{j\tau} = z_j, \quad j = 1, 2, \cdots, n$$

$$\sum_{\tau=1}^{T} y_{i\tau} = s_i, \quad i = 1, 2, \cdots, m$$

$$\sum_{j=1}^{n} x_{jt} + \sum_{i=1}^{m} y_{it} \leqslant M_t, \quad t = 1, 2, \cdots, T$$

$$\sum_{j=1}^{n} z_j + \sum_{i=1}^{m} s_j \leqslant M_t T$$

$$x_t = (x_{1t}, x_{2t}, \cdots, x_{nt}) \in \{0,1\}^n, \quad t = 1, 2, \cdots, T$$

$$y_t = (y_{1t}, y_{2t}, \cdots, y_{mt}) \in \{0,1\}^m, \quad t = 1, 2, \cdots, T$$

$$z = (z_1, z_2, \cdots, z_n) \in \{0,1\}^n$$

$$s = (s_1, s_2, \cdots, s_m) \in \{0,1\}^m$$

6. 混合项目组合选择模型 B

混合项目组合选择模型 B 是针对备选项目包含发展 B 类项目和保持类项目这种情况建立的。发展 B 类项目是渐进式发展类项目，与保持类项目有较多共性。实施发展 B 类项目或会降低保持类项目的开发成本，或会缩短保持类项目的运作时间，故可以把实施发展 B 类项目对保持类项目的作用表达在模型里，以便模型可以考察企业当前的资金状况（包括企业可使用资金和保持类项目收益）是否会选择执行该类项目以支撑企业战略，以及会把该类项目安排在项目规划周期的哪一期。据以上分析，本节把多期混合项目组合选择模型扩展为混合项目组合选择模型 B，具体包括增加新的决策变量、更改有关模型的假设条件和约束等。

1）模型假设条件的更改

发展 B 类项目一旦选定被执行，会使与其相关的保持类项目的费用有一定比例的下降，且该类项目并不在执行当期产生收益。

2）模型改动

V：表示发展 B 类项目集合，项目 $a \in V$，且 $a = 1, 2, \cdots, n$。

k_a：表示与完成项目 a 直接相关的费用。

c_a：表示在完成项目 a 当期期末产生的收益，项目 a 的当期收益为 0。

h_a：表示实施项目 a 后，对保持类项目的费用降低的比率。

0-1 变量 x_{at}：同上文中的 x_{jt} 的性质完全一样，其中 $a \in \{1, 2, \cdots, n\}$。

0-1 变量 z_{at}：同上文中的 z_{jt} 的性质完全一样，其中 $a \in \{1, 2, \cdots, n\}$。

0-1 变量 y_{at}：当项目 a 被选中后，若 $y_{at} = 1$，表示在时间段 t 实施的保持类项目的费用会降低，若 $y_{at} = 0$，反之，其中 $a \in \{1, 2, \cdots, n\}$。

综上，有关发展 B 类项目的特性可以用以下表达式表示：

$$\sum_{t=1}^{T} x_{at} = z_{at}, \quad a \in \{1, 2, \cdots, n\} \tag{2.104}$$

$$y_{a1} = 0, \quad \sum_{\tau=1}^{t-1} x_{a\tau} = y_{at}, \quad t = 2, 3, \cdots, T; \quad a \in \{1, 2, \cdots, n\} \tag{2.105}$$

结合多期混合项目组合选择模型和以上分析，混合项目组合选择模型 B 可表示如下：

$$\max K(0) - \sum_{j=1}^{n} k_j x_{j1} + \sum_{j=1}^{n} c_j x_{jT}(1+r_0)^{-T}$$
$$+ \sum_{\tau=1}^{T-1} \left\{ k(\tau) + \sum_{j=1}^{n} \left[c_j x_{j\tau} - \prod_{a \in V}(1 - h_a y_{a(\tau+1)}) k_j x_{j(\tau+1)} \right] \right\} (1+r_0)^{-\tau}$$

约束条件如下：

$$K(0) - \sum_{j=1}^{n} k_j x_{j1} \geq 0$$

$$\sum_{\tau=0}^{t} K(\tau)(1+r_0)^{t-\tau} + \sum_{j=1}^{n}\sum_{\tau=1}^{t}\left[-k_j(1+r_0)^{t+1-\tau} + \prod_{a \in V}(1-h_a y_{a\tau})c_j(1+r_0)^{t-\tau}\right]x_{j\tau}$$

$$-\sum_{j=1}^{n}\left(\prod_{a \in V}(1-h_a y_{a(t+1)})\right)k_j x_{j(t+1)} \geq 0, \quad t = 1, 2, \cdots, T-1$$

$$\sum_{\tau=1}^{T} x_{j\tau} = z_j, \quad j = 1, 2, \cdots n$$

$$y_{a1} = 0, \quad \sum_{\tau=1}^{t-1} x_{a\tau} = y_{at}, \quad t = 2, 3, \cdots, T; \quad a \in \{1, 2, \cdots, n\}$$

$$\sum_{j=1}^{n} x_{jt} \leq M_t, \quad t = 1, 2, \cdots, T$$

$$\sum_{j=1}^{n} z_j \leq M_t T$$

$$x_t = (x_{1t}, x_{2t}, \cdots, x_{nt}) \in \{0,1\}^n, \quad t = 1, 2, \cdots, T$$

$$y_t = (y_{1t}, y_{2t}, \cdots, y_{nt}) \in \{0,1\}^m, \quad t = 1, 2, \cdots, T$$

$$z = (z_1, z_2, \cdots, z_n) \in \{0,1\}^n$$

2.5.3　多期混合项目组合决策算例分析

下面分别针对混合项目组合选择模型 A 和 B 设计算例,并根据 GAMS 的算例计算结果对混合项目组合选择方案的有效性进行评价分析。

1. 关于混合项目组合选择模型 A 的算例分析

A 公司为项目导向型公司,发展态势好,资源充足。当前 A 公司需要为其下一个发展阶段(8 期)选择安排项目。假设 A 公司已通过项目战略符合度评价获取了发展类项目的战略符合度和风险评估值,完成了项目备选工作。备选项目一共 20 个,资料如表 2.24 所示,其中项目 1、项目 2、项目 3、项目 4 和项目 5 为发展 A 类项目,假设发展 A 类项目的战略符合度分别为 0.70、0.67、0.57、0.64、0.48,保持类项目的战略符合度为 0.05;每期可实施项目的最大数量为 2 个,总规划周期可执行项目最大数量为 16 个,每期期初可使用资金 k_t 分别为 13 万元、10 万元、12 万元、15 万元、11 万元、12 万元、13 万元、11 万元。

表2.24　项目资料（一）　　　　　　　　　　　　　单位：万元

项目 j	投资	收益	项目 j	投资	收益
项目1	50	68	项目11	7	13
项目2	49	53	项目12	7	10
项目3	47	56	项目13	11	27
项目4	49	52	项目14	22	38
项目5	61	68	项目15	22	28
项目6	16	20	项目16	9	13
项目7	24	34	项目17	22	30
项目8	24	36	项目18	17	27
项目9	13	22	项目19	6	9
项目10	19	31	项目20	15	21

根据多期项目组合选择模型和上述资料在 GAMS 中对该问题进行编码求解。因为发展A类项目的收益不属于当期收益，所以设该类项目的收益为 0。项目组合选择和项目费用情况结果如表 2.25 所示，项目组合的净现值为 177.67 万元。发展 A 类项目无一入选，且当第 2 期期初可使用资金调整为 12 或全部初始资金调整为 30 时，项目组合选择的结果均保持不变。这一方面说明该项目组合对当前这些备选项目来说是最佳组合，即使企业加大投入也不会造成项目或项目执行周期的变更；另一方面也说明对当前的备选项目来说，企业资金有富裕，对第 2 期期初资金适当地压缩，不会影响项目组合选择结果，多出的期初可使用资金并未得到有效利用，即企业存在闲置资源却因项目评估方法不得当而无法利用这些资源。

表2.25　多期项目组合选择模型求解情况

期数 t	1期	2期	3期	4期	5期	6期	7期	8期
k_t/万元	13	10	12	15	11	12	13	11
	13	12	12	15	11	12	13	11
	30	30	30	30	30	30	30	30
单期费用/万元	11	39	43	37	29	37	22	13
项目 j	13	18	10	7	11	15	6	12
	0	14	8	9	17	20	16	19

注：在项目 j 栏中 0 表示当期该位置没有项目被选中

根据混合项目组合选择模型 A 对该问题建模求解。求得该问题的战略符合度的最大值为 3.70，因此可将项目战略符合度目标函数转换为一个控制上限的约束条件，从而将双目标优化模型转化为可在 GAMS 中进行建模求解的单目标决策问题。由问题描述可知，当项目全是保持类项目时，项目组合的战略符合度最低，为 0.65，即项目战略符合度约束的上限变化范围是（0.65,3.70）。据此，分别考察项目战略符合度在（0.65,1.65）、（1.65,2.20）、（2.20,3.70）三个数值范围变化时的项目组合的最优收益情况，以揭示企业战略目标的实现程度和最优项目收益之间的关系。

当限制项目组合的战略符合度在区间（0.65,1.65）时，项目组合的净现值为 189.46 万元（保持类项目收益为 339 万元，发展 A 类项目收益为 68 万元），项目组合的战略符合度为 1.35，具体项目选择情况见表 2.26。

表2.26 混合项目组合选择模型A求解情况（方案一）

期数 t	1期	2期	3期	4期	5期	6期	7期	8期
k_t/万元	13	10	12	15	11	12	13	11
单期费用/万元	13	30	72	41	37	37	31	23
项目 j	11	10	1	8	7	17	16	6
	19	13	14	18	9	20	15	12

当限制项目组合的战略符合度在区间（1.65,2.20）时，项目组合的净现值为 192.32 万元（保持类项目收益为 329 万元，发展 A 类项目收益为 124 万元），项目组合的战略符合度为 1.92，具体项目选择情况见表 2.27。

表2.27 混合项目组合选择模型A求解情况（方案二）

期数 t	1期	2期	3期	4期	5期	6期	7期	8期
k_t/万元	13	10	12	15	11	12	13	11
单期费用/万元	13	30	72	41	37	69	37	25
项目 j	11	13	1	8	7	3	20	6
	19	10	14	18	9	17	15	16

当限制项目组合的战略符合度在区间（2.20,3.70）时，项目组合的净现值为 192.83 万元（保持类项目收益为 309 万元，发展 A 类项目收益为 192 万元），项目组合的战略符合度为 2.39，具体项目选择情况见表 2.28。

表2.28 混合项目组合选择模型A求解情况（方案三）

期数 t	1期	2期	3期	4期	5期	6期	7期	8期
k_t/万元	13	10	12	15	11	12	13	11
单期费用/万元	13	30	72	41	37	69	37	81
项目 j	11	13	14	8	7	17	20	5
	19	10	1	18	9	3	15	16

由以上计算结果可以看出，随着项目组合的战略符合度提高，项目组合的当期收益会相应减少，而且模型对发展 A 类项目的选择和安排有效地利用了企业的闲置资源，提高了企业资源的利用率。

2. 关于混合项目组合选择模型 B 的算例分析

A 公司为项目导向型公司，且发展态势稳定。当前 A 公司需要为其下一个发展阶段（8 期）选择安排项目。备选项目一共 20 个，资料如表 2.29 所示，其中项目 1 为发展 B 类项目，该项目有 3 种方案，3 种方案的投资额分别为 30 万元、40 万元、40 万元，实施项目 1 的每个方案对应的可降低保持类项目的费用率分别为 0.03、0.01、0.03。其他决策资料如下：该项目规划周期内折现率为 5%；每期 A 公司可实施项目的最大数量为 2 个，总规划周期可执行项目的最大数量为 16 个；每期期初可使用的资金 k_t 分别为 18 万元、10 万元、7 万元、8 万元、6 万元、5 万元、2 万元、2 万元。

表2.29　项目资料（二）　　　　　　　　　　　　　　　单位：万元

项目 j	投资	收益	项目 j	投资	收益
项目 1	30	0	项目 11	20	26
项目 2	12	16	项目 12	27	31
项目 3	7	9	项目 13	16	19
项目 4	8	11	项目 14	22	26
项目 5	9	11	项目 15	23	28
项目 6	11	13	项目 16	28	32
项目 7	15	18	项目 17	31	39
项目 8	24	29	项目 18	30	35
项目 9	21	28	项目 19	20	26
项目 10	19	24	项目 20	26	32

根据混合项目组合选择模型 B 和上述项目资料，在 GAMS 中对该问题进行编码求解。项目 1 的每个方案所对应的项目组合选择和项目费用情况结果分别如表 2.30~表 2.32 所示。表 2.30 中项目组合的净现值为 130.54 万元，其中发展 B 类项目 1 在项目规划周期的第 2 期，不计资金的时间价值，实施该项目可节省项目费用 8.10 万元。

表2.30　混合项目组合选择模型B求解情况（方案一）

期数 t	1期	2期	3期	4期	5期	6期	7期	8期
k_t/万元	18	10	7	8	6	5	2	2
单期费用/万元	17	37	27	52	40	45	47	52
项目 j	4	1	2	9	11	20	8	14
	5	3	7	17	19	10	15	18

表2.31　混合项目组合选择模型B求解情况（方案二）

期数 t	1期	2期	3期	4期	5期	6期	7期	8期
k_t/万元	18	10	7	8	6	5	2	2
单期费用/万元	15	33	51	46	42	54	51	43
项目 j	3	2	11	19	15	18	14	7
	4	9	17	20	10	8	12	16

表2.32　混合项目组合选择模型B求解情况（方案三）

期数 t	1期	2期	3期	4期	5期	6期	7期	8期
k_t/万元	18	10	7	8	6	5	2	2
单期费用/万元	15	33	49	31	35	45	47	52
项目 j	3	9	5	6	11	10	8	14
	4	2	1	19	17	20	15	18

表 2.31 中项目组合的净现值为 101.81 万元，且因为项目 1 的方案二并不经济，所以项目 1 没有出现在项目组合中。

表 2.32 中项目组合的净现值为 108.89 万元，其中发展 B 类项目 1 在项目规划周期的第 3 期，不计资金的时间价值，实施该项目可节省项目费用 6.30 万元，且可以看到因为项目 1 的方案三费用比方案一费用多，所以该项目的执行期也会相应滞后。

根据多期混合项目组合选择模型和上述资料（以实施项目 1 的方案一减少的保持类的项目费用和 8.10 万元作为项目 1 的收益），在 GAMS 中对该问题建模求解。混合项目组合选择和项目费用情况如表 2.33 所示，项目组合的净现值为 101.18 万元。对比表 2.30 可知，在企业资源支撑范围内，实施发展 B 类项目可显著地提高项目组合的收益。

表2.33　多期混合项目组合选择模型的求解情况（对比方案一）

期数 t	1期	2期	3期	4期	5期	6期	7期	8期
k_t/万元	18	10	7	8	6	5	2	2
单期费用/万元	15	33	51	46	42	54	51	43
项目 j	3	2	11	19	15	18	14	7
	4	9	17	20	10	8	12	16

本节针对混合项目组合选择模型 A 和 B 的特点分别设计算例，用 GAMS 对算例进行建模求解，将混合项目组合选择模型与多期混合项目组合选择模型进行对比。结果显示，混合项目组合选择方案兼具项目组合选择数学规划法和项目评分法的优点，是较具实际操作性的项目组合选择方案。

第 3 章 动态项目组合选择问题

3.1 动态项目组合选择的研究现状

根据项目规划周期的不同，项目组合选择问题被抽象成单阶段和多阶段两种类型。单阶段项目组合选择问题较为简单，由于该问题中各个项目是不可分割的，只需要对备选项目做出取舍。尽管单阶段项目组合选择模型中也考虑了一些现实因素，如协同与竞争关系、指标约束、风险及资源分配等因素，但是，它的局限性在于忽略了与时间相关的因素，如排序、可分性、收益再投资、紧前关系约束、可更新资源、时间约束及企业战略一致性等因素。多阶段项目组合选择问题可同时整合与时间无关和相关的现实因素。进一步，根据对新项目进行选择时是否考虑现有项目，多阶段项目组合选择问题又被细分为静态和动态两种类型。

项目组合选择问题不仅会涉及现有项目，而且会涉及新项目。Belenky(2011)在项目组合选择问题扩展性模型中考虑了现有项目，把现有项目的收益直接带到模型中，构建了 0-1 整数线性规划模型，并给出了模型的合理性证明，但没有求解。Huang 等（2014）在研究跨国项目选择问题时，在考虑现有项目和新项目间可能存在的风险、资金和资源约束等因素的基础上，构建新模型，并分别采用二进制粒子群和遗传算法进行求解。

Huang 等（2014）认为现有项目的决策主要分为三类，即放弃、维持原状及更新规模，并利用技术经济评价方法中的增量效果和总量效果法，对现有项目的决策作出分析。尽管该理论已被广泛应用到高速公路、医疗建设等众多实际项目中，但投资过程中的不确定性没有被考虑，如对于更新规模的项目来说，只是给出了更新成本与更新后的现金流量变化情况，却没有对具体的更新内容，包括更新类型、更新时点、更新规模等进行更深一步的研究。为了进一步克服投资过程中的不确定性，实物期权理论被应用于项目决策时点处策略的分析。实物期权理论是对传统的评估项目价值的现金流量折现法的改进，在明确了现有项目的更新类型、更新时点及更新规模的基础上，企业可以借助实物期权理论对该投资方案进行评估，做出投资与否的决策。实物期权理论较传统的现金流量折现法有着较为明显的进步，但目前的研究对象还仅限于单个项目。

Belenky（2011）只考虑了维持原状的现有项目，并在约束条件中加入了包含现有项目的一系列约束，进行新项目的选择。Huang 等（2014）把现有项目直接分为放弃、维持原状及更新规模三类，进而对于更新规模的项目，在更新时点处通过参数控制其更新规模，也就是说，现有项目的规模对动态项目选择问题的影响，是体现在收益、成本等参数上的。

动态项目组合选择问题是在静态项目组合选择问题中考虑更多的现实因素而衍生出来的，也就是说，动态项目组合选择问题是静态项目组合选择问题发展的必然结果。虽然关于动态项目组合选择的研究，专家学者从不同的角度进行了各种研究，研究考虑了许多现实因素，涉及多个领域，也正是这些研究，推动了项目组合选择研究的进步与成熟，但是，动态项目组合选择研究中没有考虑项目间的相互作用关系。项目彼此之间共享或者竞争相关资源，对于项目组合选择来说是具有现实意义的。因此，研究动态项目组合选择中项目间的相互作用关系是有必要的。

在当前的时代背景下，随着企业投资规模的日益扩大，企业现有项目日益增大的规模使其成为企业在进行新项目选择时不可忽略的力量。忽视新项目与现有项目间存在的相互作用关系，已成为当前许多企业投资失败的重要因素之一。然而，研究发现，目前大部分企业仍然对新项目和现有项目采用分别决策的方法，传统的项目选择理论已不再适用于当前的投资环境，建立科学有效的动态项目选择理论与方法已迫在眉睫。因此，动态项目组合选择问题的研究，具有广泛的管理实践背景和重要现实意义。

多个项目之间存在对人力、设备等资源共享的现象。捕获这种资源共享可以使成本减少，进而达到收益增加的目的，这种现象即协同收益。此外，对于处在同一市场的几个项目，如果它们面对的是相同客户资源的话，就会产生竞争，导致收益减少，即项目间存在竞争关系，各类综述性文献反复强调给出项目间协同与竞争关系的重要性与必要性。

现有项目与新项目间存在多种现实因素，尽管已有相关研究，但是这些现实因素建立在单个项目本身的现实因素基础上，现有项目对新项目选择的影响仅仅体现在资源约束、指标约束上，现有项目对新项目选择的影响规律探究还非常欠缺。随着研究的深入，现有项目对新项目选择的影响规律逐渐变得复杂。现有项目决策时点处的策略不仅对现有项目本身的收益与成本造成影响，更会影响到新项目和现有项目间的协同收益与竞争损失。

例如，腾讯公司 2016 年经营的微信活跃用户高达 7 亿人，微信支付额高达 800 亿元。腾讯公司的统计数据显示，7 亿用户中约 90%的用户同时使用了微信和 QQ 两个软件，80%的用户使用 QQ 号码登录微信。因此，企业在对新项目进行慎重选择的同时,不仅需要考虑新项目的盈利情况,更需要考虑现有项目的影响,因为现有项目的运营情况,会直接影响到新项目的投与不投及投多少的问题。故而项目组合选择问题可以被分为两类,即不考虑现有项目影响的静态项目组合选择问题及考虑现有项目影响的动态项目组合选择问题。以阿里巴巴集团为例,该公司2016年用于收购和投资的金额高达278亿美元,投资大型项目数十个,比较小的项目更是数不胜数,项目涉及电子、传媒、社交应用等多种类型,当时预计2017年将花费400亿美元用于收购和投资,候选项目更是不胜枚举。因此,考虑动态项目组合选择问题的研究是非常具有现实意义和应用前景的。

随着经济的发展和社会的进步,企业的项目投资机会越来越多,但鉴于企业资源有限,不得不舍弃一些项目,至于舍弃哪些项目,选择哪些项目,才能使企业获得更大的收益,这就是项目组合选择问题需要研究的内容。在项目组合选择问题中,大多数研究都只考虑新项目,而忽略了现有项目组合选择问题。例如,Medaglia等(2008)探讨了项目组合选择问题中的调度问题,但没有考虑到现有项目。Mild等(2015)关注如何选择新的基础设施维护项目与稳健的投资组合建模。动态项目组合选择问题被定义为考虑到已经开始的两种情况下的项目组合选择问题,即现有项目和新项目。实际上,在选择新项目时,企业可以通过同时调整现有项目,如对一些项目放弃或更新规模,获得更高的回报。然而,动态项目组合选择问题并没有得到应有的重视,相关的研究也不多见。

虽然项目组合选择问题的研究已有60余年的历史,但对项目组合选择问题进行敏感性分析的文章还很少。大多数学者都是考虑风险因素、资源约束下的项目组合选择问题。尽管已有学者对项目组合选择问题进行了敏感性分析,但是没有考虑项目的可打断性。传统上,大多数研究者总是认为项目一旦启动,就必须持续实施。然而,在现实中,中断在项目中是经常发生的。处理过程根据中断的不同,可分为两大类,即被动中断和主动中断(即可分性)。项目的可分性是指将项目分割成若干部分,分别在不同时期执行,同一时期也许有多个项目的多个部分在同时执行。对动态项目组合选择问题进行敏感性分析是创新性的,进行敏感性分析可以找到敏感因素,为企业决策和预防风险提供依据。

动态问题提出后,项目组合选择问题的研究不断向动态问题靠近。但是,目前关于动态项目组合选择问题的研究还很少。Belenky(2011)对现有项目只考虑了维持原状,并在约束条件中加入包含现有项目的一系列约束。Huang等(2014)把现有项目处理分为放弃、维持现状、更新规模三种情况。Li等(2017)将可打断与动态同时引入项目组合选择问题,提出一种新的具有可分性的动态项目组合选择(dynamic project portfolio selection with divisibility,DPPSD)模型,该模型将再投资、设置成本、基数约束、资金限制与调度结合起来。将不确定理论应用到该模型中。为了便于计算并且将非线性模型线性化,转化后的模型展示了具有可分性的动态项目组合选择问题的不确定均值-方差模型的特点。

3.2 动态项目组合选择模型

经典的项目组合选择模型主要是静态的项目组合选择模型,也就是说,经典的项目组合选择模型主要针对新项目。然而,在实际情况下,我们不仅要考虑新项目,也要关注现有项目。因此,接下来我们讨论动态项目组合选择模型,即既考虑新项目,也考虑现有项目。在每一个时间节点,也就是决策点,对于每一个新项目,无非存在两种情况,选择或者不选择;但是,对于现有项目,则有放弃、维持现状、更新规模三种情况。

为了方便后续模型的构建和理解,现将动态项目组合选择模型所涉及的参数、变量及相关的约束条件进行介绍。

参数及变量定义如下。

Ω:表示可供选择的项目的个数,既包括新项目也包括现有项目。

n:表示现有项目。

T:表示现有项目的更新规模持续时间。为便于讨论,假定所有现有项目的更新规模时间为 T。

A:表示项目总的规划时间段。

$K(t)$:表示在时点 t 上可直接从外部获得的财政资源。

b_j:表示当整个项目 j 完成时的收益。

s_j:表示在执行项目 j 的一部分时,新项目 j 的设置成本。

k_j:表示执行整个新项目 j 所需的投资。

r:表示市场的基本利率。

α_{jt}:表示在时间段 t 内执行的新项目 j 所占比例的最低限度。

β_{jt}:表示在时间段 t 内执行的新项目 j 所占比例的最高限度。

N:表示可以在整个规划周期范围内包含在项目组合中的最大项目数(现有项目和新项目)。

M_t:表示可以在每个时间段 t 内执行的最大项目数(现有项目和新项目)。

h_j:表示如果现有项目 j 被放弃并在时点 0 处出售,则项目 j 的收益。

e_{jt}:表示更新规模期间 t 开始时现有项目 j 的更新规模支出。

p:表示更新规模期间净现金流量减少的比例。

q：表示更新规模期后净现金流量增加的比例。
λ：表示投资 $K(t)$ 的变动比率。
η：表示现有项目被放弃后收益 h_j 的变动比率。
γ：表示现有项目完成后收益 b_j 的变动比率。
μ：表示更新规模支出 e_{jt} 的变动比率。
θ：表示设置成本 s_j 的变动比率。
δ：表示新项目 j 所需投资 k_j 的变动比率。
x_{jt}：是在区间 $[0,1]$ 中的实变量，指代新项目 j 在时间段 t 内被执行的一部分。
z_j：0-1 变量，当新项目 j 被选中时为 1，反之为 0。
u_j：0-1 变量，当现有项目 j 更新规模时为 1，反之为 0。
y_{jt}：0-1 变量，当现有项目和新项目 j 的非零部分在时间段 t 内被执行时为 1，反之为 0。

基于以上参数、变量及前提假设，逐步建立动态可打断项目组合选择模型，其中包括资金约束、指标约束、项目的可打断约束及项目的完整约束四类约束条件，具体公式及含义描述如下。

（1）资金约束：假设项目的收益全部可以用于再投资。在更新规模期间和更新规模期后项目收入的计算公式是不同的，原因是更新规模过程会影响生产，然后更新规模期间的收入会减少，但更新规模后收入会有所增加。$p>0$ 表示更新规模期间净现金流量的比例减少，$q>0$ 表示更新规模期后净现金流量的比例增加。$L(t)$ 表示从时间段 t 开始的所有资金，则 $L(1) = K(1) + \sum_{j=1}^{n} h_j(1-z_j)$，当 $t=1,2,\cdots,T$ 时，计算如式（3.1）所示。

$$L(t) = K(t) + \left[L(t-1) - \sum_{j=1}^{n} e_{j(t-1)} z_j u_j - \sum_{j=n+1}^{\Omega} s_j y_{j(t-1)} \right. \\ \left. - \sum_{j=n+1}^{\Omega} k_j x_{j(t-1)} \right] (1+r) + (1-pu_j) \sum_{j=1}^{n} b_j x_{j(t-1)} + \sum_{j=n+1}^{\Omega} b_j x_{j(t-1)} \quad (3.1)$$

同时，在时间段 t 内，资金需要满足生产准备成本、投资和更新规模支出，则需要保证式（3.2）成立。如此累计，最终得到在 $t=1,2,\cdots,T$ 时的资金约束如式（3.3）所示，及 $t=T+1,T+2,\cdots,A$ 时的资金约束公式，如式（3.4）所示。

$$L(t) - \sum_{j=1}^{n} e_{jt} z_j u_j - \sum_{j=n+1}^{\Omega} (s_j y_{jt} + k_j x_{j(t-1)})(1+r) \geq 0, \quad t=1,2,\cdots,T \quad (3.2)$$

$$\sum_{t=1}^{\tau}\frac{K(t)}{(1+r)^{t-1}}+\sum_{j=1}^{n}h_j(1-z_j)+\sum_{j=1}^{n}\left[(1-pu_j)\sum_{t=1}^{\tau}\frac{b_j x_{jt}}{(1+r)^t}-u_j\sum_{t=1}^{\tau}\frac{e_{jt}}{(1+r)^{t-1}}\right]z_j$$
$$+\left[\sum_{j=n+1}^{\Omega}\sum_{t=1}^{\tau}\frac{b_j x_{jt}}{(1+r)^t}-\sum_{j=n+1}^{\Omega}\sum_{t=1}^{\tau}\frac{(s_j y_{jt}+k_j x_{jt})}{(1+r)^{t-1}}\right]\geqslant 0, \quad \tau=1,2,\cdots,T \tag{3.3}$$

$$\sum_{t=1}^{\tau}\frac{K(t)}{(1+r)^{t-1}}+\sum_{j=1}^{n}h_j(1-z_j)+\sum_{j=1}^{n}\left[(1-pu_j)\sum_{t=1}^{T}\frac{b_j x_{jt}}{(1+r)^t}+(1+qu_j)\sum_{t=T}^{\tau}\frac{b_j x_{jt}}{(1+r)^t}\right.$$
$$\left.-u_j\sum_{t=1}^{T}\frac{e_{jt}}{(1+r)^{t-1}}\right]z_j+\left[\sum_{j=n+1}^{\Omega}\sum_{t=1}^{\tau}\frac{b_j x_{jt}}{(1+r)^t}-\sum_{j=n+1}^{\Omega}\sum_{t=1}^{\tau}\frac{(s_j y_{jt}+k_j x_{jt})}{(1+r)^{t-1}}\right]\geqslant 0, \tag{3.4}$$
$$\tau=T+1,T+2,\cdots,A$$

（2）指标约束：企业的能力是有限的，在一段时间内不可能完成所有的项目，因此在同一时间段完成的项目数量是有限的，在整个项目规划周期内完成的总项目数也是有限的，则两个约束分别表示如式（3.5）与式（3.6）所示。

$$\sum_{j=1}^{\Omega}y_{jt}\leqslant M_t, \quad t=1,2,\cdots,A \tag{3.5}$$

$$\sum_{j=1}^{\Omega}z_j\leqslant N \tag{3.6}$$

（3）项目的可打断约束：由于各项资源的限制，项目 j 在时间段 t 内的执行比例 x_{jt} 会在一个约束范围 $[\alpha_{jt},\beta_{jt}]$ 之内，约束如式（3.7）所示。

$$\alpha_{jt}y_{jt}\leqslant x_{jt}\leqslant \beta_{jt}y_{jt}, \quad y_{jt}\in\{0,1\}, \quad j=n+1,n+2,\cdots,\Omega, \quad t=1,2,\cdots,A \tag{3.7}$$

（4）项目的完整约束：是指项目一旦被选择执行部分比例，整个项目应在整个规划周期内执行完成，约束如式（3.8）所示。

$$\sum_{t=1}^{A}x_{jt}=z_j, \quad j=n+1,n+2,\cdots,\Omega \tag{3.8}$$

基于上述的参数定义及约束描述，以收益最大化为目标的动态可打断项目组合选择模型如下：

$$\max W=\sum_{t=1}^{\tau}\frac{K(t)}{(1+r)^{t-1}}+\sum_{j=1}^{n}\left[(1-pu_j)\sum_{t=1}^{T}\frac{b_j x_{jt}}{(1+r)^t}+(1+qu_j)\sum_{t=T}^{\tau}\frac{b_j x_{jt}}{(1+r)^t}-u_j\sum_{t=1}^{T}\frac{e_{jt}}{(1+r)^{t-1}}\right]z_j$$
$$+\sum_{j=1}^{n}h_j(1-z_j)-\sum_{j=1}^{n}\sum_{t=1}^{A}\frac{b_j x_{jt}}{(1+r)^t}+\left[\sum_{j=n+1}^{\Omega}\sum_{t=1}^{\tau}\frac{b_j x_{jt}}{(1+r)^t}-\sum_{j=n+1}^{\Omega}\sum_{t=1}^{\tau}\frac{(s_j y_{jt}+k_j x_{jt})}{(1+r)^{t-1}}\right]$$
$$\tag{3.9}$$

约束条件如下：

式（3.3）~式（3.8）

$$x_t = (x_{(n+1)t}, x_{(n+2)t}, \cdots, x_{\Omega t})^T \in R^n, \quad t = 1, 2, \cdots, A \tag{3.10}$$

$$y_t = (y_{(n+1)t}, y_{(n+2)t}, \cdots, y_{\Omega t})^T \in \{0,1\}^n, \quad t = 1, 2, \cdots, A \tag{3.11}$$

$$z_t = (z_1, z_2, \cdots, z_\Omega)^T \in \{0,1\}^n, \quad t = 1, 2, \cdots, A \tag{3.12}$$

$$u_j = (u_1, u_2, \cdots, u_n)^T \in \{0,1\}^n, \quad j = 1, 2, \cdots, n \tag{3.13}$$

3.3 考虑相互作用关系的动态项目组合选择问题研究

项目组合选择分为静态项目组合选择和动态项目组合选择，静态项目组合选择的主要研究内容是企业新项目，但是在实际情况下，企业管理者在每一个决策点的时候，不仅考虑新项目，还要考虑现有项目。例如，现有项目效益好，是否更新规模；或者现有项目亏损，是否放弃这个项目并且出售相关设备及生产线以获得收益；又或者对于现有项目不做干预，保持原来的规模继续跟进；等等，这些都是企业管理者在项目组合选择时需要关心的。兼顾新项目与现有项目，不仅可以让企业获得更多的利益，也能让企业减少损失。

在对项目组合选择问题进行研究时，为了更好地反映现实，目前文献中的模型都比较关注一些实际且重要的因素，如基数约束、资源约束、可分性等，但是对于项目间相互作用关系的研究还比较缺乏。实际上，相互作用关系在项目组合选择中广泛存在，如资源共享、收益互补等。因此，研究考虑相互作用关系的项目组合选择问题就具有较强的理论意义和现实价值。

本节的内容就是将项目间的相互作用关系引入动态项目组合选择中，从而构建一个新的项目组合选择模型，即考虑项目间相互作用的动态项目组合选择模型，构建出的考虑项目间相互作用关系的动态项目组合选择模型因含有 0-1 变量与 0-1 变量的乘积，以及 0-1 变量与连续变量的乘积这种非线性的特性，对此直接求解是比较困难的。因此，本书采用线性转化技术使得所求解模型线性化，从而使得模型转化为可求解的线性模型。最后，以企业所面临的项目组合选择问题作为实例，分别求得不考虑项目间相互作用关系的动态项目组合选择模型和考虑项目间相互作用关系的动态项目组合选择模型的数值解。

如何将有限的资源分配到一系列可以让企业获利最大的项目中是管理决策的一个重要的组成部分。在当前竞争日益激烈的经济环境中，对企业来说，合理并且高效地分配资源显得更加关键和重要。就一般情况而言，为了得到更多的利益或者为了完成企业的战略目标，企业通常需要在同一时间段内执行多个项目。也就是说，企业管理者必须从候选项目的集合中选择出既可以使得利益最大化，又能够合理分配资源的几个项目，则这个项目的集合被称为一个项目组合。如何在既不违背企业战略目标的同时又让项目组合满足既定约束的问题被称为项目组合选择问题。

很多数据表明，项目组合选择能够提高资金的利用率，从而使企业获得最大的利益，促进企业的长远发展。例如，根据经济合作与发展组织的统计，项目组合是各国拉动经济的主要方式之一。以研究与发展（research and development，R&D）项目为例，调查显示，美国 2001 年对 R&D 项目的投资为 3 386.85 亿美元，但是到了 2016 年，美国对于 R&D 项目的投资为 4 643.24 亿美元，年均增长率为 2.13%；欧盟成员对 R&D 项目的投资则从 2001 年的 2 476.59 亿美元上涨到 2016 年的 3 499.88 亿美元，年均增长率达到 2.33%；与美国和欧盟国家相比，我国对于 R&D 项目的投资，则从 2001 年的 466.39 亿美元增长到 2016 年的 4 101.88 亿美元，年均增长率更是达到了 15.60%；日本、韩国对于 R&D 项目的投资也在逐年增加。种种数据都在阐述一个道理：项目组合选择的发展势在必行。

在项目组合选择问题中，存在一个十分有趣的现象，即大多数关于项目组合选择问题的研究往往只考虑新项目，却完全忽略了现有项目。例如，Weingartner（1966）研究了资本预算通过科学调查综合选择新的候选项目。Medaglia 等（2008）探讨了项目组合选择问题中的排序问题，但没有考虑现有项目。Mohanty（1996）提出了一种基于模糊 ANP（analytic network process，网络层次分析法）的 R&D 项目组合选择方法。Mild 等（2015）重点研究了如何利用稳健的投资组合建模来选择新的基础设施维护项目。在这里，动态项目组合选择问题被定义为既考虑现有项目又考虑新项目的项目组合选择问题。事实上，在选择新项目时，企业可以通过调整现有项目，如对现有的一些项目放弃或更新规模来获得更高的回报。然而，动态项目组合选择问题并没有得到应有的重视，相关的研究还比较少。例如，Huang 等（2014）研究了调整现有项目的国际投资组合选择问题；Huang 等（2016）建立了均值方差最优调整选择模型。

当两个或者两个以上有关联的项目在同一时间段被执行的时候，项目组合选择会获得比每个项目收益的简单总和更多或者更少的收益，这种情况被称为项目间的相互作用关系。其中，组合的收益比每个项目收益的总和多的部分被称为协同收益；组合的收益比每个项目收益的总和少的部分被称为竞争损失。

然而，在现有的文献资料中，大多数研究多以静态项目选择组合问题为主，即只是考虑新项目的组合选择问题，而没有提及现有项目，只有少数文献是关于动态项目组合选择问题的。然而，这些文章并没有考虑项目间的相互作用关系。因此，本节在前人动态项目组合选择研究的基础上，将项目间的相互作用关系引入动态项目组合选择之间的相互作用，从而构建一个全新的考虑项目间相互作用关系的动态项目组合选择模型，然后进一步地对求解的线性化技术进行探讨，以期能够更加快速和准确地对项目组合选择问题进行求解，从而能为企业决策者提供一种更为科学、实用的方法来进行项目组合选择。

在上述分析的基础上，我们用图 3.1 来更加明确地表示项目现金流量的流入与流出的变化。

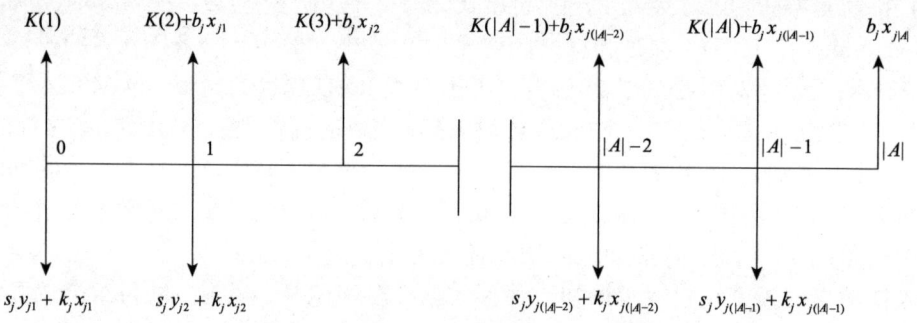

图 3.1　项目组合在投资周期内的先决流量

在图 3.1 中，横坐标表示项目执行的时间段，纵坐标表示现金的流入与流出；0 到 1 之间表示第 1 时间段，0 表示第 1 时间段的期初，1 表示第 1 时间段的期末。其中，最值得引起注意的是，$K(t)$ 和 b_j 是现金流入，s_j、k_j 是现金流出；但是，$K(t)$ 和 s_j、k_j 都在期初发生，而 b_j 在期末发生。

综合考虑静态项目组合选择的约束条件和目标函数，可以得到静态项目组合选择问题的净现值模型（PPSP-0）。

$$\max \text{NPV} = \sum_{t=1}^{|A|} K(t)(1+r)^{-t+1} + \sum_{j=1}^{|\Omega|} \sum_{t=1}^{T} b_j x_{jt}(1+r)^{-t} - \sum_{j=1}^{|\Omega|} \sum_{t=1}^{|A|} [s_j y_{jt} + k_j x_{jt}](1+r)^{-t+1}$$

（3.14）

约束条件如下：

$$\begin{cases} \sum_{t=1}^{\tau} K(t)(1+r)^{-t+1} + \sum_{j=1}^{|\Omega|}\sum_{t=1}^{\tau} b_j x_{jt}(1+r)^{-t} - \sum_{j=1}^{|\Omega|}\sum_{t=1}^{\tau}(s_j+k_j)y_{jt}(1+r)^{-t+1} \geq 0, \\ \tau = 1,2,\cdots,|A| \\ \sum_{j=1}^{|\Omega|} y_{jt} \leq M_t, \quad t=1,2,\cdots,T \\ \sum_{j=1}^{|\Omega|} z_j \leq N, \quad j=1,2,\cdots,|\Omega| \\ \alpha_{jt} y_{jt} \leq x_{jt} \leq \beta_{jt} y_{jt}, \quad y_{jt} \in \{0,1\}; \; j=1,2,\cdots,|\Omega|; \; t=1,2,\cdots,|A| \\ \sum_{t=1}^{|A|} x_{jt} = z_{jt}, \quad j=1,2,\cdots,|\Omega| \\ x_{jt} = (x_{1t},x_{2t},\cdots,x_{|\Omega|t}) \in R^{|\Omega|}, \quad t=1,2,\cdots,|A| \\ y_t = (y_{1t},y_{2t},\cdots,y_{|\Omega|t}) \in \{0,1\}^{|\Omega|}, \quad t=1,2,\cdots,|A| \\ z = (z_1,z_2,\cdots,z_{|\Omega|}) \in \{0,1\}^{|\Omega|}, \quad t=1,2,\cdots,|A| \\ y_{j1}=0, \; \sum_{\tau=1}^{t-1} x_{i\tau} \geq y_{i\tau}, \; (i,j)\in\xi; \; \tau=2,3,\cdots,|A| \end{cases} \quad (3.15)$$

接下来分别讨论现有项目 j 被放弃、维持现状、更新规模等不同情况下现金流量的变化情况。

（1）现有项目 j 维持现状，也就是 $z_j=1$, $u_j=0$，那么 NPV_j 为

$$\text{NPV}_j = \sum_{t=1}^{|A|} \frac{b_j x_{jt}}{(1+r)^t} - \text{OC}_j = 0, \quad j=1,2,\cdots,n \quad (3.16)$$

其中，OC_j 表示现有项目 j 的机会成本。

显而易见，在这种情形下现有项目 j 的现金流量为 0，基于此结论，我们也能解释为什么很少有人去研究动态项目组合选择问题；正如上述所展示的那样，当现有项目 j 维持现状时，现有项目 j 的投入与收入对于新项目的选择毫无影响。

（2）当现有项目被放弃时，也就是 $z_j=0$，这一部分可以通过卖掉生产机器、生产线、库存半成品获得一定的收入。在这种情形下现有项目 j 的 NPV_j 为

$$\text{NPV}_j = h_j - \text{OC}_j = h_j - \sum_{t=1}^{|A|} \frac{b_j x_{jt}}{(1+r)^t}, \quad j=1,2,\cdots,n \quad (3.17)$$

（3）当现有项目被更新规模时，则有 $z_j=1$, $u_j=1$，在这种情形下现有项目 j 的 NPV_j 为

$$(1-pu_j)\sum_{t=1}^{T-1}\frac{b_j x_{jt}}{(1+r)^t}+(1+qu_j)\sum_{t=T}^{|A|}\frac{b_j x_{jt}}{(1+r)^t}-\sum_{t=1}^{S_j}\frac{e_{jt}}{(1+r)^{t-1}}u_j-\mathrm{OC}_j$$

$$=(1-pu_j)\sum_{t=1}^{T-1}\frac{b_j x_{jt}}{(1+r)^t}+(1+qu_j)\sum_{t=T}^{|A|}\frac{b_j x_{jt}}{(1+r)^t}-\sum_{t=1}^{S_j}\frac{e_{jt}}{(1+r)^{t-1}}u_j-\sum_{t=1}^{|A|}\frac{b_j x_{jt}}{(1+r)^t},\ j=1,2,\cdots,n$$

（3.18）

其中，$p>0$，表示项目更新规模期间T内现金流量减少的比例；$q>0$，表示项目更新规模之后净现金流量比例的增加。这是因为更新规模过程会影响生产，从而降低更新规模期间的收入。但是，在更新规模之后我们将会有一个巨大的跳跃，我们应该注意到，现有项目j从最开始到更新规模节点之前的净现金流量已经计算过，因此，不能重复计算，$b_j x_{jt}=0$，$j=1,2,\cdots,n$，现有项目j的净现金流量可以用图3.2描述。

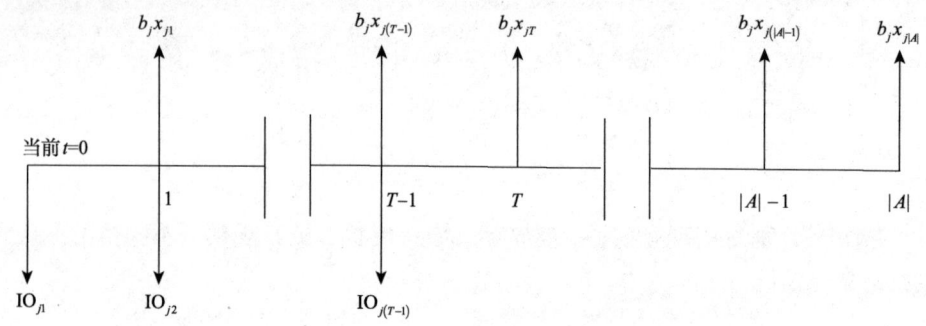

图3.2　更新规模项目j的现金流量

值得注意的是，图 3.2 表示的是现有项目j在更新规模期间的净现金流量，而不是整个项目组合选择的净现金流量，因此，每个节点的外来资金$K(t)$并不包含在其中。

整合方程（3.16）~方程（3.18），可以计算出来现有项目在调整期间的所有总回报OB_1，如式（3.19）所示。

$$\mathrm{OB}_1=\sum_{j=1}^n\left[(1-pu_j)\sum_{t=1}^{T-1}\frac{b_j x_{jt}}{(1+r)^t}+(1+qu_j)\sum_{t=T}^{|A|}\frac{b_j x_{jt}}{(1+r)^t}-u_j\sum_{t=1}^T\frac{e_{jt}}{(1+r)^{t-1}}\right]z_j$$
$$+\sum_{j=1}^n h_j(1-z_j)-\sum_{j=1}^n\sum_{t=1}^{|A|}\frac{b_j x_{jt}}{(1+r)^t}$$

（3.19）

值得注意的是，无论现有项目维持现状、被放弃或者更新规模，现有项目的机会成本OC_j都不应该计算。

图 3.3 表示新项目的现金流量情况：向下的箭头表示新项目j的启动成本和项

目投资,向上的箭头表示收益。

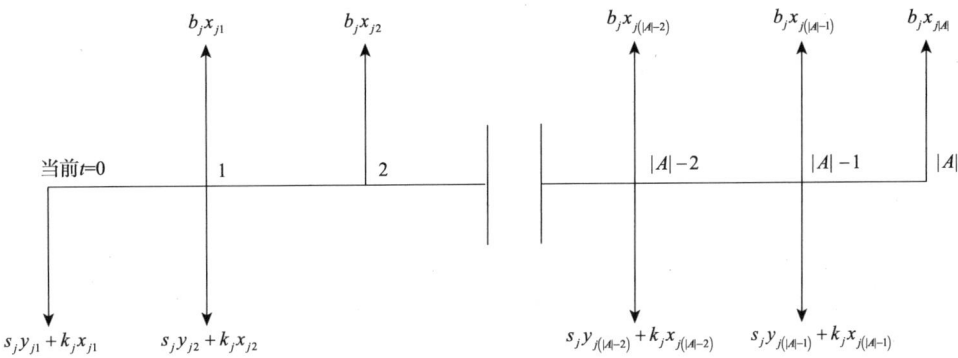

图 3.3 新项目的现金流量

由图 3.3 可以看到新项目 j,$j=n+1,n+2,\cdots,|\Omega|$ 的净现金流量,我们可以计算出新项目的总回报:

$$\mathrm{OB}_2 = \sum_{j=n+1}^{|\Omega|}\sum_{t=1}^{|A|} \frac{b_j x_{jt}}{(1+r)^t} - \sum_{j=n+1}^{|\Omega|}\sum_{t=1}^{|A|} \frac{(s_j y_{jt} + k_j x_{jt})}{(1+r)^{t-1}} \quad (3.20)$$

3.3.1 动态项目组合选择模型构建

用 W 表示目标函数的值,在前文的基础上,我们把外来资金 $K(t)$ 引入我们的方程。然后,就可以得到在可打断情况下的动态项目组合选择模型(PPSP-1)如下:

$$\begin{aligned}
\max W &= \sum_{t=1}^{|A|} \frac{K(t)}{(1+r)^{t-1}} + \mathrm{OB}_1 + \mathrm{OB}_2 \\
&= \sum_{t=1}^{|A|} \frac{K(t)}{(1+r)^{t-1}} + \sum_{j=1}^{n}\left[(1-pu_j)\sum_{t=1}^{T-1}\frac{b_j x_{jt}}{(1+r)^t} + (1+qu_j)\sum_{t=T}^{|A|}\frac{b_j x_{jt}}{(1+r)^t} - u_j\sum_{t=1}^{T}\frac{e_{jt}}{(1+r)^{t-1}}\right]z_j \\
&\quad + \sum_{j=1}^{n} h_j(1-z_j) - \sum_{j=1}^{n}\sum_{t=1}^{|A|}\frac{b_j x_{jt}}{(1+r)^t} \\
&\quad + \left[\sum_{j=n+1}^{|\Omega|}\sum_{t=1}^{|A|}\frac{b_j x_{jt}}{(1+r)^t} - \sum_{j=n+1}^{|\Omega|}\sum_{t=1}^{|A|}\frac{(s_j y_{jt} + k_j x_{jt})}{(1+r)^{t-1}}\right]
\end{aligned} \quad (3.21)$$

约束条件如下:

$$\sum_{t=1}^{\tau}\frac{K(t)}{(1+r)^{t-1}}+\sum_{j=1}^{n}\left[(1-pu_j)\sum_{t=1}^{t-1}\frac{b_j x_{jt}}{(1+r)^t}-u_j\sum_{t=1}^{\tau}\frac{e_{jt}}{(1+r)^{t-1}}\right]z_j+\sum_{j=1}^{n}h_j(1-x_j)$$

$$-\sum_{j=1}^{n}\sum_{t=1}^{\tau}\frac{b_j x_{jt}}{(1+r)^t}+\left[\sum_{j=n+1}^{|\Omega|}\sum_{t=1}^{\tau}\frac{b_j x_{jt}}{(1+r)^t}-\sum_{j=n+1}^{|\Omega|}\sum_{t=1}^{\tau}\frac{(s_j y_{jt}+k_j x_{jt})}{(1+r)^{t-1}}\right]\leqslant 0;\quad \tau=1,2,\cdots,T$$

(3.22)

$$\sum_{t=1}^{\tau}\frac{K(t)}{(1+r)^{t-1}}+\sum_{j=1}^{n}\left[(1-pu_j)\sum_{t=1}^{T-1}\frac{b_j x_{jt}}{(1+r)^t}+(1+qu_j)\sum_{t=T}^{\tau}\frac{b_j x_{jt}}{(1+r)^t}-u_j\sum_{t=1}^{T}\frac{e_{jt}}{(1+r)^{t-1}}\right]x_j$$

$$+\sum_{j=1}^{n}h_j(1-x_j)-\sum_{j=1}^{n}\sum_{t=1}^{\tau}\frac{b_j x_{jt}}{(1+r)^t}+\left[\sum_{j=n+1}^{|\Omega|}\sum_{t=1}^{\tau}\frac{b_j x_{jt}}{(1+r)^t}-\sum_{j=n+1}^{|\Omega|}\sum_{t=1}^{\tau}\frac{(s_j y_{jt}+k_j x_{jt})}{(1+r)^{t-1}}\right]\leqslant 0;$$

$$\tau=T+1,T+2,\cdots,|A|$$

(3.23)

$$\sum_{j=1}^{|\Omega|}y_{jt}\leqslant M;\quad t=1,2,\cdots,|A|;\quad j=n+1,n+2,\cdots,|\Omega| \quad (3.24)$$

$$\sum_{j=1}^{|\Omega|}z_j\leqslant N;\quad j=1,2,\cdots,|\Omega| \quad (3.25)$$

$$\alpha_{jt}y_{jt}\leqslant x_{jt}\leqslant \beta_{jt}y_{jt},\ y_{jt}\in\{0,1\};\ j=n+1,n+2,\cdots,|\Omega|;\ t=1,2,\cdots,|A| \quad (3.26)$$

$$\sum_{t=1}^{|A|}x_{jt}=z_j;\quad j=n+1,n+2,\cdots,|\Omega| \quad (3.27)$$

$$x_t=(x_{(n+1)t},x_{(n+2)t},\cdots,x_{|\Omega|t})^T\in R^n;\quad t=1,2,\cdots,|A| \quad (3.28)$$

$$y_t=(y_{(n+1)t},y_{(n+2)t},\cdots,y_{|\Omega|t})^T\in\{0,1\}^n;\quad t=1,2,\cdots,|A| \quad (3.29)$$

$$z_t=(z_1,z_2,\cdots,z_{|\Omega|})^T\in\{0,1\}^n;\quad t=1,2,\cdots,|A| \quad (3.30)$$

$$u_j=(u_1,u_2,\cdots,u_n)^T\in\{0,1\}^n;\quad j=1,2,\cdots,n \quad (3.31)$$

在这个模型中，目标函数（3.21）表示新项目和现有项目的总回报，限制条件（3.22）和限制条件（3.23）表示每一节点的资金必须能够满足下一时间段的启动成本、投资与更新规模所需要的资金，我们之所以会有两个资金限制条件，主要是因为项目在更新规模期间和更新规模之后的计算公式不同；限制方程（3.24）和限制方程（3.25）主要用来控制在整个规划周期和每一时间段内所运行的项目数量；限制方程（3.26）则表示任何被选择的新项目在整个规划周期内完成；限制条件（3.27）~限制条件（3.31）主要限制决策变量的可行区域。

本节首先描述最经典的项目组合选择模型的参数及各种约束条件；其次，构建出经典的项目组合选择模型，即静态项目组合选择模型；再次，考虑到实际情况，企业管理者在项目组合选择的决策点不仅仅只考虑新项目，也会对现有项目进行评估，将效益好的项目更新规模，将效益差的项目放弃并且出售生产线及设备等；最后，本节又建立了动态项目组合选择模型，使项目组合选择模型越发贴近实际情况。这也为接下来将项目间的相互作用关系引入动态项目组合选择中打下理论基础。

3.3.2　考虑相互作用关系的动态项目组合选择模型构建

前文阐述了项目组合选择的相关理论知识，并由浅入深，从最经典的项目组合选择模型，即静态项目组合选择模型到考虑现有项目和新项目的动态项目组合选择模型。接下来着重介绍考虑项目间相互作用关系的动态项目组合选择模型。

对于项目管理者来说，识别项目间的相互作用并在建模中考虑项目间的相互作用，不仅能够减少竞争损失，而且能够增加额外收益。

重新定义参数及变量含义。

Ω：现有项目和新项目共同组成的集合，$j=1,2,\cdots,n,\cdots,|\Omega|$，其中 n 为现有项目的个数，$|\Omega|-n$ 为新项目的个数。

T：现有项目更新的工期。

A：现有项目和新项目执行的时间段集合，其中 $t=0,1,\cdots,|A|-1$。

$K(t)$：在时点 t 的所有外来资金，$t=0,1,\cdots,|A|-1$，$K(0)$ 表示在时点 0 的外来所有资金。

b_j：项目 j 被完成后所得的收益，$j=1,2,\cdots,n,\cdots,|\Omega|$。

s_j：当新项目 j 的一个比例被执行的时候所需要的生产准备成本，$j=n+1,n+2,\cdots,|\Omega|$。

k_j：当整个新项目 j 完成时所需要的投资，$j=n+1,n+2,\cdots,|\Omega|$。

r：市场基本利率。

α_{jt}：新项目 j 在时间段 t 内执行的最小比例，$j=n+1,n+2,\cdots,|\Omega|$。

β_{jt}：新项目 j 在时间段 t 内执行的最大比例，$j=n+1,n+2,\cdots,|\Omega|$。

N：现有项目和新项目在整个规划周期内能够完成的最大项目个数。

M_t：现有项目和新项目在时间段 t 内能够完成的最大项目个数，$t=0,1,\cdots,|A|$。

h_j：现有项目 j 在时点 0 被拍卖时所获得的收益，$j=1,2,\cdots,n$。

e_{jt}：现有项目 j 在时间段 t 内更新规模的花费，$j=1,2,\cdots,n$。

x_{jt}：现有项目或者新项目 j 在时间段 t 内的执行比例，$j=n+1,n+2,\cdots,|\Omega|$。

$x_t=(x_{1t},x_{2t},\cdots,x_{|\Omega|t})^{\mathrm{T}}\in[0,1]^{|\Omega|}$。

z_j：0-1 变量，如果现有项目 j 被保留或者新项目 j 被选择时 $z_j=1$，否则 $z_j=0$；$j=1,2,\cdots,n,\cdots,|\Omega|$。

u_j：0-1 变量，现有项目 j 更新规模时 $u_j=1$，否则 $u_j=0$；$j=1,2,\cdots,n$。

y_{jt}：0-1 变量，如果项目 j 在时间段 t 内有非零执行比例，则 $y_{jt}=1$，否则 $y_{jt}=0$；$j=1,2,\cdots,n,\cdots,|\Omega|$。

A_l：具有相互作用的新项目组成的集合，$l=1,2,\cdots,L,\cdots,\hat{L}$。

c_l：当 A_l 中至少有 m_l 个项目在同一时间段内被执行时，就会产生协同收益，$l=1,2,\cdots,L$。

d_l：当 A_l 中至少有 m_l 个项目在同一时间段内被执行时，就会产生竞争损失，$l=L+1,L+2,\cdots,\hat{L}$。

m_l：能够使项目间的相互作用子集起作用的所必需的最小项目个数。

g_{lt}：0-1 变量，如果相互作用子集起作用，$g_{lt}=1$，否则 $g_{lt}=0$。

若 $g_{lt}\in\{0,1\}$，$\sum_{j\in A_l} y_{jt} \geqslant m_l \Leftrightarrow g_{lt}=1$，$t=1,2,\cdots,T,\cdots,|A|$，假设现有项目与新项目相互独立，则：

协同收益为

$$u_{lt}=\begin{cases} \min\{x_{jt} \mid x_{jt}>0, j\in A_l\}, & g_{lt}=1 \\ 0, & g_{lt}=0 \end{cases}$$

其中，$l=1,2,\cdots,L$；$j=n+1,n+2,\cdots,|\Omega|$；$t=1,2,\cdots,T,\cdots,|A|$；$u_t=(u_{1t},u_{2t},\cdots,u_{Lt})^{\mathrm{T}} \in R^L$。

则协同收益的值为：$\sum_{l=1}^{L} c_l u_{lt}$，$t=1,2,\cdots,T,\cdots,|A|$。

竞争损失为

$$\sum_{l=L+1}^{\hat{L}} d_l v_{lt}, \quad t=1,2,\cdots,T,\cdots,|A|$$

考虑项目间相互作用关系的动态项目组合选择相关约束条件如下：

$$0 \leqslant u_{lt} \leqslant g_{lt}, \quad l=1,2,\cdots,L; \quad t=1,2,\cdots,T,\cdots,|A|$$

$$u_{lt} \leqslant x_{jt}+(1-y_{jt}), \quad j\in A_l; \quad l=1,2,\cdots,L; \quad t=1,2,\cdots,T,\cdots,|A|$$

$$2n-1+m_l \geqslant \sum_{j\in A_l} y_{jt}+2n(1-g_{lt}) \geqslant m_l, \quad l=1,2,\cdots,L,\cdots\hat{L}; \quad t=1,2,\cdots,T,\cdots,|A|$$

$$g_{lt}\in\{0,1\}, \quad l=1,2,\cdots,L,\cdots,\hat{L}; \quad t=1,2,\cdots,T,\cdots,|A|$$

$$0 \leqslant v_{lt} \leqslant g_{lt}, \quad l=L+1,L+2,\cdots,\hat{L}; \quad t=1,2,\cdots,T,\cdots,|A|$$

$$x_{jt}+(y_{jt}-1) \leqslant v_{lt}+(1-g_{lt}), \quad j\in A_l; \quad l=1,2,\cdots,L,\cdots,\hat{L}; \quad t=1,2,\cdots,T,\cdots,|A|$$

$$\sum_{j=1}^{|\Omega|} y_{jt} \leqslant M_t, \quad t=1,2,\cdots,T,\cdots,|A|$$

$$\sum_{j=1}^{|\Omega|} z_j \leqslant N, \quad j=1,2,\cdots,|\Omega|$$

$$\alpha_{jt} y_{jt} \leqslant x_{jt} \leqslant \beta_{jt} y_{jt}, \quad y_{jt} \in \{0,1\}; \quad j=n+1, n+2, \cdots, |\Omega|; \quad t=1,2,\cdots,|A|$$

$$\sum_{t=1}^{|A|} x_{jt} = z_j, \quad j=n+1, n+2, \cdots, |\Omega|; \quad t=1,2,\cdots,|A|$$

$$x_t = (x_{(n+1)t}, x_{(n+2)t}, \cdots, x_{|\Omega|t})^{\mathrm{T}} \in R^n, \quad t=1,2,\cdots,|A|$$

$$y_t = (y_{(n+1)t}, y_{(n+2)t}, \cdots, y_{|\Omega|t}) \in \{0,1\}^n, \quad t=1,2,\cdots,|A|$$

$$z_t = (z_1, z_2, \cdots, z_{|\Omega|})^{\mathrm{T}} \in \{0,1\}^n, \quad t=1,2,\cdots,|A|$$

$$\sum_{t=1}^{\tau} \frac{K(t)}{(1+r)^{t-1}} + \sum_{j=1}^{n} h_j(1-z_j) + \sum_{j=1}^{n}\left[(1-pu_j)\sum_{t=1}^{\tau-1}\frac{b_j x_{jt}}{(1+r)^t} - u_j \sum_{t=1}^{\tau}\frac{e_{jt}}{(1+r)^{t-1}}\right]z_j$$
$$+\left[\sum_{t=1}^{\tau}\left(\sum_{j=n+1}^{|\Omega|}\frac{b_j x_{jt}}{(1+r)^t} + \sum_{l=1}^{L} c_l u_{lt} - \sum_{l=L+1}^{\hat{L}} d_l v_{lt}\right) - \sum_{j=n+1}^{|\Omega|}\sum_{t=1}^{\tau}\frac{(s_j y_{jt} + k_j x_{jt})}{(1+r)^{t-1}}\right] \geqslant 0, \tau=1,2,\cdots,T$$

$$\sum_{t=1}^{t} \frac{K(t)}{(1+r)^{t-1}} + \sum_{j=1}^{n} h_j(1-z_j) + \sum_{j=1}^{n}\left[(1-pu_j)\sum_{t=1}^{T-1}\frac{b_j x_{jt}}{(1+r)^t} + (1+qu_j)\sum_{t=T}^{|A|}\frac{b_j x_{jt}}{(1+r)^t}\right.$$
$$\left.-u_j\sum_{t=1}^{T}\frac{e_{jt}}{(1+r)^{t-1}}\right]z_j + \left[\sum_{t=1}^{t}\left(\sum_{j=n+1}^{|W|}\frac{b_j x_{jt}}{(1+r)^t} + \sum_{l=1}^{L} c_l u_{lt} - \sum_{l=L+1}^{\hat{L}} d_l v_{lt}\right) - \sum_{j=n+1}^{|\Omega|}\sum_{t=1}^{|A|}\frac{(s_j y_{jt}+k_j x_{jt})}{(1+r)^{t-1}}\right] \geqslant 0,$$
$$\tau = T+1, T+2, \cdots, |A|$$

（3.32）

考虑项目间相互作用关系的动态项目组合选择模型（PPSP-2）如下：

$$\max W = \sum_{t=1}^{|A|}\frac{K(t)}{(1+r)^{t-1}} + \sum_{j=1}^{n}\left[(1-pu_j)\sum_{t=1}^{T-1}\frac{b_j x_{jt}}{(1+r)^t} + (1+qu_j)\sum_{t=T}^{|A|}\frac{b_j x_{jt}}{(1+r)^t} - u_j\sum_{t=1}^{|A|}\frac{e_{jt}}{(1+r)^{t-1}}\right]z_j$$
$$+\sum_{j=1}^{n} h_j(1-z_j) - \sum_{j=1}^{n}\sum_{t=1}^{|A|}\frac{b_j x_{jt}}{(1+r)^t} + \left[\sum_{t=1}^{|A|}\left(\sum_{j=n+1}^{|\Omega|}\frac{b_j x_{jt}}{(1+r)^t} + \sum_{l=1}^{L} c_l u_{lt} - \sum_{l=L+1}^{\hat{L}} d_l v_{lt}\right)\right.$$
$$\left.-\sum_{j=n+1}^{|\Omega|}\sum_{t=1}^{|A|}\frac{(s_j y_{jt}+k_j x_{jt})}{(1+r)^{t-1}}\right]$$

约束条件：式（3.32）。

模型的等价变换如下。

目标函数和限制条件中包含 0-1 变量与连续变量的乘积，0-1 变量与 0-1 变量的乘积，因此目标函数和限制条件是非线性，是很难求解的，为了求解过程的顺利及能够求出解，需要将目标函数和限制条件中的非线性函数线性化。

（1）0-1 变量与 0-1 变量乘积的线性化。对于 $u_j z_j$ 这种 0-1 变量与 0-1 变量乘积的非线性形式，我们引入一个新的 0-1 变量 δ_j，并且使得 $u_j z_j = \delta_j$，则 $u_j z_j$ 与 δ_j 是等价的，如果 $u_j z_j$ 与 δ_j 满足下列不等式：

$$\begin{cases} \delta_j \leqslant u_j \\ \delta_j \leqslant z_j \\ \delta_j \geqslant u_j + z_j - 1 \end{cases} \tag{3.33}$$

（2）0-1 变量与连续变量乘积的线性化。对于 $x_{jt} \cdot z_j$ 这种 0-1 变量与连续变量乘积，我们同样引入一个新的变量 θ_{jt}，并使得 $x_{jt} \cdot z_j = \theta_{jt}$，则 $x_{jt} \cdot z_j$ 与 θ_{jt} 是等价的，如果 $x_{jt} \cdot z_j$ 与 θ_{jt} 满足下列不等式：

$$\begin{cases} -\beta_{jt} x_{jt} \leqslant \theta_{jt} \leqslant \beta_{jt} x_{jt} \\ x_j - \beta_{jt}(1 - z_{jt}) \leqslant \theta_{jt} \leqslant x_j + \beta_{jt}(1 - z_{jt}) \end{cases} \tag{3.34}$$

（3）对于 $x_{jt} \cdot z_j \cdot u_j$ 这种既有 0-1 变量与 0-1 变量乘积，又有 0-1 变量与连续变量的乘积，在非线性转线性的时候引入一个新的变量 ω_{jt}，并使得 $x_{jt} \cdot z_j \cdot u_j = \omega_{jt}$，则 $x_{jt} \cdot z_j \cdot u_j$ 与 ω_{jt} 是等价的，如果 $x_{jt} \cdot z_j \cdot u_j$ 与 ω_{jt} 满足下列不等式：

$$\begin{cases} -\beta_j u_j \leqslant \omega_{jt} \leqslant \beta_j u_j \\ \theta_{jt} - \beta_j(1 - u_j) \leqslant \omega_{jt} \leqslant \theta_{jt} + \beta_j(1 - u_j) \end{cases} \tag{3.35}$$

其中，$\theta_{jt} = x_{jt} \cdot z_j$。

则目标函数可线性化为

$$\sum_{j=1}^{n}\left[\sum_{t=1}^{T-1}\frac{b_j \theta_{jt}}{(1+r)^t} - p\sum_{t=1}^{T-1}\frac{b_j \omega_{jt}}{(1+r)^t} + \sum_{t=T}^{|A|}\frac{b_j \theta_{jt}}{(1+r)^t} + q\sum_{t=T}^{|A|}\frac{b_j \omega_{jt}}{(1+r)^t} - \delta_j \sum_{t=1}^{|A|}\frac{e_{jt}}{(1+r)^{t-1}}\right] + \sum_{j=1}^{n} h_j(1 - z_j)$$

$$-\sum_{j=1}^{n}\sum_{t=1}^{|A|}\frac{k_j x_{jt}}{(1+r)^t} + \left[\sum_{j=n+1}^{|\Omega|}\sum_{t=1}^{|A|}\frac{b_j x_{jt}}{(1+r)^t} - \sum_{j=n+1}^{|\Omega|}\sum_{t=1}^{|A|}\frac{(s_j y_{jt} + k_j x_{jt})}{(1+r)^t}\right] + \sum_{t=1}^{|A|}\frac{\left(\sum_{l=1}^{L} c_l u_{lt} - \sum_{l=L+1}^{\hat{L}} d_l v_{lt}\right)}{(1+r)^t}$$

$$\tag{3.36}$$

限制条件中含有 0-1 变量与 0-1 变量的乘积，以及 0-1 变量与连续变量的乘积，因此可等价转化为

$$\sum_{t=1}^{\tau}\frac{K(t)}{(1+r)^{t-1}}+\sum_{j=1}^{n}\left[\sum_{t=1}^{\tau-1}\frac{b_j\theta_{jt}}{(1+r)^t}-p\sum_{t=1}^{T-1}\frac{b_j\omega_{jt}}{(1+r)^t}-\delta_j\sum_{t=1}^{\tau}\frac{e_{jt}}{(1+r)^{t-1}}\right]+\sum_{j=1}^{n}h_j(1-z_j)$$

$$-\sum_{j=1}^{n}\sum_{t=1}^{\tau}\frac{k_jx_{jt}}{(1+r)^t}+\left[\sum_{j=n+1}^{|\Omega|}\sum_{t=1}^{\tau}\frac{b_jx_{jt}}{(1+r)^t}-\sum_{j=n+1}^{|\Omega|}\sum_{t=1}^{\tau}\frac{(s_jy_{jt}+k_jx_{jt})}{(1+r)^t}\right]+\sum_{t=1}^{|A|}\frac{\left(\sum_{l=1}^{L}c_lu_{lt}-\sum_{l=L+1}^{\hat{L}}d_lv_{lt}\right)}{(1+r)^t}\geqslant 0,$$

$$\tau=1,2,\cdots,T$$

(3.37)

$$\sum_{t=1}^{\tau}\frac{K(t)}{(1+r)^{t-1}}+\sum_{j=1}^{n}\left[\sum_{t=1}^{\tau-1}\frac{b_j\theta_{jt}}{(1+r)^t}-p\sum_{t=1}^{\tau-1}\frac{b_j\omega_{jt}}{(1+r)^t}+\sum_{t=T}^{\tau}\frac{b_j\theta_{jt}}{(1+r)^t}+q\sum_{t=T}^{\tau}\frac{b_j\omega_{jt}}{(1+r)^t}-\delta_j\sum_{t=1}^{\tau}\frac{e_{jt}}{(1+r)^{t-1}}\right]$$

$$+\sum_{j=1}^{n}h_j(1-z_j)-\sum_{j=1}^{n}\sum_{t=1}^{\tau}\frac{k_jx_{jt}}{(1+r)^t}+\left[\sum_{j=n+1}^{|\Omega|}\sum_{t=1}^{\tau}\frac{b_jx_{jt}}{(1+r)^t}-\sum_{j=n+1}^{|\Omega|}\sum_{t=1}^{\tau}\frac{(s_jy_{jt}+k_jx_{jt})}{(1+r)^t}\right]$$

$$+\sum_{t=1}^{\tau}\frac{\left(\sum_{l=1}^{L}c_lu_{lt}-\sum_{l=L+1}^{\hat{L}}d_lv_{lt}\right)}{(1+r)^t}\geqslant 0,\ \tau=T+1,T+2,\cdots,|A|$$

(3.38)

因此，考虑项目间相互作用的动态项目组合选择模型可转化为如式（3.36）所示的目标函数（PPSP-3）。

约束条件如下：

$$0\leqslant u_{lt}\leqslant g_{lt},\ l=1,2,\cdots,L;\ t=1,2,\cdots,T,\cdots,|A|$$

$$u_{lt}\leqslant x_{jt}+(1-y_{jt}),\ j\in A_l,\ l=1,2,\cdots,L;\ t=1,2,\cdots,T,\cdots,|A|$$

$$2n-1+m_l\geqslant\sum_{j\in A_l}y_{jt}+2n(1-g_{lt})\geqslant m_l,\ l=1,2,\cdots,L,\cdots\hat{L};\ t=1,2,\cdots,T,\cdots,|A|$$

$$g_{lt}\in\{0,1\},\ l=1,2,\cdots,L,\cdots,\hat{L};\ t=1,2,\cdots,T,\cdots,|A|$$

$$0\leqslant v_{lt}\leqslant g_{lt},\ l=L+1,L+2,\cdots,\hat{L};\ t=1,2,\cdots,T,\cdots,|A|$$

$$x_{jt}+(y_{jt}-1)\leqslant v_{lt}+(1-g_{lt}),\ j\in A_l;\ l=1,2,\cdots,L,\cdots,\hat{L};\ t=1,2,\cdots,T,\cdots,|A|$$

$$\sum_{j=1}^{|\Omega|}y_{jt}\leqslant M_t,\ t=1,2,\cdots,T,\cdots,|A|$$

$$\sum_{j=1}^{|\Omega|}z_j\leqslant N,\ j=1,2,\cdots,|\Omega|$$

$$\alpha_{jt}y_{jt}\leqslant x_{jt}\leqslant\beta_{jt}y_{jt},\ y_{jt}\in\{0,1\};\ j=n+1,n+2,\cdots,|\Omega|;\ t=1,2,\cdots,T,\cdots,|A|$$

$$\sum_{t=1}^{|A|}x_{jt}\geqslant z_j,\ j=n+1,n+2,\cdots,|\Omega|;\ t=1,2,\cdots,|A|$$

$$x_t=(x_{(n+1)t},x_{(n+2)t},\cdots,x_{|\Omega|t})^{\mathrm{T}}\in R^n,\ t=1,2,\cdots,|A|$$

$$y_t=(y_{(n+1)t},y_{(n+2)t},\cdots,y_{|\Omega|t})\in\{0,1\}^n,\ t=1,2,\cdots,|A|$$

$$z_t = (z_1, z_2, \cdots, z_{|\Omega|})^T \in \{0,1\}^n, \quad t = 1, 2, \cdots, |A|$$

$$z_t = (z_1, z_2, \cdots, z_{|\Omega|})^T \in \{0,1\}^n, \quad t = 1, 2, \cdots, |A|$$

$$\sum_{t=1}^{\tau} \frac{K(t)}{(1+r)^{t-1}} + \sum_{j=1}^{n} \left[\sum_{t=1}^{\tau-1} \frac{b_j \theta_{jt}}{(1+r)^t} - p \sum_{t=1}^{T-1} \frac{b_j \omega_{jt}}{(1+r)^t} - \delta_j \sum_{t=1}^{\tau} \frac{e_{jt}}{(1+r)^{t-1}} \right] + \sum_{j=1}^{n} h_j(1-z_j)$$

$$- \sum_{j=1}^{n} \sum_{t=1}^{\tau} \frac{k_j x_{jt}}{(1+r)^t} + \left[\sum_{j=n+1}^{|\Omega|} \sum_{t=1}^{\tau} \frac{b_j x_{jt}}{(1+r)^t} - \sum_{j=n+1}^{|\Omega|} \sum_{t=1}^{\tau} \frac{(s_j y_{jt} + k_j x_{jt})}{(1+r)^t} \right] + \sum_{t=1}^{|A|} \frac{\left(\sum_{l=1}^{L} c_l u_{lt} - \sum_{l=L+1}^{\hat{L}} d_l v_{lt} \right)}{(1+r)^t} \geq 0;$$

$$\tau = 1, 2, \cdots, T$$

$$\sum_{t=1}^{\tau} \frac{K(t)}{(1+r)^{t-1}} + \sum_{j=1}^{n} \left[\sum_{t=1}^{\tau-1} \frac{b_j \theta_{jt}}{(1+r)^t} - p \sum_{t=1}^{\tau} \frac{b_j \omega_{jt}}{(1+r)^t} + \sum_{t=T}^{\tau} \frac{b_j \theta_{jt}}{(1+r)^t} + q \sum_{t=T}^{\tau} \frac{b_j \omega_{jt}}{(1+r)^t} - \delta_j \sum_{t=1}^{\tau} \frac{e_{jt}}{(1+r)^{t-1}} \right]$$

$$+ \sum_{j=1}^{n} h_j(1-z_j) - \sum_{j=1}^{n} \sum_{t=1}^{\tau} \frac{k_j x_{jt}}{(1+r)^t} + \left[\sum_{j=n+1}^{|\Omega|} \sum_{t=1}^{\tau} \frac{b_j x_{jt}}{(1+r)^t} - \sum_{j=n+1}^{|\Omega|} \sum_{t=1}^{\tau} \frac{(s_j y_{jt} + k_j x_{jt})}{(1+r)^t} \right]$$

$$+ \sum_{t=1}^{\tau} \frac{\left(\sum_{l=1}^{L} c_l u_{lt} - \sum_{l=L+1}^{\hat{L}} d_l v_{lt} \right)}{(1+r)^t} \geq 0, \quad \tau = T+1, T+2, \cdots, |A|$$

(3.39)

3.3.3 模型的最优解及结论

本部分利用 GAMS/BARON 求解器对可持续性制约下的可打断项目组合选择模型进行求解,接下来代入一案例数值,将不考虑项目间相互作用的动态项目组合选择模型的最优解及考虑项目间相互作用的动态项目组合选择模型的最优解均求出来。

首先,我们将不考虑项目间相互作用的动态项目组合选择模型的最优解求出来,该模型的结果如表 3.1 所示。

表3.1 不考虑项目间相互作用的动态项目组合选择模型的最优解

时间段 t	执行项目及执行比例	目标函数值
第 1 时间段	9(0.70)	
第 2 时间段	1(0.55)	
第 3 时间段	5(0.70)	26.582 万元
第 4 时间段	9(0.30), 10(0.65)	
第 5 时间段	3(0.85), 10(0.35)	

由表 3.1 可知，当不考虑项目间相互作用时，在第 1 时间段执行的为项目 9，执行比例为 0.70；在第 2 时间段执行的为项目 1，执行比例为 0.55；在第 3 时间段执行的为项目 5，执行比例为 0.70；在第 4 时间段执行的为项目 9 和项目 10，执行比例分别为 0.30 和 0.65；在第 5 时间段执行的为项目 3 和项目 10，执行比例分别为 0.85 和 0.35；项目组合选择的总收益为 26.582 万元。

接下来将考虑项目间相互作用的动态项目组合选择模型的最优解求出来，结果如表 3.2 所示。

表3.2 考虑项目间相互作用的动态项目组合选择模型的最优解

时间段 t	执行项目及执行比例	目标函数值
第 1 时间段	5（0.29），6（0.50）	
第 2 时间段	2（0.30），4（0.23），5（0.39），6（0.50）	
第 3 时间段	4（0.39），5（0.32），9（0.50），10（0.50）	30.396 万元
第 4 时间段	2（0.38），4（0.38），9（0.50），10（0.50）	
第 5 时间段	2（0.32）	

由表 3.2 可知，当考虑项目间相互作用时，执行的是项目 2、项目 4、项目 5、项目 6、项目 9、项目 10，总共 6 个项目，项目的总收益为 30.396 万元。

比较表 3.1 和表 3.2 可以得出，在不考虑项目间相互作用时，A 公司项目组合选择的收益为 26.582 万元；当考虑项目间相互作用时，A 公司的项目组合选择收益为 30.396 万元。这就说明将项目间相互作用引入项目组合选择模型中，是符合实际情况的，并且是很有必要的，当考虑项目间相互作用时，企业管理者在做项目组合选择时，可以有意识地增强项目间的协同收益，同时，可以有效地减弱项目间的竞争损失。

本节在项目组合选择问题研究的基础上，将项目间相互作用关系引入动态项目组合选择中，构建了考虑相互作用关系的动态项目组合选择模型，并且给出利用 GAMS/BARON 求解器求解的实例，验证了将相互作用引入动态项目组合选择的必要性。

第 4 章 信息不确定性下的项目组合选择问题

在经济全球化的大环境下,企业的投资领域日渐扩大并呈现多元化的趋势,使得企业所面临的待选项目日益增多。如何将有限的资源(资金、人力、土地、时间等)投资到最合适的一个项目组合中,是许多企业面临的难题之一。正确的项目组合选择,对企业在竞争激烈的商业环境下的生存与发展至关重要(Siew,2016)。然而,较长的项目周期、不可预料的支出成本与资源消耗,以及不清晰的市场前景,使得决策所需的许多参数无法被精确地估计(Hassanzadeh et al.,2014)。在项目组合选择问题中,历史数据的缺乏及预测和估计过程中出现的不可避免的误差,会导致模型中的参数无法被准确地估计,进而给决策带来巨大的风险。最优解在不确定参数的扰动下会呈现极度的不稳定性。不确定参数导致的错误决策可能会使企业遭受极其重大的损失(Bertsimas et al.,2010),因此,应对参数的不确定性,对于企业的生存与发展具有重大的现实意义。

4.1 确定参数下的主动打断项目组合选择模型

因为信息不确定性下的项目组合选择问题模型是根据确定参数下的主动打断项目组合选择模型得来的,所以本节首先向读者交代确定参数下的主动打断项目组合选择模型(李星梅等,2017)。为了更好地描述问题,模型中参数及变量含义如下。

$K(t)$:在时间段 t 的期初所获取的外来资金,特别地,$K(0)$ 指整个规划周期开始时可以使用的初始资金。

h_j: 为 0-1 变量，当且仅当项目 j 被选择时等于 1，否则为 0。$h=(h_1,h_2,\cdots,h_n)$ $\in\{0,1\}^n$。

x_{jt}: 时间段 t 内项目 j 的执行比例，$x_{jt}\in 0\cup[\alpha_{jt},\mu_{jt}]$，其中 α_{jt} 表示项目 j 在时间段 t 内的最小允许执行比例，μ_{jt} 表示项目 j 在时间段 t 内的最大允许执行比例。

u_{jt}: 为 0-1 变量，当且仅当项目 j 在时间段 t 内被执行时等于 1，否则为 0。

此外，本节所建模型满足以下几个前提假设。

（1）如果有 x_{jt} 比例的项目 j 在时间段 t 内被执行，企业必须在 $t-1$ 时点投资 $k_j x_{jt}$ 单位的资金用以执行 x_{jt} 比例的项目。待到时间段 t 结束，到达 t 时点，企业可以获得执行该比例所获得的收益 $c_j x_{jt}$。

（2）对于已选择的项目，在规划周期结束前必须完成。

（3）所有的决策必须在整个规划周期开始之前完成。

基于以上参数、变量及前提假设，逐步建立确定参数下的主动打断项目组合选择模型，其中包括一个目标函数，以及资金约束、可打断及完整性约束、指标约束三类约束条件，具体公式及其含义描述如下。

1）目标函数

具体如式（4.1）所示，表明企业的目标是获取净现值最大的项目组合。

$$\max \sum_{j=1}^{n} c_j x_{jT}(1+r_0)^{-T} + \sum_{\Upsilon=1}^{T-1}\left(\sum_{j=1}^{n}\left[c_j x_{j\Upsilon} - s_j u_{j(\Upsilon+1)} - k_j x_{j(\Upsilon+1)}\right]\right)\times(1+r_0)^{-\Upsilon} \\ -\sum_{j=1}^{n} s_j u_{j1} - \sum_{j=1}^{n} k_j x_{j1} \quad (4.1)$$

2）资金约束

如式（4.2）及式（4.3）所示，表示每个时间段开始时企业可以使用的资金量必须能够满足该时间段所执行的项目需要花费的投资及生产准备成本。

$$K(0) - \sum_{j=1}^{n} s_j u_{j1} - \sum_{j=1}^{n} k_j x_{j1} \geqslant 0 \quad (4.2)$$

$$\sum_{\Upsilon=0}^{t} K(\Upsilon)(1+r_0)^{t-\Upsilon} + \sum_{j=1}^{n}\sum_{\Upsilon=1}^{t}\left[-k_j(1+r_0)^{t+1-\Upsilon} + c_j(1+r_0)^{t-\Upsilon}\right]x_{j\Upsilon} \\ -\sum_{j=1}^{n}\sum_{\Upsilon=1}^{t}(1+r_0)^{t+1-\Upsilon} s_j u_{j\Upsilon} - \sum_{j=1}^{n} s_j u_{j(t+1)} - \sum_{j=1}^{n} k_j x_{j(t+1)} \geqslant 0, \quad t=1,2,\cdots,T-1 \quad (4.3)$$

3）可打断及完整性约束

如式（4.4）及式（4.5）所示，其中，式（4.4）表示每个待选项目在每个时间段内所允许执行的最大及最小比例约束；式（4.5）表示对于任意一个待选项目来说,如果被选择执行,就必须在整个规划周期内完成。

$$\alpha_{jt} u_{jt} \leqslant x_{jt} \leqslant \mu_{jt} u_{jt}, \quad j=1,2,\cdots,n, \quad t=1,2,\cdots,T \tag{4.4}$$

$$\sum_{Y=1}^{T} x_{jY} = h_j, \quad j=1,2,\cdots,n \tag{4.5}$$

4)指标约束

如式(4.6)及式(4.7)所示,其中,式(4.6)表示整个规划周期内选择的项目的最大数量约束;式(4.7)表示每个时间段内允许执行的项目的最大数量约束。

$$\sum_{j=1}^{n} h_j \leqslant N \tag{4.6}$$

$$\sum_{j=1}^{n} u_{jt} \leqslant M_t, \quad t=1,2,\cdots,T \tag{4.7}$$

综上所述,确定参数下的主动打断项目组合选择模型已初步建立,完整描述如下:

目标函数:式(4.1)。

约束条件:式(4.2)~式(4.7)。

在 4.2 节中我们将基于本节模型进一步提出收益与投资成本不确定下的主动打断项目组合选择模型。

4.2　收益与投资成本不确定下的主动打断项目组合选择鲁棒优化模型

本节将在 4.1 节的基础上提出收益与投资成本不确定下的主动打断项目组合选择鲁棒优化模型。下面给出一些关于鲁棒优化的基础介绍,以帮助读者更好地理解其基本概念及本节所建模型。

作为有效应对参数不确定性的决策方法之一,鲁棒优化自 1973 年由 Soyster 提出后(寿涌毅和姚伟建,2009),就在管理科学领域吸引了广泛的关注,并在库存管理(Bertsimas and Thiele, 2006)、投资组合优化(Bertsimas and Pachamanova, 2008)及项目管理(Wiesemann et al., 2009)等问题中得到了广泛的应用。鲁棒一词由英文单词"robust"音译而来。鲁棒优化,就是从众多可行解中选出一个最优解,使得该最优解在面对不确定参数的扰动时能表现出符合决策者预期的"稳健性"。尽管鲁棒优化的研究已经有了 40 多年的发展,鲁棒解却始终缺乏一个精确的定义。考虑到不确定参数可能会对解的可行性与最优性造成影响，Gabrel 等（2014）将鲁棒性分为两类：一类是最优解在不确定参数的扰动下保持可行性的鲁棒性；一类是最优解在不确定参数的扰动下保持最优性的鲁棒性。

1. 保持可行性的鲁棒性

如果不确定参数影响到解的可行性，那么鲁棒优化旨在寻找一个解，使得这个解在不确定情境集所规定的任意情境下都能保持可行性。Soyster（1973）最早提出鲁棒优化，在考虑一个线性规划问题的鲁棒优化时，将鲁棒解定义为：在不确定情境集中的最坏情况下依然能存在可行性的解。然而，该文献对于鲁棒解的定义显得过于保守。因为在鲁棒优化问题中，不可避免地涉及最优性与鲁棒性的权衡问题。该文献所定义的鲁棒解为了保证解的鲁棒性牺牲了过多的最优性。基于这一考虑，Ben-Tal 和 Nemirovski（2000）提出了一个全新的线性规划问题的鲁棒优化模型，在牺牲较少的鲁棒性的条件下，换取了较多的最优性。然而，该模型的非线性形式极大地增加了问题的求解难度。在此基础上，Bertsimas 和 Sim（2003，2004）对线性规划问题的鲁棒优化进一步进行了改进，这两篇文献充分考虑了决策者在实际决策问题中的需要，提供了一个线性化的鲁棒优化模型，使得决策者可以依据自己的偏好进行鲁棒性与最优性的权衡。

2. 保持最优性的鲁棒性

如果不确定参数影响到解的最优性，即目标函数的值，那么鲁棒优化旨在寻找在不确定情境集中的最坏情况下的最优解。在衡量保持最优性的鲁棒性时，最常用的方法是最大最小准则（max-min criterion）与最小最大后悔原则（min-max regret rule）。Roy（2010）提出了 b-w 鲁棒性的概念：在不确定情境集中可能情境有限的条件下，解的鲁棒性被定义为使得该解的目标函数值超过某一规定值 w 的情境的数量 b。Liesiö 等（2007）首次考虑了项目组合选择问题的鲁棒优化。该文献考虑了一个各准则的权重与评分未知的多准则项目组合选择问题，并首次提出了获取鲁棒解的"支配结构"（dominance structure）方法。决策者可以利用该方法，从所有的可行解中，排除非鲁棒解，即在不确定情境集中的任意情境下都不可能是最优解的可行解。随后，支配结构在项目组合选择问题的鲁棒优化中得到了进一步应用。Hassanzadeh 等（2014）、Mavrotas 等（2015）在考虑以多目标规划模型为背景的项目组合选择问题的鲁棒优化时，将支配结构作为定义多目标规划中的帕累托解的方法。但需要特别指出的是，支配结构法是基于可行解的两两比较来获取鲁棒解的，属于穷举法的一种。因此，在面对大规模优化问题或可行解的数量有无限个的优化问题时，其具有较大的局限性。

本节将在传统可打断项目组合选择问题中加入鲁棒优化，以对问题中成本与收益的不确定性进行处理。为了更好地描述问题,现在添加三条关于不确定收益与成本的假设。

(1)由于历史数据的缺乏,所有不确定参数的概率分布都被认为是未知的,但是所有的不确定参数的取值区间的上下界都被认为是已知的。

(2)对于规划周期内任一时间段,完成整个项目获得的收益及所需的成本的值均会受到扰动,并且,在一般情况下,我们假设每一时间段内完成整个项目获得的收益及所需的成本的值各不相同。令 k_j 与 c_j 分别表示在整个规划周期内不确定的成本与收益所构成的向量[①],那么这两个向量可表述为 $k_j = (k_{j1}, k_{j2}, \cdots, k_{jT})$,$c_j = (c_{j1}, c_{j2}, \cdots, c_{jT})$,其中 k_{jt} 与 c_{jt} 表示完成整个项目所获取的收益及花费的投资成本在时间段 t 内的值。特别地,对于同一项目来说,我们假设其成本在各时间段内取值的上下界是相同的,即 $k_{j1}, k_{j2}, \cdots, k_{jT}$ 具有相同的上下界,收益的取值区间假设同上。

(3)所有的不确定参数之间相互独立。

此外,本节模型中新出现的参数及变量如下。

$\bar{k}_j$:表示不确定参数 $k_{jt}(t=1,2,\cdots,T)$ 的上界,对应着 k_{jt} 的"最坏情况"。

d_{kj}:表示 k_{jt} 取值区间的长度,则 $k_{jt} \in [\bar{k}_j - d_{kj}, \bar{k}_j]$。

S_k:表示投资成本的所有可能情境集合,$S_k = \{k_j | \bar{k}_j - d_{kj} \leqslant k_{jt} \leqslant \bar{k}_j,\ j=1,2,\cdots,n\}$。

$\underline{c}_j$:表示不确定参数 $c_{jt}(t=1,2,\cdots,T)$ 的下界,对应着 c_{jt} 的"最坏情况"。

d_{cj}:表示 c_{jt} 取值区间的长度,则 $[\underline{c}_j, \underline{c}_j + d_{cj}]$。

S_c:表示收益的所有可能情境集合,$S_c = \{c_j | \underline{c}_j \leqslant c_{jt} \leqslant \underline{c}_j + d_{cj},\ j=1,2,\cdots,n\}$。

S_o:表示不确定情境集,为集合 S_k 和 S_c 的笛卡儿乘积,对于集合 S_o 中的任何一个元素 s_o,s_o 可以表示为 $s_o = (k_j, c_j)$,其中 $k_j \in S_k, c_j \in S_c$。

δ_{jt}:表示 k_{jt} 相对于其最坏情境的偏离程度。

ε_{jt}:表示 c_{jt} 相对于其最坏情境的偏离程度。

Γ_t:表示时间段 t 内的不确定性预算。

在 4.1 节中提到的确定参数下的主动打断项目组合选择模型中,共有 T 个资金约束及一个目标函数包含了不确定参数。我们先考虑资金约束中的不确定参数导致的可行性不确定的问题。鲁棒优化理论将鲁棒优化定义为,在不确定情境集的任意情境下都能保持可行的最优解。但是,考虑到将所有不确定参数取到 S_o 中

[①] 本书向量均用白体表示。

的最坏情况会显得过于保守。因此，此处通过缩减不确定情境集的范围，重新定义"最坏情境"。δ_{jt} 与 ε_{jt} 分别表示 k_{jt} 与 c_{jt} 相对于其最坏情境的偏离程度，那么 δ_{jt} 与 ε_{jt} 的数学表达式可以表述为

$$\varepsilon_{jt} = (\bar{k}_j - k_{jt})/d_{kj}, \quad j = 1, 2, \cdots, n, \quad t = 1, 2, \cdots, T \quad (4.8)$$

$$\delta_{jt} = (c_{jt} - c_j)/d_{cj}, \quad j = 1, 2, \cdots, n, \quad t = 1, 2, \cdots, T \quad (4.9)$$

显然，δ_{jt} 与 ε_{jt} 的取值范围为 $[0,1]$。进一步地，此处引入"不确定预算"的概念，定义如下。

定义 4.1 令 Γ_t 表示时间段 t 内的不确定性预算，那么，表示时间段 t 的资金约束所包含的不确定参数的相对偏离度之和不允许超过 Γ_t。其数学式可以表述为

$$\sum_{j=1}^{n} \left(\sum_{\gamma=1}^{t} \delta_{j\gamma} + \sum_{\gamma=1}^{t-1} \varepsilon_{j\gamma} \right) \leqslant \Gamma_t, \quad t = 1, 2, \cdots, T \quad (4.10)$$

其中，Γ_t 的取值范围为 $[0, 2jt-1]$。$2jt-1$ 是时间段 t 的资金约束所包含的不确定参数的数量，特别地，规定 $t=1$ 时 $\sum_{\gamma=1}^{t-1} \varepsilon_{j\gamma} = 0$。不难看出，当且仅当 $\sum_{j=1}^{n} \left(\sum_{\gamma=1}^{t} \delta_{j\gamma} + \sum_{\gamma=1}^{t-1} \varepsilon_{j\gamma} \right) = 0$ 时所有的不确定参数都等于其最坏情况。同样地，当且仅当 $\sum_{j=1}^{n} \left(\sum_{\gamma=1}^{t} \delta_{j\gamma} + \sum_{\gamma=1}^{t-1} \varepsilon_{j\gamma} \right) = 2jt-1$ 时所有的不确定参数都等于其最好情况。因此，$\Gamma_t = 2jt-1$ 意味着 S_o 内所有的情境都是允许的。$\Gamma_t = 0$ 意味着仅有一种 S_o 内的情境是允许的，即所有不确定参数等于其最坏情况。通过改变不确定性预算的值，决策者能够调节不确定情境集的大小并实现在保持可行性的鲁棒性与最优性间的权衡。在本模型中，Γ_t 的值越大，不确定情境集的范围就越小，决策者的决策风格就越激进。

基于以上考虑，鲁棒优化模型中的资金约束可以用式（4.11）表示：

$$\begin{cases} \min_{s_o \in S_o} \left[K(0) - \sum_{j=1}^{n} s_j u_{j1} - \sum_{j=1}^{n} k_{j1} x_{j1} \middle| \sum_{j=1}^{n} \delta_{j1} \leqslant \Gamma_1 \right] \geqslant 0 \\ \min_{s_o \in S_o} \left[\sum_{\gamma=0}^{t} K(\gamma)(1+r_0)^{t-\gamma} + \sum_{j=1}^{n} \sum_{\gamma=1}^{t} \left[-k_{j\gamma}(1+r_0)^{t+1-\gamma} + c_{j\gamma}(1+r_0)^{t-\gamma} \right] x_{j\gamma} \right. \\ \left. - \sum_{j=1}^{n} \sum_{\gamma=1}^{t} (1+r_0)^{t+1-\gamma} s_j u_j - \sum_{j=1}^{n} s_j u_{j(t+1)} - \sum_{j=1}^{n} k_{j(t+1)} x_{j(t+1)} \middle| \sum_{j=1}^{n} \left(\sum_{\gamma=1}^{t} \delta_{j\gamma+1} \right. \right. \\ \left. \left. + \sum_{\gamma=1}^{t-1} \varepsilon_{j\gamma+1} \right) \leqslant \Gamma_{t+1} \right] \geqslant 0, \quad t = 1, 2, \cdots, T-1 \end{cases} \quad (4.11)$$

注意到，上述资金约束是非线性的，因为 k_{jT} 与 c_{jT} 是不确定的变量。为了计

算简便,此处给出资金约束的线性化形式,如式(4.12)所示。

$$\begin{cases} K(0) - \sum_{j=1}^{n} s_j u_{j1} - \sum_{j=1}^{n} \overline{k}_j x_{j1} + z_1 \Gamma_1 + \sum_{j=1}^{n} p_{j1} \geq 0, \\ \sum_{\Upsilon=0}^{t} K(\Upsilon)(1+r_0)^{t-\Upsilon} + \sum_{j=1}^{n} \sum_{\Upsilon=1}^{t} \left[-\overline{k}_j (1+r_0)^{t+1-\Upsilon} + \underline{c}_j (1+r_0)^{t-\Upsilon} \right] x_{j\Upsilon} \\ - \sum_{j=1}^{n} \sum_{\Upsilon=1}^{t} (1+r_0)^{t+1-\Upsilon} s_j u_{j\Upsilon} - \sum_{j=1}^{n} s_j u_{j(t+1)} - \sum_{j=1}^{n} \overline{k}_j x_{j(t+1)} + z_{(t+1)} \Gamma_{t+1} \\ + \sum_{j=1}^{n} (\sum_{\Upsilon=1}^{t} p_{j\Upsilon+1} + \sum_{\Upsilon=1}^{t-1} q_{j\Upsilon+1}) \leq 0, \quad t = 1, 2, \cdots, T-1 \\ z_t + p_{jt} \geq d_{kj} x_{jt}, \quad j = 1, 2, \cdots, n, \quad t = 1, 2, \cdots, T \\ z_t + q_{jt} \geq d_{cj} x_{jt}, \quad j = 1, 2, \cdots, n, \quad t = 1, 2, \cdots, T-1 \\ p_{jt} \geq 0, \quad j = 1, 2, \cdots, n, \quad t = 1, 2, \cdots, T \\ q_{jt} \geq 0, \quad j = 1, 2, \cdots, n, \quad t = 1, 2, \cdots, T-1 \\ z_t \geq 0, \quad t = 1, 2, \cdots, T \end{cases} \quad (4.12)$$

其中,p_{jt}、q_{jt}与z_t为对偶问题中的变量。

定理4.1 式(4.11)与式(4.12)是等价的。

证明:显然,本节使用的鲁棒优化方法是通过式(4.10)来缩减不确定情境集的,对式(4.10)进行观察发现,其是关于不确定性参数的线性表达式,即不确定情境所在的多维空间内的一个超平面(hyperplane)所划分的一个半空间(half-space),半空间与缩减前的不确定情境集的交集可以重新构成一个多面体。值得指出的是,交集运算是保凸运算的一类,故缩减后的不确定情境集仍然具有凸集的性质。基于这个理论前提,以表示第1时间段的资金约束为例。在给定一组向量$x = [x_{11}, x_{21}, \ldots, x_{n1}]$的情况下,考虑如下所示的线性规划问题。

目标函数:

$$\min \sum_{j=1}^{n} d_{kj} \varepsilon_{j1} x_{j1} \quad (4.13)$$

约束条件如下:

$$\sum_{j=1}^{n} \varepsilon_{j1} \leq \Gamma_1 \quad (4.14)$$

$$0 \leq \varepsilon_{j1} \leq 1, \quad j = 1, 2, \cdots, n \quad (4.15)$$

进一步地,考虑该线性规划的对偶问题,如下所示。

目标函数:

$$\max z_1 \varGamma_1 + \sum_{j=1}^{n} p_{j1} \tag{4.16}$$

约束条件如下：

$$z_1 + p_{j1} \geqslant d_{k1} x_{j1}, \quad j=1,2,\cdots,n \tag{4.17}$$

$$p_{j1} \geqslant 0, \quad j=1,2,\cdots,n \tag{4.18}$$

$$z_1 \geqslant 0 \tag{4.19}$$

根据强对偶理论，原问题与其对偶问题的目标函数的最优值是相同的。这意味着，约束（4.11）与约束（4.13）对鲁棒优化模型的可行域的约束情况是一致的。特别要指出的是，向量 x 的具体形式不会影响强对偶理论的成立。用该对偶问题代替其原问题并回代到鲁棒优化模型中，就可以成功实现资金约束的线性化。其他时间段内的资金约束的线性化同样可以采用该方法。

接着，在确定了可行域的基础上，考虑应对目标函数值的不确定性。本书采用最大最小准则从可行解中选出最优解。其中，"最小"可以解释为，从不确定情境集中选出最坏情境；"最大"可以解释为，从可行解中选出在最坏情境下的最优解。同样地，先定义目标函数的不确定性预算 $\varGamma_0$ 为

$$\sum_{j=1}^{n}\left(\sum_{\varUpsilon=1}^{t}\delta_{j\varUpsilon}+\sum_{\varUpsilon=1}^{t}\varepsilon_{j\varUpsilon}\right)\leqslant \varGamma_0 \tag{4.20}$$

令 p 表示一个项目组合，P_F 表示所有可行组合的集合。鲁棒优化模型中的目标函数可以表述为

$$\max_{p \in P_F}\left[\min_{s_o \in S_o}\sum_{j=1}^{n}c_{jT}x_{jT}(1+r_0)^{-T}+\sum_{\varUpsilon=1}^{T-1}\sum_{j=1}^{n}\left[c_{j\varUpsilon}x_{j\varUpsilon}-s_j u_{j(\varUpsilon+1)}-k_{j\varUpsilon+1}x_{j(\varUpsilon+1)}\right]\right.$$
$$\left.\times(1+r_0)^{-\varUpsilon}-\sum_{j=1}^{n}s_j u_{j1}-\sum_{j=1}^{n}k_{j1}x_{j1}\left|\sum_{j=1}^{n}\left(\sum_{\varUpsilon=1}^{t}\delta_{j\varUpsilon}+\sum_{\varUpsilon=1}^{t}\varepsilon_{j\varUpsilon}\right)\leqslant \varGamma_0\right.\right] \tag{4.21}$$

其中，$\min\limits_{s_o \in S_o}$ 表示在不违背约束 $\sum\limits_{j=1}^{n}\left(\sum\limits_{\varUpsilon=1}^{t}\delta_{j\varUpsilon}+\sum\limits_{\varUpsilon=1}^{t}\varepsilon_{j\varUpsilon}\right)\leqslant \varGamma_0$ 的情况下从缩减后的不确定情境集中选出最坏情境；$\max\limits_{p \in P_F}$ 表示寻找一个在最坏情境下拥有最高净现值的组合。该目标函数是非线性的。通过定理 4.1 中相同的线性化方法，目标函数可以改写成：

$$\max \sum_{\varUpsilon=1}^{T}\sum_{j=1}^{n}\left[\underline{c}_j x_{j\varUpsilon}-s_j u_{j(\varUpsilon)}-\bar{k}_j x_{j\varUpsilon}\right]\times(1+r_0)^{-\varUpsilon}+z_0\varGamma_0+\sum_{j=1}^{n}\left(\sum_{\varUpsilon=1}^{t}p_{j\varUpsilon+1}+\sum_{\varUpsilon=1}^{t-1}q_{j\varUpsilon+1}\right) \tag{4.22}$$

并加上额外的约束条件：

$$z_0 + p_{j0} \geqslant d_{k1}x_{j1}, \quad j=1,2,\cdots,n \tag{4.23}$$

$$z_0 + q_{j0} \geqslant d_{c1}x_{j1}, \quad j=1,2,\cdots,n \tag{4.24}$$

$$p_{j0} \geqslant 0, \quad j=1,2,\cdots,n \tag{4.25}$$

$$q_{j0} \geq 0, \quad j=1,2,\cdots,n \tag{4.26}$$
$$z_0 \geq 0 \tag{4.27}$$

基于以上考虑，主动打断项目组合选择问题的鲁棒优化模型为

目标函数：式（4.22）

约束条件如下：

式（4.4）～式（4.7）
式（4.8）～式（4.10）
式（4.12），式（4.20）
式（4.23）～式（4.27）

4.3 算 例 分 析

为了验证本章构建模型的有效性与合理性，本节通过随机生成一组数据，代入鲁棒优化模型中并利用 GAMS 中的 BARON 求解器进行求解。GAMS 是一种可以建立和求解线性、非线性和混合整数最优化的高级建模系统。BARON 指的是分支减少优化导航，是一个解决从非凸优化问题到全局最优化的求解器。GAMES/BARON 提供的描述大型复杂模型的语言体系十分简洁，且可求解各种类型的实际问题，如 LP（linear programming，线性规划）、NLP（non-linear programming，非线性规划）、ILP（integer linear programming，整数线性规划）、MILP（mixed integer linear programming，混合整数线性规划）、MINLP（mixed integer nonlinear programming，混合整数非线性规划）等。本章所构建的鲁棒优化模型为 MINLP，加之考虑到 GAMES/BARON 具有较高的求解效率及易获得的特点，故采用 GAMES/BARON 求解。

假设一家企业面临着项目组合选择问题。待选项目的数量为 20 个（$n=20$），且整个规划周期被分为 8 个时间段（$T=8$）。表 4.1 提供了每一时间段的外来资金数量。所有项目的生产准备成本都设定为 1（$s_j=1$）。表 4.2 提供了所有待选项目投资与收益的标准值及可打断约束信息。对于每一个不确定参数，其上界等于标准值的 1.1 倍，其下界等于标准值的 0.9 倍。所有时间段的指标约束都为 2（$M_t=2$），且允许选择的项目的最大数量为 8（$N=8$）。市场利率为 5%（$r_0=5\%$）。

表4.1 每个时点的外来资金量

时点 t	0	1	2	3	4	5	6	7
外来资金 $K(t)$/万元	16	18	25	27	27	30	26	28

表4.2 待选项目的投资、收益、最大执行比例和最小执行比例

项目 j	投资 k_j/万元	收益 c_j/万元	最大执行比例 α_{jt}	最小执行比例 β_{jt}
1	28	41	0.10	0.90
2	18	31	0.15	0.85
3	20	32	0.10	0.90
4	50	72	0.15	0.85
5	45	65	0.20	0.80
6	35	43	0.10	0.90
7	55	79	0.25	0.75
8	18	30	0.10	0.90
9	34	48	0.20	0.80
10	33	48	0.10	0.90
11	48	73	0.10	0.90
12	49	73	0.15	0.85
13	24	40	0.10	0.90
14	37	57	0.15	0.85
15	35	49	0.20	0.80
16	43	64	0.10	0.90
17	46	66	0.25	0.75
18	47	67	0.10	0.90
19	28	43	0.20	0.80
20	44	65	0.10	0.90

首先,考虑所有的不确定性预算都等于其允许取到的最大值的一半的情况。模型的求解结果如表 4.3 所示。

表4.3 模型的求解结果

时间段 t	1	2	3	4	5	6	7	8
项目执行情况	11 (0.122)	5 (0.245)	11 (0.878)	12 (0.850)	4 (0.850)	5 (0.755)	4 (0.150)	16 (0.100)
	14 (0.264)	14 (0.736)	16 (0.900)	20 (0.900)	7 (0.750)	7 (0.250)	12 (0.150)	20 (0.100)
目标函数值/万元				116.826				

现在解释表 4.3 的含义。例如，5（0.245）表示有 0.245（24.5%）比例的项目 5 在第 2 时间段被执行。其他部分的含义相同。算例中提供的待选项目，在投资成本较高的情况下收益也相对较高。我们不妨称这类投资与收益均较高的项目为"大项目"。从求解结果来看，在资金充足的情况下，企业更加倾向选择"大项目"。对该现象出现的原因解释如下：以项目 3 和项目 4 为例，项目 3 的投资成本上界为 22，而项目 4 的投资成本上界为 60。在实际计算时，假设 k_{3t} 与 k_{4t} 花费的不确定性预算均为 0.1，那么 k_{3t} 的实际取值为 $22 \times 0.9 = 19.8$，相较于其最坏情境降低了 2.2 个单位，而 k_{4t} 的实际取值为 $60 \times 0.9 = 54$，相较于其最坏情境降低了 6 个单位，大于 2.2。显然，在花费同等的不确定性预算的情况下，选择"大项目"可以尽可能多地提升目标函数值。

进一步地，考虑到不确定性预算是由决策者所决定的值，反映了决策者对解的可行性的鲁棒性与解的最优性间的权衡，因此，下面将对不确定性预算与目标函数值进行敏感性分析，以讨论不同的决策风格对决策结果的影响。令 $\omega \Gamma_t$ 表示实际计算时使用的不确定性预算的值。同时，为了公平地比较不同 Γ_t 取值下的结果，每一次计算时的目标函数中不确定参数的值是不改变的，并各自等于其区间的中值。计算结果如图 4.1 所示。

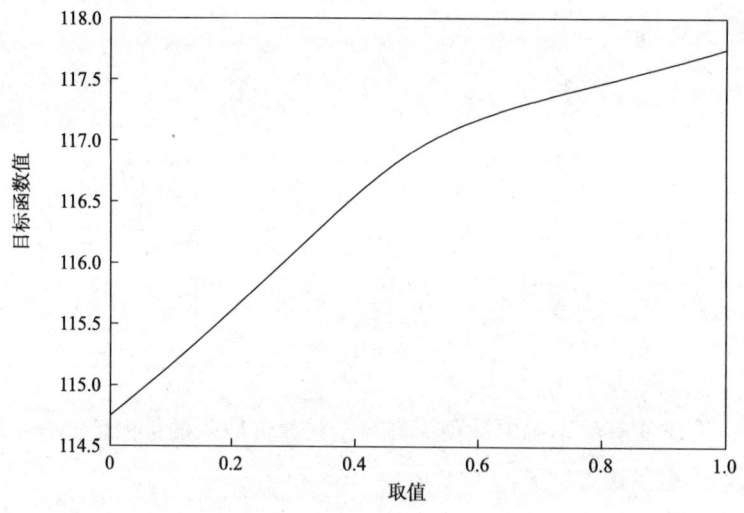

图 4.1　目标函数值关于 ω 的函数

从图 4.1 可以看出，目标函数值关于 ω 的函数近似地呈现为凸函数，该图像的变动趋势表明决策者的风险偏好程度具有边际递减效应，即随着管理者对风险接受程度的提高，对目标函数值的提升效果逐渐降低，这与算例呈现的企业偏好于选择"大项目"具有同样的原因，因为不确定性预算总是优先分配给对目标函数值提升较大的不确定参数上。随着不确定性预算逐渐提升，分配给其他不确定参数的不确定性预算对目标函数值的提升效果逐渐降低。同时值得注意的是，当ω的值从 0 增加到 1 时，对于目标函数值的提高效果事实上是非常微小的。因此，基于以上考虑，本书给出投资者在不确定信息环境下的三个具体建议。

（1）当所有不确定参数受到的扰动程度，即不确定参数的上下界较其中值的相对偏离程度相同时，决策者应当尽量选择"大项目"，因为"大项目"在本章所构建的模型中表现出更好地对抗参数扰动的能力。

（2）考虑到风险偏好程度的边际递减效应及提升风险偏好程度对目标函数值的改进效果，可以看出，决策者做出相对保守的决策，即一般来说将不确定性预算的值设定得相对较低会是更好的选择。

（3）尽管不确定性预算在模型中并非决策变量，而是由决策者自己设定的参数，但是在决策前讨论不同的不确定性预算取值下目标函数的变化情况还是非常有必要的，因为不合适的$\varGamma_t$的取值同样也可能导致一个糟糕的决策结果。

进一步地，考虑到上述算例基于项目可主动打断的情况，为了验证本章所提供的鲁棒优化方法在不同情况下的有效性，本节将进一步就不考虑主动打断因素的模型的鲁棒优化进行算例分析。在这种情况下，x_{jt}不再是半连续变量而是 0-1 变量，$x_{jt}=1$表示项目j在时间段t内被完全执行。其他假设，包括再投资、指标约束、资金约束等依然考虑。此时所有不确定性预算都等于其允许取到的最大值的一半情况下的模型的求解结果如表 4.4 所示，不同保守程度下的目标函数值如表 4.5 所示。

表4.4 模型的求解结果（不考虑主动打断时）

时间段t	1	2	3	4	5	6	7	8
项目执行情况		13	11	7, 12	4, 16	14, 20		
目标函数值/万元				120.743				

表4.5 不同ω取值下的目标函数值（不考虑主动打断时）

ω	[0,0.048)	[0.048,0.123)	[0.123,0.217)	[0.217,0.734)	[0.734,0.851)	[0.851,0.942)	[0.942,1]
目标函数值/万元	118.886	118.924	118.980	120.743	120.991	121.102	121.298

从表 4.4 可以看出，在不考虑主动打断因素的情况下，企业选择"大项目"的策略是不会改变的。表 4.5 却揭示了一些不同于考虑主动打断因素时的有趣现象。首先，由于解的个数从无限个变为有限个，ω关于目标函数值的函数不再是连续型的，而是在某一特定区间内保持相同的函数值。其次，值得指出的是，对于任一区间来说，只要ω的取值属于该区间，那么最优解是保持不变的。也就是

说，不同的区间各自对应一个在该区间内都能保持最优的解。从表 4.5 可以看出，因为区间（0.217,0.734）的长度最长，该区间下的最优解保持最优性的能力，即保持最优性的鲁棒性是最强的，所以，在这种情况下，显然该区间所对应的解较其他解更加具有优势。

第5章 可打断项目组合选择问题的拓展研究

5.1 可持续性制约下的可打断项目组合选择问题

随着全球市场竞争环境越来越激烈,企业面临的投资环境呈现出复杂多变的形势,如何有效地将稀缺资源投入最能盈利的项目中对企业来说至关重要,为了获取更多的利润或完成组织的战略目标,决策者需要在同一时间段内执行多个项目。项目组合选择问题是指如何在资源约束的条件下从诸多项目中挑选出最合适的项目集合,最大限度地发挥资源约束范围内项目组合的价值。

鉴于资源的有限性,项目有可能被打断执行,这种现象被称为"可打断",对该类问题的研究称为可打断项目组合选择问题的研究。传统的可打断项目组合选择模型考虑了收益再投资、机会成本损失和资金限制等因素,这些研究都有一个共同特点,就是在建模过程中假设每个时间段的净现金流量都为正值,但是实际生活中每个时间段净现金流量的正负值不能确定,基于此,本节在可打断项目组合选择问题的研究中,考虑了每个时间段净现金流量为负值的情况。

Zhang 等(2017)在不可打断项目组合选择问题中,对项目的可持续性指标进行了考虑,通过约束负现金流量出现的次数来保证项目组合的可持续性,然后根据投资项目选择的经典理论来检查净现值或预期净现值是否大于零。对于当前所研究的项目组合选择问题而言,不论是可打断项目组合选择问题还是不可打断项目组合选择问题,净现值都只表示未来现金流量与原始投资额之差,而不能表现出可打断项目在执行过程中各个时间段的净现金流量。但是,可打断并不意味着每个时间段所执行的项目之间是毫无联系的,在项目执行过程中,先要保证项目顺利完成,能不能盈利只有在项目执行完毕后才能得出结论。

例如,一个项目组合的净现值存在一些时间段的净现金流量为正值,一些为负值的情况,如果企业有足够的能力来挽回那些亏损的时间段,那么企业最后仍然有可能从这个项目中获利。但是,若该企业没有足够的能力渡过难关,那么它不但不能从项目中受益,在严重的情况下,巨大的负净现金流量可能会导致企业破产。对于这种各时间段的净现金流量导致的可打断项目不能被全部执行的情况,我们称这种项目组合不具有良好的可持续性。

因此,对于项目组合选择问题,不但要考虑最终净现值的结果,而且每一时间段的净现金流量也是我们需要考虑的。本节把该概念进一步扩展到可打断项目组合选择问题研究中,给出了可打断项目组合可持续性的定义。该定义的引入使得可打断项目组合选择模型出现了非线性特征,需要实现非线性特征模型的线性转化,使得在可打断项目组合选择问题上考虑可持续性具有创新意义(张帅,2019)。

5.1.1 可持续性的定义

可持续发展概念的形成与其他新理论和概念一样,都是在不同阶段下不断完善形成的,其中不同学者因为认知的不同也会出现不同的流派,最主要的就是以下几个方面。

1. 从自然属性定义可持续发展

1991年11月,国际生态学协会和国际生物科学联合会联合举办的关于可持续发展的专题研讨会将可持续发展定义为:保护和加强环境系统的生产和更新能力。

2. 从社会属性定义可持续发展

1991年,世界自然保护同盟、联合国环境规划署和世界野生生物基金会共同发表了《保护地球——可持续生存战略》。该战略将可持续发展定义为:在不超过地球生态系统所能自动调节能力的前提下,最大化地提高人类的生活品质和生活环境。

3. 从经济属性定义可持续发展

Edward B. Barbier 在《经济、自然资源不足和发展》中将可持续性发展定义为:在保证资源的质量和服务的同时,使得经济发展获得最大收益。另外,有的学者认为可持续性发展就是当前的资源使用不会影响将来的实际收入。

4. 从科技属性定义可持续发展

有学者在技术方面给出了可持续性发展的定义:可持续发展是指将技术向更清洁、利用率更高的方向转化,使污染物排放量趋于零,使得其他自然资源和能源的消耗降到最低。

5. 国际社会普遍接受的布氏定义的可持续发展

1987年，在世界环境与发展委员会的报告《我们共同的未来》中，布伦特兰夫人将可持续发展定义为：既满足当代人的需要，又不损害后代人满足需要的能力的发展。

5.1.2 参数及约束设置

本小节对可打断项目组合选择模型涉及的参数、变量及约束进行详细介绍。

1. 参数描述

A：表示计划投资期的集合 $t \in A$，$t = 1, 2, \ldots, T$，t 时间段表示 $(t-1)$ 时点到 t 时点之间的时间段间隔。

i：表示固定资产（设备），$i = 1, 2, \cdots, m$。

Ω：表示固定资产（设备）i 的集合，$i \in \Omega$。

α_{it}：在 t 时间段内固定资产 i 的保证金所造成的机会成本，$i = 1, 2, \cdots, m$，$t = 1, 2, \cdots, T$。

Γ_i：表示需要固定资产（设备）i 的候选项目集合，$i \in \Omega$。

Ψ_j：表示执行项目 j 需要的固定资产（设备），$j \in v$。

l_j：表示项目 j 被执行的第一个时间段，为正整数，另外，定义 $\hat{l}_i = \min\limits_{j \in \Gamma_i} l_j$，$i = 1, 2, \cdots, m$，$i \in \Omega$。

u_j：表示项目 j 被执行的最后一个时间段，为正整数，另外，定义 $\hat{u}_i = \max\limits_{j \in \Gamma_i} u_j$，$i = 1, 2, \cdots, m$，$i \in \Omega$。

d_{jt}：为 0-1 变量，当 $l_j \leqslant t \leqslant u_j$，$d_{jt} = 1$ 表示项目 j 在 t 时间段开始执行但未全部完成，反之 $d_{jt} = 0$。

b_{it}：为 0-1 变量，当 $\hat{l}_i \leqslant t \leqslant \hat{u}_i$，$b_{it} = 1$ 表示固定资产 i 在时间段 t 被使用，反之 $b_{it} = 0$。

2. 约束介绍

1）资金约束

在这里时间段 t 的可用资金为 $L(t)$，那么有 $K(0) = L(0)$，即在第 1 时间段初

所投入资金 $K(0)$ 应满足生产准备成本 s_j 和项目所需投资 k_j，表达式见式（5.1）。

$$F(0) = K(0) - \sum_{j=1}^{n}(s_j y_{j1} + k_j x_{j1}) \tag{5.1}$$

时间段 t 可用于项目执行的全部资金为 $L(t)$，则 $L(t)$ 可表示如下：

$$L(t) = K(t) + \left[L(t-1) - \sum_{j=1}^{n} s_j y_{jt} - \sum_{j=1}^{n} k_j x_{jt}\right](1+r) + \sum_{j=1}^{n} c_j x_{jt}, \quad t=1,2,\cdots,T-1 \tag{5.2}$$

要想满足时间段 t 内执行项目组合所需的资金 $\sum_{j=1}^{n}(k_j x_{jt} + s_j y_{jt})$，则：

$$F(t) = L(t) - \sum_{j=1}^{n}(s_j y_{jt} + k_j x_{jt}), \quad t=1,2,\cdots,T-1 \tag{5.3}$$

根据式（5.1）~式（5.3）可以递推出：

$$\begin{aligned}F(t) =& \sum_{\tau=0}^{t} K(\tau)(1+r)^{t-\tau} + \sum_{j=1}^{n}\sum_{\tau=1}^{t}\left[-k_j(1+r)^{t+1-\tau} + c_j(1+r)^{t-\tau}\right]x_{j\tau} \\ &- \sum_{j=1}^{n}\sum_{\tau=1}^{t} s_j y_{j\tau}(1+r)^{t+1-\tau} - \sum_{j=1}^{n} s_j y_{jt} - \sum_{j=1}^{n} k_j x_{jt}, \quad t=1,2,\cdots,T-1\end{aligned} \tag{5.4}$$

在每一时间段期初所投入资金很可能不能够满足生产准备成本和项目投资所需的资金，如式（5.5）所示：

$$F(t) \geqslant a, \quad a < 0, \quad t=1,2,\cdots,T-1 \tag{5.5}$$

2）机会成本约束

引理 5.1 对于在 v 中选择的每个项目 j 而言，当且仅当以下不等式成立时，l_j 为项目 j 首次被执行的时间段。

$$1 \leqslant l_j \leqslant y_{j1} + M(1 - y_{j1}), \quad \text{for } j \in v \tag{5.6}$$

$$\left(1 - \sum_{\tau=1}^{t-1} y_{j\tau}\right) \cdot t \leqslant l_j \leqslant \sum_{\tau=1}^{t} y_{j\tau} \cdot t + M(1 - y_{j\tau}), \quad \text{for } j \in v, \quad t=2,3,\cdots,T \tag{5.7}$$

其中，M 为一个足够大的正数。

引理 5.2 对于在 v 中选择的每个项目 j 而言，当且仅当以下不等式成立时，u_j 为项目 j 最后被执行的时间段。

$$y_{jt} \cdot t \leqslant u_j \leqslant \sum_{\tau=1}^{t} x_{j\tau} \cdot t + M\left(1 - \sum_{\tau=1}^{t} x_{j\tau}\right), \quad \text{for } j \in v, \quad t=1,2,\cdots,T \tag{5.8}$$

其中，M 为一个足够大的正数。

引理 5.3 对于 $i=1,2,\cdots,m$，M 为一个足够大的正数，考虑以下两个命题：

（1）如果至少有一个项目 j 需要从 Γ_i 中选择，那么有 $b_{it}=1$（$\hat{l}_i \leqslant t \leqslant \hat{u}_i$），

当 t 不在 $\hat{l}_i \leqslant t \leqslant \hat{u}_i$ 这个范围时，$b_{it} = 0$。

（2）如果没有从 Γ_i 中选择项目 j，对于任意 $t = 1, 2, \cdots, T$，有 $b_{it} = 0$。

当且仅当以下不等式成立时，上述两个命题才成立。

$$(1 - b_{it}) + M \sum_{\varepsilon \in \Gamma_i} z_\varepsilon \geqslant u_j, \quad \text{for } j \in \Gamma_i, \quad i = 1, 2, \cdots, m \quad (5.9)$$

$$(1 - b_{it})t + M \left(\sum_{\varepsilon \in \Gamma_i} z_\varepsilon - \sum_{\varepsilon \in \Gamma_i} \sum_{\tau=1}^{t-1} x_{\varepsilon\tau} \right) \geqslant u_j, \quad \text{for } j \in \Gamma_i, \quad i = 1, 2, \cdots, m, \quad t = 2, 3, \cdots, T \quad (5.10)$$

$$\sum_{t=1}^{T} b_{it} \geqslant u_\rho - l_\chi + 1, \quad \text{for } \rho, \varphi \in \Gamma_i, \quad i = 1, 2, \cdots, m \quad (5.11)$$

$$b_{it} \leqslant \sum_{\varepsilon \in \Gamma_i} \sum_{\tau=1}^{t} y_{j\tau}, \quad \text{for } t = 1, 2, \cdots, T, \quad i = 1, 2, \cdots, m \quad (5.12)$$

由上文的三个引理可以得出，折现到时点为 0 的固定资产保证的机会成本 Ψ 可以用数学公式（5.13）表达：

$$\Psi = \sum_{i=1}^{m} \sum_{t=1}^{T} b_{it} \alpha_{it} (1 + r_0)^{-t} \quad (5.13)$$

3）可持续性约束

此处的可持续性是指将项目分为几部分执行时，各阶段的盈利情况能够支撑整个项目顺利完成，当项目不可打断时，也就不需考虑项目是否具有可持续性。在可持续性约束中，要使项目在执行过程中 $F(t)$ 小于零的时间段尽可能少，将其占总时间段 Q 的比例记作 c，则其代数形式表现如下：

$$\frac{Q}{T} \leqslant c \Rightarrow Q \leqslant T \cdot c \quad (5.14)$$

其中，

$$Q = \sum_{t=1}^{T} h_t \quad (5.15)$$

$$h_t = \begin{cases} 1, & F(t) < 0 \\ 0, & F(t) \geqslant 0 \end{cases} \quad (5.16)$$

有 $h_t = \begin{cases} 1, & F(t) < 0 \\ 0, & F(t) \geqslant 0 \end{cases}$ 与 $\begin{cases} F(t) + h_t \cdot M \geqslant 0 \\ F(t) - (1 - h_t) \cdot M < 0 \end{cases}$ 等价。

等式证明如下。

（1）充分性。当 $F(t) < 0$ 时 $h_t = 1$，此时 $\begin{cases} F(t) + h_t \cdot M \geqslant 0 \\ F(t) - (1 - h_t) \cdot M < 0 \end{cases}$ 成立。

当 $F(t) \geq 0$ 时 $h_t = 0$，此时 $\begin{cases} F(t)+h_t \cdot M \geq 0 \\ F(t)-(1-h_t) \cdot M < 0 \end{cases}$ 也成立。

即由 $h_t = \begin{cases} 1, & F(t) < 0 \\ 0, & F(t) \geq 0 \end{cases}$ 可推出 $\begin{cases} F(t)+h_t \cdot M \geq 0 \\ F(t)-(1-h_t) \cdot M < 0 \end{cases}$。

（2）必要性。若 $F(t)+h_t \cdot M \geq 0$，且 $F(t) \geq 0$，有 $h_t = 1, 0$；

若 $F(t)-(1-h_t) \cdot M < 0$，且 $F(t) \geq 0$，有 $h_t = 0$，

即 $\begin{cases} F(t)+h_t \cdot M \geq 0 \\ F(t)-(1-h_t) \cdot M < 0 \end{cases}$，且 $F(t) \geq 0$ 时，$h_t = 0$；

若 $F(t)+h_t \cdot M \geq 0$，且 $F(t) < 0$，则有 $h_t = 1$；

若 $F(t)-(1-h_t) \cdot M < 0$，且 $F(t) < 0$，则有 $h_t = 1, 0$，

即 $\begin{cases} F(t)+h_t \cdot M \geq 0 \\ F(t)-(1-h_t) \cdot M < 0 \end{cases}$，且 $F(t) < 0$ 时，$h_t = 1$。

综上 $\begin{cases} F(t)+h_t \cdot M \geq 0 \\ F(t)-(1-h_t) \cdot M < 0 \end{cases}$ 可推出 $h_t = \begin{cases} 1, & F(t) < 0 \\ 0, & F(t) \geq 0 \end{cases}$，

故 $h_t = \begin{cases} 1, & F(t) < 0 \\ 0, & F(t) \geq 0 \end{cases}$ 和 $\begin{cases} F(t)+h_t \cdot M \geq 0 \\ F(t)-(1-h_t) \cdot M < 0 \end{cases}$ 是等价的。

4）项目的可打断约束

当项目组合选择问题考虑项目的可打断时，每个备选项目都可能在一个或者多个时间段内被执行。因为资源等外部条件的限制，项目的执行比例会在一个约束范围内，其取值如式（5.17）所示。

$$x_{jt} \in 0 \cup [a_{jt}, b_{jt}], \quad j = 1, 2, \cdots, n; \quad t = 1, 2, \cdots, T \qquad (5.17)$$

当 $x_{jt} = 0$ 时，表示项目 j 不在时间段 t 内被执行；当 $x_{jt} \in [a_{jt}, b_{jt}]$ 时，表示项目被执行，且 x_{jt} 表示项目 j 在时间段 t 执行整个项目比例的大小，将式（5.17）约束转换成代数形式，如式（5.18）所示。

$$\alpha_{jt} y_{jt} \leq x_{jt} \leq \beta_{jt} y_{jt}, \quad y_{jt} \in \{0,1\}, \quad j = 1, 2, \cdots, n, \quad t = 1, 2, \cdots, T \qquad (5.18)$$

5）项目完整约束和紧前约束

完整约束表示如果某一项目被选择执行，那么在一个完整的规划周期内项目需要全部完成，数学表达式见式（5.19）。

$$\sum_{t=1}^{T} x_{jt} = z_j, \quad j = 1, 2, \cdots, n \qquad (5.19)$$

还有一种约束为紧前约束，紧前约束集合为 ε，对于 $(i,j) \in \varepsilon$，表示项目 i 完成后项目 j 才能开始，这种约束代数表示形式见式（5.20）。

$$y_{j1} = 0 ; \sum_{t=1}^{\tau-1} x_{it} \geqslant y_{j\tau} ; (i,j) \in \varepsilon ; \tau = 2,3,\cdots,T \quad (5.20)$$

6）指标约束

受企业资源等各种条件的影响，在某一时间段可执行的项目数量会有所限制，同时对完整的规划周期内所能够完成的项目数量也会有所要求，由此可得各时间段允许执行的项目数量的表达式见式（5.21）。

$$\sum_{j=1}^{T} y_{jt} \leqslant M_t , \quad t = 1,2,\cdots,T \quad (5.21)$$

整个规划周期内可完成项目总数的约束，如式（5.22）所示。

$$\sum_{j=1}^{n} z_j \leqslant N \quad (5.22)$$

5.1.3 可持续性的研究方法

关于可持续性的研究通常按照以下方法进行，如图 5.1 所示。

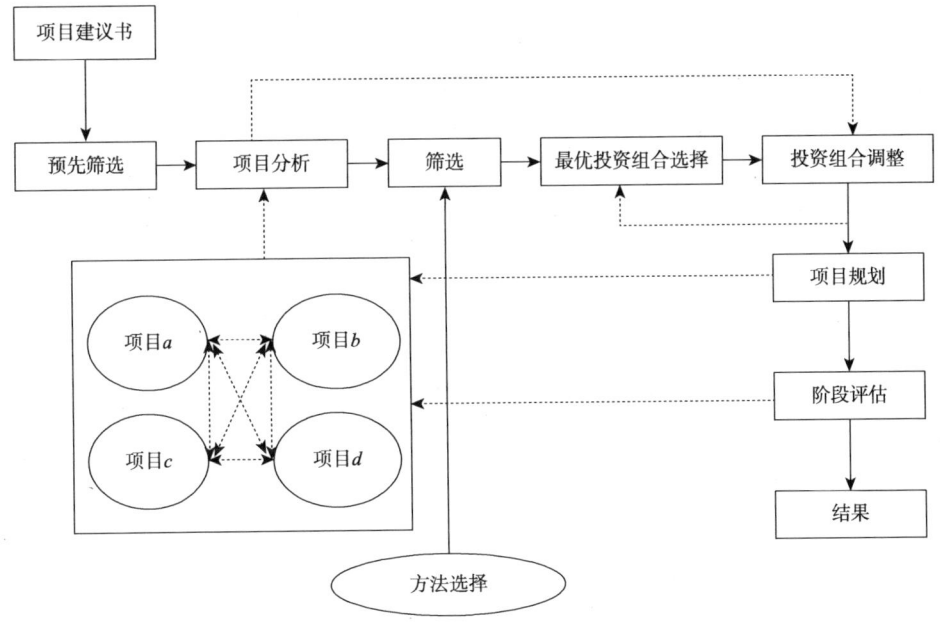

图 5.1 可持续性项目组合选择框架

第一阶段：预先筛选，其中涉及对潜在项目的定性选择，最好符合企业的总体愿景。

第二阶段：如果项目管理团队发现所有项目都有潜力，那么就会对个别项目进行更深入的分析，其主要结果是达成一套通用标准。现有的项目分析方法包括计算现值、项目风险、投资回报、风险分析和市场研究等。

第三阶段：将第二阶段商定的标准应用于所有项目，筛选出最好的项目。

在最佳投资组合选择阶段，第一步涉及使用 Q-Sort 或成对比较工具（如层次分析法）对每个项目的相对总收益进行量化。第二步需要考虑项目之间的相互依存关系，资源限制及影响组合优化的其他约束条件。第三步为项目规划，根据可用资源及项目的动态性来约束每个投资项目的权重。

在本节中，将项目组合可持续性研究的注意力进行转移：利用净现值法，从备选项目中筛选出所选择的投资项目，然后针对可打断项目组合选择问题的特点，对已打断项目的机会成本和各时间段的净现金流量进行分析。

5.1.4 可持续性约束下的可打断项目组合选择模型

在 5.1.2 小节参数描述和约束介绍的基础上，本小节根据可打断项目组合选择模型的约束条件和可持续性定义，将可持续性引入可打断项目组合选择中，构建可持续性约束下的可打断项目组合选择模型。与传统可打断项目组合选择模型相比，该模型的目标函数在传统可打断项目组合选择模型目标函数的基础上减去机会成本 $\Psi = \sum_{i=1}^{m}\sum_{t=1}^{T} b_{it}\alpha_{it}(1+r_0)^{-t}$，同时在约束条件中增加了可持续性约束。由此我们可以得到可持续性约束下的可打断项目组合选择模型（PPSP-1）目标函数如下：

$$\max \text{NPV} = \sum_{\tau=0}^{T-1} K(\tau)(1+r)^{-\tau} + \sum_{j=1}^{n} c_j x_{jT}(1+r)^{-T} - \sum_{j=1}^{n} k_j x_{j1} - \sum_{j=1}^{n} s_j y_{j1}$$
$$+ \sum_{\tau=1}^{T-1}\left(\sum_{j=1}^{n} c_j x_{j\tau} - \sum_{j=1}^{n} k_j x_{j(\tau+1)} - \sum_{j=1}^{n} s_j y_{j(\tau+1)}\right)(1+r)^{-\tau} - \sum_{i=1}^{m}\sum_{t=1}^{T} b_{it}\alpha_{it}(1+r)^{-t}$$

约束条件如下：

$$x_{jt} \in 0 \cup [\alpha_{jt}, \beta_{jt}], \quad j=1,2,\cdots,n; \quad t=1,2,\cdots,T$$
$$\alpha_{jt} y_{jt} \leqslant x_{jt} \leqslant \beta_{jt} y_{jt}, \quad y_{jt} \in \{0,1\}; \quad j=1,2,\cdots,n; \quad t=1,2,\cdots,T$$
$$\sum_{t=1}^{n} x_{jt} = z_j; \quad j=1,2,\cdots,n$$

$$y_{j1} = 0, \quad \sum_{t=1}^{\tau-1} x_{it} \geqslant y_{j\tau}, \quad (i,j) \in \varepsilon; \quad \tau = 2,3,\cdots,T$$

$$\sum_{j=1}^{T} y_{jt} \leqslant M_t, \quad t = 1,2,\cdots,T$$

$$\sum_{j=1}^{n} z_j \leqslant N$$

$$\sum_{\tau=0}^{t} K(\tau)(1+r)^{t-\tau} + \sum_{j=1}^{n}\sum_{\tau=1}^{t}\left[-k_j(1+r)^{t+1-\tau} + c_j(1+r)^{t-\tau}\right]x_{j\tau}$$

$$-\sum_{j=1}^{n}\sum_{\tau=1}^{t} s_j y_{j\tau}(1+r)^{t+1-\tau} - \sum_{j=1}^{n} s_j y_{jt} - \sum_{j=1}^{n} k_j x_{jt} \geqslant a, \quad t = 1,2,\cdots,T-1$$

$$x_t = (x_{1t}, x_{2t}, \cdots, x_{nt}) \in R^n; \quad t = 1,2,\cdots,T$$

$$y_t = (y_{1t}, y_{2t}, \cdots, y_{nt}) \in \{0,1\}^n; \quad t = 1,2,\cdots,T$$

$$z = (z_1, z_2, \cdots, z_n) \in \{0,1\}^n$$

$$1 \leqslant l_j \leqslant y_{j1} + M(1 - y_{j1}), \quad \text{for } j \in v$$

$$\left(1 - \sum_{\tau=1}^{t-1} y_{j\tau}\right) \cdot t \leqslant l_j \leqslant \sum_{\tau=1}^{t} y_{j\tau} \cdot t + M(1 - y_{j\tau}), \quad \text{for } j \in v, \quad t = 2,3,\cdots,T$$

$$y_{jt} \cdot t \leqslant u_j \leqslant \sum_{\tau=1}^{t} x_{j\tau} \cdot t + M\left(1 - \sum_{\tau=1}^{t} x_{j\tau}\right), \quad \text{for } j \in v, \quad t = 1,2,\cdots,T$$

$$(1 - b_{it}) + M \sum_{\varepsilon \in \Gamma_i} z_\varepsilon \geqslant u_j, \quad \text{for } j \in \Gamma_i, \quad i = 1,2,\cdots,m$$

$$(1 - b_{it})t + M\left(\sum_{\varepsilon \in \Gamma_i} z_\varepsilon - \sum_{\varepsilon \in \Gamma_i}\sum_{\tau=1}^{t-1} x_{\varepsilon\tau}\right) \geqslant u_j, \quad j \in \Gamma_i, \quad i = 1,2,\cdots,m, \quad t = 2,3,\cdots,T$$

$$\sum_{t=1}^{T} b_{it} \geqslant u_\rho - l_\chi + 1, \quad \text{for } \rho, \varphi \in \Gamma_i, \quad i = 1,2,\cdots,m$$

$$b_{it} \leqslant \sum_{\varepsilon \in \Gamma_i}\sum_{\tau=1}^{t} y_{j\tau}, \quad i = 1,2,\cdots,m, \quad t = 1,2,\cdots,T$$

$$Q \leqslant T \cdot c$$

$$Q = \sum_{t=1}^{T} h_t$$

$$F(t) + h_t \cdot M \geqslant 0$$

$$F(t) - (1 - h_t) \cdot M < 0$$

为了证明 PPSP-1 模型中可持续性的优越性和合理性，下面给出不考虑可持续性约束下的可打断项目组合选择模型，通过与可持续性约束下的可打断项目组合选择模型进行对比来进行验证。

不考虑可持续性约束下的可打断项目组合选择模型是在可持续性约束下的可打断项目组合选择模型的基础上，在目标函数中考虑了机会成本 $\Psi = \sum_{i=1}^{m}\sum_{t=1}^{T} b_{it}\alpha_{it}(1+r_0)^{-t}$ 的变化，但资金约束与可持续性约束下的可打断项目组合选择模型中资金约束相比有所改变。

综上我们可以得到不考虑可持续性约束下的可打断项目组合选择模型（PPSP-2）目标函数如下：

$$\max \text{NPV} = \sum_{\tau=0}^{T-1} K(\tau)(1+r)^{-\tau} + \sum_{j=1}^{n} c_j x_{jT}(1+r)^{-T} - \sum_{j=1}^{n} k_j x_{j1} - \sum_{j=1}^{n} s_j y_{j1}$$
$$+ \sum_{\tau=1}^{T-1}\left(\sum_{j=1}^{n} c_j x_{j\tau} - \sum_{j=1}^{n} k_j x_{j(\tau+1)} - \sum_{j=1}^{n} s_j y_{j(\tau+1)}\right)(1+r)^{-\tau} - \sum_{i=1}^{m}\sum_{t=1}^{T} b_{it}\alpha_{it}(1+r)^{-\tau}$$

约束条件如下：

$$x_{jt} \in 0 \cup [\alpha_{jt}, \beta_{jt}], \quad j=1,2,\cdots,n;\ t=1,2,\cdots,T$$

$$\alpha_{jt} y_{jt} \leq x_{jt} \leq \beta_{jt} y_{jt},\ y_{jt} \in \{0,1\};\ j=1,2,\cdots,n;\ t=1,2,\cdots,T$$

$$\sum_{t=1}^{n} x_{jt} = z_j;\ j=1,2,\cdots,n$$

$$y_{j1}=0,\ \sum_{t=1}^{\tau-1} x_{it} \geq y_{j\tau},\ (i,j)\in\varepsilon;\ \tau=2,3,\cdots,T$$

$$\sum_{j=1}^{T} y_{jt} \leq M_t,\ t=1,2,\cdots,T$$

$$\sum_{j=1}^{n} z_j \leq N$$

$$\sum_{\tau=0}^{t} K(\tau)(1+r)^{t-\tau} + \sum_{j=1}^{n}\sum_{\tau=1}^{t}\left[-k_j(1+r)^{t+1-\tau}+c_j(1+r)^{t-\tau}\right]x_{j\tau}$$
$$-\sum_{j=1}^{n}\sum_{\tau=1}^{t} s_j y_{j\tau}(1+r)^{t+1-\tau} - \sum_{j=1}^{n} s_j y_{jt} - \sum_{j=1}^{n} k_j x_{jt} \geq 0,\ t=1,2,\cdots,T-1$$

$$x_t = (x_{1t}, x_{2t}, \cdots, x_{nt}) \in R^n;\ t=1,2,\cdots,T$$

$$y_t = (y_{1t}, y_{2t}, \cdots, y_{nt}) \in \{0,1\}^n;\ t=1,2,\cdots,T$$

$$z = (z_1, z_2, \cdots, z_n) \in \{0,1\}^n$$

$$1 \leq l_j \leq y_{j1} + M(1-y_{j1}),\ \text{for}\ j \in v$$

$$\left(1-\sum_{\tau=1}^{t-1} y_{j\tau}\right)\cdot t \leq l_j \leq \sum_{\tau=1}^{t} y_{j\tau}\cdot t + M(1-y_{j\tau}),\ \text{for}\ j \in v,\ t=2,3,\cdots,T$$

$$y_{jt} \cdot t \leqslant u_j \leqslant \sum_{\tau=1}^{t} x_{j\tau} \cdot t + M\left(1 - \sum_{\tau=1}^{t} x_{j\tau}\right), \text{ for } j \in v, \ t = 1, 2, \cdots, T$$

$$(1 - b_{it}) + M \sum_{\varepsilon \in \Gamma_i} z_\varepsilon \geqslant u_j, \text{ for } j \in \Gamma_i, \ i = 1, 2, \cdots, m$$

$$(1 - b_{it})t + M\left(\sum_{\varepsilon \in \Gamma_i} z_\varepsilon - \sum_{\varepsilon \in \Gamma_i} \sum_{\tau=1}^{t-1} x_{\varepsilon\tau}\right) \geqslant u_j, \text{ for } j \in \Gamma_i, \ i = 1, 2, \cdots, m, \ t = 2, 3, \cdots, T$$

$$\sum_{t=1}^{T} b_{it} \geqslant u_\rho - l_\chi + 1, \text{ for } \rho, \varphi \in \Gamma_i, \ i = 1, 2, \cdots, m$$

$$b_{it} \leqslant \sum_{\varepsilon \in \Gamma_i} \sum_{\tau=1}^{t} y_{j\tau}, \ i = 1, 2, \cdots, m, \ t = 1, 2, \cdots, T$$

5.1.5 数值实验及对比分析

将可持续性约束下的可打断项目组合选择模型（PPSP-1）和不考虑可持续性约束下的可打断项目组合选择模型（PPSP-2）进行对比分析。

在项目执行过程中，假定市场折现率 $r = 6\%$。表 5.1 中部分项目是具有紧前关系的，如项目 4 执行完成后项目 9 才能开始执行，项目 7 执行完成后项目 15 才能开始执行，这种关系可表示为 $\varepsilon = \{(4,9), (7,15)\}$。由于企业可以利用的资金和各种资源都有一定的限制，每个时间段可执行的最大项目数量 $M = 2$，投资规划周期内可供选择项目的最大数量 $N = 6$，同时对于 c 的约束，要求 $0 \leqslant c \leqslant 0.5$。

表5.1 项目的生产准备成本、投资、收益及阶段执行比例

项目 j	生产准备成本 s_j/亿元	投资 k_j/亿元	收益 c_j/亿元	执行比例	
				最小 α_{jt}	最大 β_{jt}
1	0.25	14	20	0.10	0.90
2	0.70	26	40	0.15	0.85
3	0.48	20	29	0.10	0.90
4	0.77	19	29	0.15	0.85
5	0.56	28	41	0.20	0.85
6	0.87	13	20	0.10	0.70
7	0.42	24	35	0.25	0.90
8	0.55	24	36	0.10	0.90
9	0.97	15	23	0.20	0.85
10	0.88	20	31	0.10	0.85

续表

项目 j	生产准备成本 s_j/亿元	投资 k_j/亿元	收益 c_j/亿元	执行比例 最小 α_{jt}	执行比例 最大 β_{jt}
11	0.17	8	12	0.10	0.90
12	0.56	7	9	0.15	0.85
13	0.34	19	28	0.10	0.90
14	0.55	25	39	0.15	0.85
15	0.67	28	42	0.20	0.85
16	0.83	9	14	0.10	0.70
17	0.25	20	30	0.25	0.90
18	0.77	17	27	0.10	0.90
19	0.86	8	8	0.20	0.85
20	0.33	21	21	0.10	0.85

候选项目中所使用的固定资产有四类,即 $i=4$。项目 1 到项目 5 所使用固定资产的机会成本为 0.6,项目 6 到项目 10 所使用固定资产的机会成本为 1.2,项目 11 到项目 15 所使用固定资产的机会成本为 1.5,项目 16 到项目 20 所使用固定资产的机会成本为 0.8,如表 5.2 所示。

表5.2 候选项目的机会成本

i	1	2	3	4
α_{it}	0.6	1.2	1.5	0.8

将出现的项目组合选择模型,即可持续性约束下的可打断项目组合选择模型(PPSP-1)、不考虑可持续性约束下的可打断项目组合型组合选择模型(PPSP-2)分别进行求解,其结果分别如表 5.3 与表 5.4 所示。

表5.3 可持续性约束下的可打断项目组合选择模型最优解

时间段 t	执行项目及比例	目标函数值/亿元
第 1 时间段	15(0.214)	239.13
第 2 时间段	14(0.712)	
第 3 时间段	2(0.450),8(0.100)	
第 4 时间段	15(0.786)	
第 5 时间段	5(0.500),8(0.900)	
第 6 时间段	7(0.750),14(0.288)	
第 7 时间段	5(0.500),7(0.250)	
第 8 时间段	2(0.550)	

表5.4 不考虑可持续性约束下的可打断项目组合选择模型最优解

时间段 t	执行项目及比例	目标函数值/亿元
第 1 时间段	17（0.214）	229.63
第 2 时间段	14（0.412）	
第 3 时间段	2（0.750）	
第 4 时间段	17（0.786）	
第 5 时间段	5（0.800），8（0.400）	
第 6 时间段	7（0.250），14（0.588）	
第 7 时间段	5（0.200），7（0.750）	
第 8 时间段	2（0.250），8（0.600）	

由表 5.3 可知，该模型所执行的 6 个项目为项目 2、项目 5、项目 7、项目 8、项目 14、项目 15。

因为当各个时间段的净现金流量出现负值时，希望负值的波动幅度在一定范围之内，否则这种情况对项目的可持续性会有很大影响，所以除了计算 PPSP-1 模型目标函数的最优解外还对各时间段的净现金流量进行计算。由表 5.1~表 5.3 中数据可以计算出可持续性约束下的可打断项目组合选择模型各个时间段的净现金流量，如图 5.2 所示。

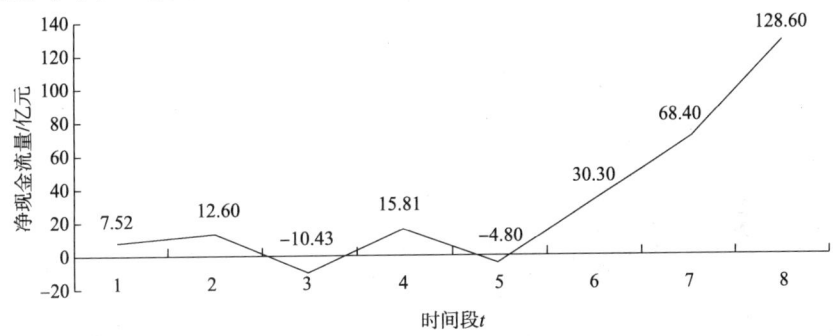

图 5.2 PPSP-1 模型各时间段的净现金流量

由图 5.2 可知，在可持续性约束下的可打断项目组合选择模型中第 3 时间段和第 5 时间段的净现金流量小于零。总体看来，虽然净现金流量有小于零的部分，但是后续几个时间段的净现金流量数值都在快速增加。

根据不考虑可持续性约束下的可打断项目组合选择模型及企业的案例数据，对模型（PPSP-2）进行求解，结果如表 5.4 所示。

为了便于与可持续性约束下的可打断项目组合选择模型进行对比，该模型也需要对各时间段的净现金流量进行求解。由表 5.1、表 5.2、表 5.4 中数据可计算出不考虑可持续性约束下的可打断项目组合选择模型各时间段的净现金流量，如

图 5.3 所示。

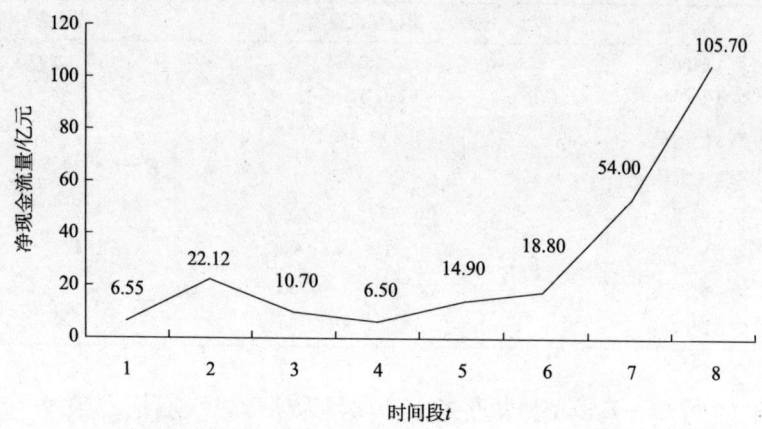

图 5.3 PPSP-2 模型各时间段的净现金流量

由图 5.3 可知，在不考虑可持续性约束下的可打断项目组合选择模型中，所有时间段的净现金流量都为正值，且最后两个时间段的净现金流量呈明显走高趋势，说明该项目组合最后是可盈利的。

通过求解结果所示对 PPSP-2 模型与 PPSP-1 模型的净现值和机会成进行分析，为了便于比较绘制图 5.4。

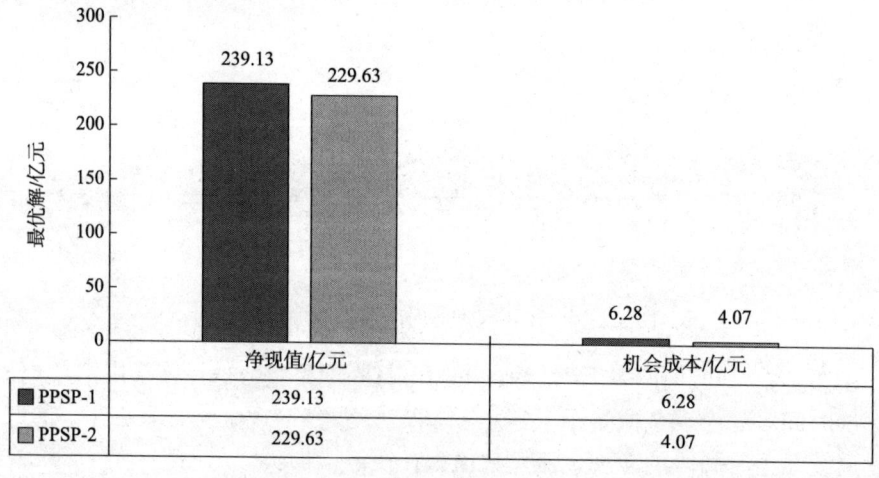

图 5.4 PPSP-2 模型与 PPSP-1 模型最优解对比

由表 5.3、表 5.4 可知，PPSP-2 与 PPSP-1 两个模型中项目的执行数量都为 6 个，但是项目的执行比例、执行的先后顺序及选择的项目组合是不相同的。

PPSP-1 模型中执行的是项目 2、项目 5、项目 7、项目 8、项目 14、项目 15，PPSP-2 模型中执行的是项目 2、项目 5、项目 7、项目 8、项目 14、项目 17。

由图 5.4 可以看出，可持续性约束下的可打断项目组合选择模型（PPSP-1）目标函数的最大值为 239.13 亿元，不考虑可持续性约束下的可打断项目组合选择模型（PPSP-2）目标函数的最大值为 229.63 亿元。PPSP-1 模型中机会成本为 6.28 亿元，PPSP-2 模型中机会成本为 4.07 亿元，虽然 PPSP-1 模型机会成本比 PPSP-2 模型机会成本高 2.21 亿元，但是 PPSP-1 模型净现值比 PPSP-2 模型净现值高 9.5 亿元。

对于各时间段的净现金流量的比较如组合图 5.5 所示。

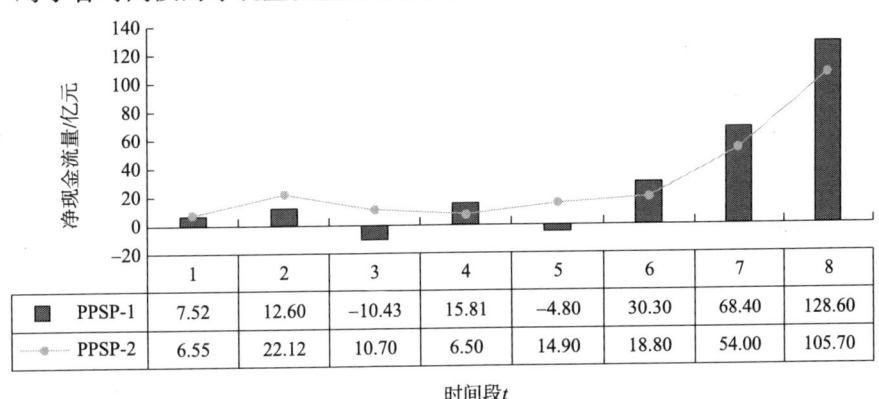

图 5.5 PPSP-2 模型与 PPSP-1 模型净现金流量对比

不考虑可持续性约束下的可打断项目组合选择模型（PPSP-2）中各时间段的净现金流量全都大于零，而可持续性约束下的可打断项目组合选择模型（PPSP-1）中第 3 时间段、第 5 时间段的净现金流量小于零。

这一结果表明：与不考虑可持续性约束下的可打断项目组合选择模型（PPSP-2）相比，可持续性约束下的可打断项目组合选择模型（PPSP-1）能够为企业带来更高的收益，可持续性约束使模型更加符合企业实际，使企业能更加立足于社会发展，从而验证了可持续性约束下的可打断项目组合选择模型的优越性与合理性。

最后，总结结论如下：①可持续性约束下的可打断项目组合选择模型相比不考虑可持续性约束下的可打断项目组合选择模型能够给企业带来更大的收益；②可持续性约束下的可打断项目组合选择模型与不考虑可持续性约束下的可打断项目组合选择模型相比，这两个模型中机会成本的求解数值前者大于后者，但是可持续性约束下的可打断项目组合选择模型目标函数的最优解比不考虑可持续性约束下的可打断项目组合选择模型目标函数的最优解更大；③对可持续性指标进行敏感性分析，得出可持续性指标对于可打断项目组合选择模型的最优解有一定的积极影响，同时在长期项目中可持续性因素带给企业的优越性会体现得更彻底。

5.2 受融资影响的项目组合选择研究

随着市场经济的快速发展，项目投资涉及的领域日益扩大并呈现出多元化趋势，致使可供企业选择的项目数量急剧增长。企业为了保持自己的竞争力，完成战略目标，决策者需要在众多候选项目中进行取舍。项目组合选择问题就是指如何在不违背各种关键约束的前提下，从众多待选项目中选出最具有价值的几个项目，以实现企业的战略目标（Archer and Ghasemzadeh，1999；Mohanty et al.，2005）。项目组合选择问题最早由 Lorie 和 Savage（1955）提出后，就在管理科学领域吸引了极其广泛的关注，并被应用到研究与发展（王景玫等，2017）、信息系统与信息科技（崔艳娜等，2019）、创新型项目（谭杰凯，2014）等投资决策领域中。

项目执行需要一定的时间，根据执行周期的不同，研究者将项目的规划周期分为单时间段和多时间段两种类型。目前，多时间段项目组合选择问题的文献较多，但根据我们的检索，针对项目组合选择中资金问题的研究相对较少，而在企业实际运营中，资金对企业的项目选择会产生重要影响，因此将二者结合考虑具有重要的现实意义。在项目的执行过程中对于资金分配问题，Servakh 和 Sukhikh（2004）提出收益再投资理论。基于这一理论，王良和冯涛（2009）、王良等（2007）考虑了再投资策略在项目组合选择问题中的应用，并且考虑了多个时间段下项目资金需求的紧迫性，进而对资金进行合理分配。但以上研究只考虑了企业现有资金的投入，没有对资金的具体来源情况进行说明，同时资金短缺的情况被忽略。显然，这不符合企业的实际运营。严俊（2014）在对项目组合选择中的资金进行分配时，考虑了资金的定量约束。其算例结果显示，企业投入的定量资金远大于实际需要的金额，造成部分资金没有得到充分的利用。Meng 和 Siu（2011）、Jafarzadeh 等（2015）、Belenky（2011）允许再投资策略在灵活的时间范围内进行应用，打破以往投资的时间范围一直被视为固定区间的假设。通常，企业资金的来源主要包含内部资金和外部资金。然而，在以上项目组合选择的研究中关于资金问题的来源只局限在内部资金，没有考虑资金限制下进行融资的现实因素。

事实上，资金限制条件下如何获取外部资金是企业经常遇到的问题。企业在实际运行中，为了应对资金不足问题，会通过多渠道进行融资，增加外部资金，进而使企业的资源配置得到优化，提高企业的经济效益（李晓红，2000）。在以往的项目组合选择研究中假设外部筹资具有确定性，即企业一定能够获得融资且金额多为固定值。与之前研究不同，在本节中，我们将融资过程中的项目风险对融资企业的影响结合考虑，根据项目风险的高低，确定融资企业能否获得资金支持。同时，在未来充分考虑利率市场化的大背景下，融资代价会根据项目风险程度的不同，执行不同的利率浮动标准，风险越小，利率越优惠。在这种场景下，融资企业需要将融资代价与项目执行带来的收益进行权衡，进而选择最优的项目组合方案。

本节构建一个考虑融资的项目组合选择模型，允许企业根据每期的投资计划，合理地调节当期所需要投入的资金预算。如果期初的可用资金量超过了当期的投资额，那么企业可以尽早将多余的资金释放。反之，若期初的可用资金量不足以支持当期项目的执行，那么允许企业从外部融资，如银行贷款等，以满足实际的资金需求。融资需要付出一定的代价，且代价与执行项目的风险程度相关，因此需要将偿还融资代价对项目组合经济性的影响引入模型中。另外，企业需要在外来资金带来的额外投资收益及偿还融资所付出的代价间进行权衡，以谋求利润最大化。鉴于所构建的模型非线性化的特点，下文给出该模型的等价形式，并进行理论证明。

5.2.1 参数介绍及问题描述

1. 参数介绍

本部分对模型中使用的参数及变量进行介绍。

1）参数

i：基准折现率。

c_j：项目 j 每次被执行时所需要支付的启动成本，$j \in v$。

v_t：在时间段 t 内执行的所有项目的风险程度，$t \in \Lambda$。

$L(t)$：企业在时点 t 处可借得的贷款的最小值，$t \in \Lambda$。

$U(t)$：企业在时点 t 处可借得的贷款的最大值，$t \in \Lambda$。

ρ：企业每次进行银行贷款时需要支付的交易费用，与每次贷款的金额无关。

2）变量

z_j：0-1 变量，$z_j = 1$ 表示项目 j 被选择，否则为 0，$j \in v$。

x_{jt}：半连续变量，表示项目 j 在时间段 t 内的执行比例，$x_{jt} \in 0 \cup [\alpha_{jt}, \beta_{jt}]$。若 $x_{jt} = 0$，表示项目 j 在时间段 t 内没有被执行。若 $x_{jt} \in [\alpha_{jt}, \beta_{jt}]$，表示项目 j 在时间段 t 内的最小执行比例是 α_{jt}，最大执行比例是 β_{jt}，$j \in v$，$t \in \Lambda$。

y_{it}：0-1 变量，$y_{it}=1$ 表示项目 j 在时间段 t 内被执行，否则为 0，$j \in v$，$t \in \Lambda$。

$E(t)$：半连续变量，表示时点 t 处企业使用的外部资金（本节中外部资金指银行贷款），$t=0,1,\cdots,T-1$，$E(t) \in 0 \cup [L(t),U(t)]$。

$I(t)$：时点 t 处企业使用的其他自有资金，$t=0,1,\cdots,T-1$，$0 \leq I(t) \leq U(t)$。

u_t：0-1 变量，当且仅当企业在时点 t 处选择贷款时 u_t 为 1，否则为 0，$t=0,1,\cdots,T-1$。

$H(t)$：连续变量，表示时点 t 处企业实际投入的全部资金量，$t=0,1,\cdots,T-1$。

r_t：离散变量，表示银行根据企业时间段 t 内投资计划的风险情况制定的贷款利率。

2. 问题描述

对于每一期的可用资金，既包括企业筹措的外来资金，也包括企业的内部资金。本小节将分别针对这两种情况进行讨论。

1）外来资金

本小节仅讨论银行贷款这一类几乎适用于任何企业且应用最为广泛的外部融资方式。鉴于企业在每一时间段内的投资计划都是不同的，故而银行需要对不同时间段投资计划的可行性进行评估，以确定企业是否在该期获得贷款及贷款时利率的大小。故本小节假设贷款期限均为一个时间段，企业可以选择在时点 $t(t=0,1,2,\cdots,T-1)$ 借入银行贷款 $E(t)$，待到该时间段结束，企业必须在时点 $t+1$ 处一次性偿还所有本息 $E(t)(1+r_t)$。注意此处的 r_t 并不是一个常量，而是一个取决于在时间段 t 内被执行的所有项目的风险程度 V_t 的变量。假设银行对风险情况的评估分为低、中、高、极高四级，r_t^1、r_t^2、r_t^3 为 r 的三种可能取值，分别对应低、中、高三级时的贷款利率，且 $r_t^1 < r_t^2 < r_t^3$。需要特别指出的是，如果银行对风险情况的评估为极高，那么银行会拒绝贷款，故不存在风险评级为极高时的利率，

其数学表达式为 $r_t = \begin{cases} r_t^1, & 0 \leq V_t < a_1 \\ r_t^2, & a_1 \leq V_t < a_2 \\ r_t^3, & a_2 \leq V_t < a_3 \end{cases}$，$t \in \Lambda$。其中，$a_1$、$a_2$、$a_3$ 为评定风险等级

的极值。每超过某一极值，企业投资计划的风险等级就会提升一级。

除贷款利息这一借款所需要付出的代价外，本小节还考虑了每次贷款所需要支付的交易费用。企业贷款为 0 的情况又可分为两类：一类是企业在当期执行的项目风险过高，故而银行拒绝贷款，不会产生相应的贷款利息，故不予考虑；另一类是企业满足贷款的条件但并不需要外来资金，故而主动选择在该时点不贷款。因此，考虑企业满足贷款的条件但并不需要外来资金的情况，只需建立 $E(t)$ 和 u_t 间的关系模型。其关系模型如下：

$$u_t = \begin{cases} 0, & E(t) = 0 \\ 1, & L(t) \leqslant E(t) \leqslant U(t) \end{cases}$$

2）内部资金

对于内部资金，又可以进一步细分为先前执行项目所获得的收益再投资及当期投入的其他自有资金。对于其他自有资金，假设在期初企业需要投入的金额为 $I(t)$，这笔资金将全部用于当期项目的执行。为了核算方便，待到 $t+1$ 时间段结束，到达时点 $t+1$，一笔等值但非等额的资金 $I(t)(1+i)$ 将先作为现金流出之后，企业再重新决定时间段 $t+1$ 所需要的其他内部资金。

结合问题描述中 1）和 2）考虑再投资部分，本小节假设上期结余的全部资金均可以用于下一期的投资。为了准确地计算每期的结余资金，以时间段 t 为例，对每一期可能发生的多笔现金流量进行梳理。

在时点 $t-1$ 处结余的全部资金的基础上考虑现金流量的情况。首先，在时点 $t-1$ 处最多可能发生两笔现金流入，一是企业当期决定投入的其他自有资金，二是银行贷款；同时会发生一笔现金流出，即为了贷款而支付的交易费用。其次，假设时间段 t 内有项目被执行，将在时点 $t-1$ 处发生现金流出，用于时间段 t 内执行项目所需要的全部成本。待到时间段 t 结束，到达时点 t，企业先获得一笔现金流入，即当期执行项目获取的全部收益。此后最多可能发生两笔现金流出，一是与时点 $t-1$ 处投入的其他自有资金等值的一笔资金退出生产，二是偿还时点 $t-1$ 处的贷款，剩余的资金为时点 t 处结余的全部资金。特别地，本小节假设 0 时点处结余的资金为 0。图 5.6 更加直观地显示了上述过程。

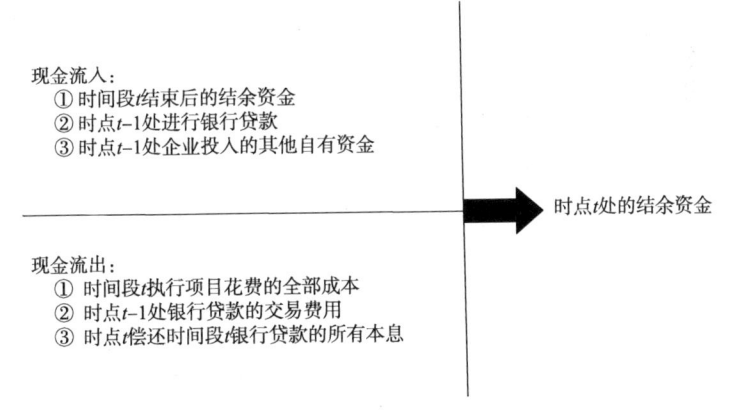

图 5.6　时间段 t 内发生的现金流

基于以上考虑，可以推导出时点 t 处企业可用于投资的最大额度，可用式（5.23）表示。

$$\sum_{j=1}^{n}\sum_{\tau=1}^{t}b_j x_{j\tau}(1+i)^{-\tau} - \sum_{j=1}^{n}\sum_{\tau=1}^{t}k_j x_{j\tau}(1+i)^{-\tau+1} + \sum_{\tau=0}^{t}E(\tau)(1+i)^{-\tau} - \sum_{\tau=1}^{t}E(\tau)(1+r_\tau)(1+i)^{-\tau}$$
$$-\sum_{\tau=0}^{t}\rho u_\tau (1+i)^{-\tau} + I(t)(1+i)^{-t}, \quad t=1,2,\cdots,T-1$$

（5.23）

特别需要指出的是，式（5.23）中其他自有资金仅包含 $I(t)(1+i)^{-t}$ 一项。虽然其他自有资金在时点 t 前可能发生多笔现金流量，但是根据本小节的假设，每期投入与回收的其他自有资金是等值的，故而可以相互抵消，不需要在表达式中体现。

5.2.2 考虑融资的项目组合选择模型

1. 基础模型

本小节构建的考虑融资的项目组合选择模型如下所示。

目标函数表示企业的目标是最大化项目组合的净现值。注意其他内部资金 $I(t)$ 因为每期的投入与退出是等值的，所以无须加入目标函数，因此目标函数可用式（5.24）表示：

$$\max \sum_{j=1}^{n}\sum_{t=1}^{T}b_j x_{jt}(1+i)^{-t} - \sum_{j=1}^{n}\sum_{t=1}^{T}k_j x_{jt}(1+i)^{-t+1} + \sum_{t=0}^{T-1}E(t)(1+i)^{-t}$$
$$-\sum_{t=1}^{T}E(t)(1+r_t)(1+i)^{-t} - \sum_{t=0}^{T-1}\rho u_t (1+i)^{-t}$$

（5.24）

约束条件如下。

1）资金预算约束

为了提高资金的利用效率，避免资金不足或资金过剩的情况，假设决策者在每一期的预算约束中追求的是资金的使用与预算的平衡，且使用的资金不超过当期期初可使用的最大数额。因此，资金预算约束的表达式为式（5.25）和式（5.26）：

$$H(t) = \sum_{j=1}^{n}(k_j x_{(t+1)} + c_j y_{j(t+1)}), \quad t=0,1,\cdots,T-1$$

（5.25）

$$\sum_{j=1}^{n}\sum_{\tau=1}^{t}b_j x_{j\tau}(1+i)^{-\tau} - \sum_{j=1}^{n}\sum_{\tau=1}^{t}k_j x_{j\tau}(1+i)^{-\tau+1} + \sum_{\tau=0}^{t}E(\tau)(1+i)^{-\tau}$$
$$-\sum_{\tau=1}^{t}E(\tau)(1+r_\tau)(1+i)^{-\tau} - \sum_{\tau=0}^{t}\rho u_\tau (1+i)^{-\tau} + I(t)(1+i)^{-t} \geqslant H(t), \quad t=1,2,\cdots,T-1$$

（5.26）

式（5.26）保证了当期投入的全部资金 $H(t)$ 既不会超过可用的资金数，又不使得全部的可用资金都在当期内被占用，故而提高了资金的使用效率。

2）指标约束

指标约束用于限制在规划周期内的每一时间段允许执行项目的最大数量 [式（5.27）] 及整个规划周期内可选择项目的最大数量 [式（5.28）]：

$$\sum_{j=1}^{n} y_{jt} \leqslant M_t, \quad t \in \Lambda \quad (5.27)$$

$$\sum_{j=1}^{n} Z_j \leqslant N \quad (5.28)$$

3）可打断约束

可打断约束用以限制规划周期内的每一时间段所执行项目的执行比例，可用式（5.29）表示：

$$\alpha_{jt} y_{jt} \leqslant x_{jt} \leqslant \beta_{jt} y_{jt}, \quad j \in v, \quad t \in \Lambda \quad (5.29)$$

4）完整约束

完整约束表示对于任意一个待选项目，要么不被选择，如果被选择就必须在规划周期结束前完成，可用式（5.30）表示：

$$\sum_{t=1}^{T} x_{jt} = Z_j, \quad j \in v \quad (5.30)$$

2. 等价模型

本小节构建的项目组合选择模型是一个 MILP 模型，属于 NP-hard 问题。接下来将通过以下三个命题，给出与所有的非线性项完全等价的线性项，并进行替换，降低模型求解难度。

r_t 与 v_t 间的非线性关系将会对模型的求解造成困难。为了克服这一难题，本书给出如下的命题 5.1。

命题 5.1 银行在时点 t 内制定的贷款利率 r_t 的非线性形式

$$r_t = \begin{cases} r_t^1, & 0 \leqslant V_t < a_1 \\ r_t^2, & a_1 \leqslant V_t < a_2, \quad t \in \Lambda \\ r_t^3, & a_2 \leqslant V_t < a_3 \end{cases}$$

与以下的线性表达式等价：

$$\begin{cases} r_t^1 \leqslant r_t \leqslant r_t^3, \quad t = 0, 1, \cdots, T-1 & (5.31) \\ r_t' = r_t^1 + w_t^1(r_t^2 - r_t^1) + w_t^2(r_t^3 - r_t^2), \quad t = 0, 1, \cdots, T-1 & (5.32) \\ (a_\phi - V_t) + w_t^\phi \cdot M \geqslant 0, \quad \phi = 1, 2, \quad t = 0, 1, \cdots, T-1 & (5.33) \\ (a_\phi - V_t) - (1 - w_t^\phi) \cdot M < 0, \quad \phi = 1, 2, \quad t = 0, 1, \cdots, T-1 & (5.34) \end{cases}$$

其中，w_t^1、w_t^2均为0-1变量；M为一个足够大的正数。

证明： 首先，观察式（5.32）可以看出，$w_t^\phi(\phi=1,2)$的现实意义就是起到"指示器"的作用，用以判断该期的风险是否超过既定的阈值，即假设

$$w_t^1 = \begin{cases} 0, & 0 \leqslant V_t < a_1 \\ 1, & a_1 \leqslant V_t < a_2 \\ 1, & a_2 \leqslant V_t < a_3 \end{cases}, t \in \Lambda \text{ 且 } w_t^2 = \begin{cases} 0, & 0 \leqslant V_t < a_1 \\ 0, & a_1 \leqslant V_t < a_2 \\ 1, & a_2 \leqslant V_t < a_3 \end{cases}, t \in \Lambda，那么式（5.32）就可$$

以正确地表达当期的贷款利率。于是需要证明式（5.33）与式（5.34）成立就可以保证上述两个分段函数成立。讨论以下情况：

（1）若$a_\phi - V_t > 0$，$\phi = 1,2$，那么无论w_t^ϕ取何值式（5.33）均成立，但当且仅当$w_t^\phi = 0$时式（5.34）成立。

（2）若$a_\phi - V_t \leqslant 0$，$\phi = 1,2$，那么无论w_t^ϕ取何值式（5.34）均成立，但当且仅当$w_t^\phi = 1$时式（5.33）成立。

从上述两种情况可以看出，a_ϕ起着"分界点"的作用，即保证了

$$w_t^\phi = \begin{cases} 1, & a_\phi - V_t \leqslant 0 \\ 0, & a_\phi - V_t > 0 \end{cases}, t \in \Lambda，\phi = 1,2，得证。$$

其次，考虑企业满足贷款的条件但并不需要外来资金的情况。因为命题5.1已经通过令$E(t) = 0$约束了第一种不发生贷款的情况，所以此时只需要对$E(t)$和u_t间的关系进行建模即可。考虑如下命题5.2。

命题5.2 $E(t) \in 0 \cup [L(t), U(t)]$，$t \in \Lambda$与不等式$L(t) \cdot u_t \leqslant E(t) \leqslant U(t) \cdot u_t$，

$t \in \Lambda$等价，其中$u_t = \begin{cases} 0, & E(t) = 0 \\ 1, & L(t) \leqslant E(t) \leqslant U(t) \end{cases}$。

当u_t被成功地建模后，就很容易计算每期的贷款交易费用。

$E(t)$与r_t均为变量，该非线性项乘积会对求解造成困难。r_t在命题5.1中已通过一个新的等式（5.32）来表述。观察式（5.32）可以发现，克服该非线性项乘积的关键在于克服$E(t)$这一连续变量与w_t^1、w_t^2这种0-1变量相乘的非线性形式，不妨引入一个新的变量$\tilde{E}_\phi(t)$来代替非线性乘积项$E(t) \cdot w_t^\phi$，为了保证二者是完全等价的，给出如下命题5.3。

命题5.3 等式$\tilde{E}_\phi(t) = E(t) \cdot w_t^\phi$与下列不等式

$$\begin{cases} -U(t) \cdot w_t^\phi \leqslant \tilde{E}_\phi(t) \leqslant U(t) \cdot w_t^\phi, \phi=1,2, \quad t=0,1,\cdots,t-1 & (5.35) \\ E(t) - U(t) \cdot (1-w_t^\phi) \leqslant \tilde{E}_\phi(t) \leqslant E(t) + U(t) \cdot (1-w_t^\phi), \quad \phi=1,2, \ t=0,1,\cdots,t-1 & (5.36) \end{cases}$$

等价。

证明： 对 $\phi = 1,2$，$t = 0,1,\cdots,t-1$，考虑以下情况：

（1）若 $w_t^\phi = 1$，对式（5.35）有 $-U(t) \leqslant \tilde{E}_\phi(t) \leqslant U(t)$，$\phi = 1,2$，$t = 0,1,\cdots,t-1$ 不等式成立；对式（5.36）有 $E(t) \leqslant \tilde{E}_\phi(t) \leqslant E(t)$，$\phi = 1,2$，$t = 0,1,\cdots,t-1$，即 $\tilde{E}_\phi(t) = E(t) \cdot w_t^\phi = E(t)$。

（2）若 $w_t^\phi = 0$，对式（5.35）有 $0 \leqslant \tilde{E}_\phi(t) \leqslant 0$，$\phi = 1,2$，$t = 0,1,\cdots,t-1$；对式（5.36）有 $E(t) - U(t) < 0 \leqslant \tilde{E}_\phi(t) \leqslant 0 < E(t) + U(t)$，$\phi = 1,2$，$t = 0,1,\cdots,t-1$。

故而，有 $\tilde{E}_\phi(t) = E(t) \cdot w_t^\phi = 0$。

综上，若式（5.35）与式（5.36）成立，必然有 $\tilde{E}_\phi(t) = E(t) \cdot w_t^\phi$，因此，$\tilde{E}_\phi(t)$ 与 $E(t) \cdot w_t^\phi$ 完全等价。

最终，基于上述三个命题，所有的非线性项被等价线性项代替。原有目标函数（5.24）经线性化处理后与函数（5.37）等价，新的考虑融资的项目组合选择模型为

$$\max \sum_{j=1}^{n}\sum_{t=1}^{T} b_j x_{jt}(1+i)^{-t} - \sum_{j=1}^{n}\sum_{t=1}^{T} k_j x_{jt}(1+i)^{-t+1} + \sum_{t=0}^{T-1} E(t)(1+i)^{-t}$$
$$-\sum_{t=1}^{T}\left[E(t) + E(t)\cdot r_t^1 + \tilde{E}_1(t)\cdot(r_t^2 - r_t^1) + \tilde{E}_2(t)\cdot(r_t^3 - r_t^2)\right](1+i)^{-t} - \sum_{t=0}^{T-1}\rho u_t(1+i)^{-t} \quad (5.37)$$

约束条件如下：

$$H(t) = \sum_{j=1}^{n}(k_j x_{j(t+1)} + c_j y_{j(t+1)}), \quad t = 0,1,\cdots,T-1$$

$$\sum_{j=1}^{n}\sum_{\tau=1}^{t} b_j x_{j\tau}(1+i)^{-\tau} - \sum_{j=1}^{n}\sum_{\tau=1}^{t} k_j x_{j\tau}(1+i)^{-\tau+1} + \sum_{\tau=0}^{t} E(\tau)(1+i)^{-\tau} - \sum_{\tau=0}^{t} E(\tau)(1+r_\tau)(1+i)^{-\tau}$$
$$-\sum_{\tau=0}^{t} pu_\tau(1+i)^{-\tau} + I(t)(1+i)^{-t} \geqslant H(t), \quad t = 1,2,\cdots,T-1$$

$$\sum_{j=1}^{n} y_{jt} \leqslant M_t, \quad t \in \Lambda$$

$$\sum_{j=1}^{n} Z_j \leqslant N$$

$$\alpha_{jt} y_{jt} \leqslant x_{jt} \leqslant \beta_{jt} y_{jt}, \quad t \in \Lambda, j \in v$$

$$\sum_{t=1}^{T} x_{jt} = z_j, \quad j \in v$$

$$r_t^1 \leqslant r_t \leqslant r_t^3, \quad t = 0,1,\cdots,T-1$$

$$r'_t = r_t^1 + w_t^1(r_t^2 - r_t^1) + w_t^2(r_t^3 - r_t^2), \quad t = 0,1,\cdots,T-1$$
$$(a_\phi - V_t) + \omega_t^\phi \cdot M \geqslant 0, \quad \phi = 1,2, \quad t = 0,1,\cdots,T-1$$
$$(a_\phi - V_t) - (1 - w_t^\phi) \cdot M < 0, \quad \phi = 1,2, \quad t = 0,1,\cdots,T-1$$
$$u_t = \begin{cases} 0, & E(t) = 0 \\ 1, & L(t) \leqslant E(t) \leqslant U(t) \end{cases}$$
$$-U(t) \cdot w_t^\phi \leqslant \tilde{E}_\phi(t) \leqslant U(t) \cdot w_t^\phi, \quad \phi = 1,2, \quad t = 0,1,\cdots,T-1$$
$$E(t) - U(t) \cdot (1 - w_t^\phi) \leqslant \tilde{E}_\phi(t) \leqslant E(t) + U(t) \cdot (1 - w_t^\phi), \quad \phi = 1,2, \quad t = 0,1,\cdots,T-1$$

5.2.3 算例分析

1. 案例背景及相关数据

本小节以电力与能源行业的项目投资问题为研究背景，分析中国华电科工集团有限公司（简称华电科工）面临的项目组合选择问题。华电科工是我国五大发电集团之一的中国华电集团有限公司的下属子公司，其主营业务包括发电、电源项目、基础设施建设及污水处理等。本小节选取了华电科工在"十三五"规划期间的 20 个潜在项目进行研究 ($n = 20$)，规划周期被分成 5 个时间段 ($T = 5$)。其中，项目的投资与收益额均来源于真实数据，本小节使用 GAMS 软件调用 CPLEX 求解器对模型进行求解。

表 5.5 提供了待选项目的投资、收益及执行比例上下界。其中，项目 1 到项目 10 为新能源项目，如风电项目或光伏发电项目。项目 11 到项目 20 为传统的投资项目，如火电项目及污水处理项目等。不同的项目类别使得参数的设置也有所区别，由于风电及光伏发电项目多采用分布式电源方式，无须像火电项目一样建设大型电厂及机组，故所需的投资额相对较小。但是，当前新能源发电技术还不够成熟，新能源并网仍然存在一些问题没能解决，因此相较于已经非常成熟的传统项目，新能源项目的投资回报率相对较低，这一点很容易从表 5.5 投资与收益的设置中看出。但是，为了扶持新能源项目的发展，我国针对这类清洁能源提供了一些政策上的支持，包括银行贷款上的优惠，故而在进行风险评定的时候，需要为新能源项目设置更低的风险值。因此，新能源项目的风险为 1 ($R_j = 1$, $j = 1,2,\cdots,10$)，而传统项目的风险为 2 ($R_j = 2$, $j = 11,12,\cdots,20$)。也就是说，如果企业选择投资新能源项目，可能在当期获得较低的银行贷款利率。

表5.5 待选项目的投资、收益及执行比例上下界

项目 j	投资 k_j /万元	收益 b_j /万元	执行比例 下界 α_{jt}	执行比例 上界 β_{jt}
项目 1	2 800	3 400	0.10	0.90
项目 2	1 800	2 200	0.15	0.85
项目 3	2 000	2 400	0.10	0.90
项目 4	2 300	2 800	0.15	0.85
项目 5	2 500	3 000	0.20	0.85
项目 6	3 500	4 200	0.10	0.70
项目 7	1 900	2 300	0.25	0.90
项目 8	1 800	2 200	0.10	0.90
项目 9	3 400	4 100	0.20	0.85
项目 10	3 300	4 000	0.10	0.85
项目 11	4 800	5 800	0.10	0.90
项目 12	4 900	5 900	0.15	0.85
项目 13	4 400	5 300	0.10	0.90
项目 14	4 700	5 600	0.15	0.85
项目 15	4 200	5 000	0.20	0.80
项目 16	4 300	5 200	0.10	0.90
项目 17	4 600	5 500	0.25	0.75
项目 18	4 700	5 600	0.10	0.90
项目 19	3 800	4 600	0.20	0.80
项目 20	4 400	5 300	0.10	0.90

其他参数设置如下：所有项目的启动成本均为50万元($c_j = 50$万元，$j \in v$)。基准折现率 $i = 5\%$，对每一个 $t \in \Lambda$，三个级别的银行贷款利率为 $r_t^1 = 0.10$、$r_t^2 = 0.12$、$r_t^3 = 0.15$。贷款利率变动的阈值为 $a_1 = 1.5$，$a_2 = 2.0$，$a_3 = 2.5$。每期可调用的其他自有资金最大为2 000万元($U_t = 2\,000$万元，$t \in \Lambda$)，银行在每一期的贷款取值范围为 $[800, 2500]$ 万元，每次贷款的交易费用为200万元($p = 200$万元)。

2. 结果分析与场景对比

在本小节中，通过求解新模型进而分析其结果，并与传统的不考虑融资的资金预算约束的模型进行对比，以证明新模型的有效性及合理性。首先，对新模型的结果进行分析，如表5.6及表5.7所示。

表5.6 新模型的最优解

时间段 t	1	2	3	4	5
执行的项目及执行比例	1（0.900）	9（0.799）	1（0.100）	16（0.356）	9（0.201）
	8（0.518）	10（0.482）	19（0.582）	19（0.418）	16（0.644）
净现值/亿元			19.621		

表5.7 规划周期内资金利用情况　　　　　　　　单位：亿元

时间段 t	1	2	3	4	5
总投资	43.291	41.980	23.495	27.833	29.211
银行贷款	25.000	23.191	0	0	0
其他自有资金	20.000	20.000	20.000	20.000	20.000
总投资风险	1.418（低）	1.281（低）	1.263（低）	1.549（中）	1.488（低）

在表 5.6 中，第 1 时间段下的 1（0.900）意味着项目 1 在第 1 时间段内执行了 90% 的比例，其他类似。从表 5.6 中可以看出，企业共选择了 6 个项目，其中 4 个新能源项目，2 个传统项目。这一原因可以用表 5.7 中的数据进行解释。

从表 5.7 中的投资风险情况来看，只要企业在当期进行了银行贷款，那么其风险等级一定是最低的一级，即贷款利率为 0.10 的情况，而新能源项目的较低风险使其更加容易被企业选择。再观察每期的资金利用情况可以发现，对于银行贷款，企业仅选择在第 1 时间段与第 2 时间段使用，而对于其他自有资金，因为其占用不需要付出以现金流量形式表现的代价，所以会被尽可能地利用。

其次，进行不同场景的对比。如果不考虑融资，那么可能出现两种情况：一种是企业可用的资金无法满足当期最具有价值的一组项目所需要的投资额，故而被迫放弃最佳的项目组合；另一种是企业忽视了实际的需求而使得过多的资金被投入。其中后者的损失是以机会成本的形式体现的，即可能为了满足该组合的需要而忽视了该组合外的更好的投资机会。考虑到机会成本与我们的研究对象之外的投资机会有关，很难量化体现，故不采用这一情况进行对比，仅考虑第一种情况。

在第一种情况中，我们仍然采用先前的参数，但令每一期的贷款金额为 $0(E_t = 0，t \in \Lambda)$，求解结果如表 5.8 所示。

表5.8 无银行贷款下的最优解

时间段 t	1	2	3	4	5
执行的项目	2（0.181）	2（0.819）	4（0.717）	8（0.100）	7（0.625）
及执行比例	8（0.900）	4（0.283）	7（0.375）	19（0.640）	19（0.360）
净现值/亿元			16.536		

从表 5.8 可以看出，在无银行贷款的情况下，企业选择了 4 个新能源项目及 1 个传统项目。这是因为新能源项目相较于传统项目需要的投资额更低，故在没有更多资金的情况下，企业被迫选择低利润但同样低成本的项目，最终企业获得的净现值为 16.536 亿元，相较于我们提出的新模型的 19.621 亿元低了 3.085 亿元。

最终，算例结果分析得到的结论如下：

（1）相较于传统的项目组合选择模型，本节提出的新模型能够为企业带来更多的利润，因而更具有优势。

（2）对于银行贷款，企业更加倾向在整个规划周期的前期使用。这是因为在规划周期的后期，执行项目的执行比例较小，所以需要的投资额相对较低。此外，随着时间的推移，可用于再投资的资金逐渐增多，这也是企业放弃银行贷款的重要原因之一。

（3）观察每期的总投资风险情况可以发现，风险对项目组合的经济性有着非常显著的影响。企业为了避免过高的风险评级带来的较高的贷款利率，会选择牺牲一定的项目利润，利用新能源项目的扶持政策，提高项目组合的整体收益。

3. 敏感性分析

从算例结果可以看出，银行贷款体现了企业在高投资项目带来的高利润与还款利息间的权衡，以及新能源项目的低风险与传统项目的高收益间的权衡。因此，有必要对模型中的一些关键参数进行敏感性分析，观察不同参数对企业决策，尤其是资金使用情况的影响。本节选取贷款利率、自有资金最大使用量及项目收益三类参数进行敏感性分析。

1）贷款利率的敏感性分析

在贷款利率的敏感性分析中，分别令三种风险等级下的贷款利率各自增加 0.02 和减少 0.02，再重新计算模型，得到的每一期资金使用情况见表 5.9 和表 5.10。

表5.9 贷款利率增加0.02后的资金利用情况　　　　　　　　单位：万元

时间段 t	1	2	3	4	5
总投资	4 298.8	2 151.5	2 443.2	2 571.4	2 691.7
银行贷款	2 500.0	0	0	0	0
其他自有资金	2 000.0	2 000.0	2 000.0	2 000.0	2 000.0
总投资风险	150.0（低）	113.0（低）	96.9（低）	110.4（低）	129.7（低）

表5.10 贷款利率减少0.02后的资金利用情况　　　　单位：万元

时间段 t	1	2	3	4	5
总投资	4 343.2	4 389.2	2 452.6	2 895.2	2 955.7
银行贷款	2 500.0	2 500.0	0	0	0
其他自有资金	2 000.0	2 000.0	2 000.0	2 000.0	2 000.0
总投资风险	146.6（低）	148.5（低）	122.7（低）	138.4（低）	143.9（低）

通过表 5.9 和表 5.10 的对比可以看出，贷款利率设定得越高，企业越不倾向贷款。因为贷款利率越高，企业需要偿还的利息也就越多，于是企业宁可选择执行低投资、低利润的项目也不愿过多贷款。另一发现是，即使银行贷款利率减少，企业的投资计划依然保留了低风险的特征，即选择贷款的每一期风险等级仍然是最低级，这一现象也说明项目风险对项目组合决策的影响力较贷款利率更大。

2）其他自有资金最大使用量的敏感性分析

分别将其他自有资金最大使用量减少为 1 000 万元和增加到 3 000 万元（原算例为 2 000 万元），观察资金使用情况，如表 5.11 和表 5.12 所示。

表5.11 其他自有资金最大使用量减少到1 000万元后的资金利用情况　　　　单位：万元

时间段 t	1	2	3	4	5
总投资	3 330.6	3 310.3	3 247.9	1 403.2	3 363.5
银行贷款	2 500.0	2 500.0	2 500.0	0	2 249.4
其他自有资金	1 000.0	1 000.0	1 000.0	1 000.0	1 000.0

表5.12 其他自有资金最大使用量增加到3 000万元后的资金利用情况　　　　单位：万元

时间段 t	1	2	3	4	5
总投资	5 110.0	3 205.6	3 531.1	3 700.2	3 741.3
银行贷款	2 285.0	0	0	0	0
其他自有资金	3 000.0	3 000.0	3 000.0	3 000.0	3 000.0

通过对比可以发现，其他自有资金使用量的变化对银行贷款的影响非常显著。一方面，由于自有资金与银行贷款都用于项目的执行，自有资金的增加必然导致银行贷款需求量的减少。另一方面，自有资金的占用不需要付出以现金流量形式表现的代价，于是使用自有资金可以使每一期结余的资金数额更大，于是再投资策略可以更显著地发挥作用，资金积累速度加快，同样也削弱了对银行贷款的需求。

3）项目收益的敏感性分析

分别令项目收益在原数值的基础上减少 10%和增加 10%，观察资金使用情况，如表 5.13 和表 5.14 所示。

表5.13 项目收益减少10%后的资金利用情况　　　　单位：万元

时间段 t	1	2	3	4	5
总投资	2 010.8	1 938.6	1 869.0	1 798.4	1 490.2
银行贷款	0	0	0	0	0
其他自有资金	2 000.0	2 000.0	2 000.0	2 000.0	2 000.0

表5.14 项目收益增加10%后的资金利用情况　　　　单位：万元

时间段 t	1	2	3	4	5
总投资	4 342.6	4 476.3	3 053.5	3 788.4	4 282.3
银行贷款	2 500.0	2 292.6	0	0	0
其他自有资金	2 000.0	2 000.0	2 000.0	2 000.0	2 000.0

观察表5.13发现，在项目收益减少了10%后，企业在任何时期都不会选择贷款。这是因为，贷款与否的决策是贷款付出的代价与执行高投资、高利润项目收益间的权衡，如果项目收益减少了，那么执行这些项目获得的收益甚至无法弥补筹资付出的代价，因此企业会选择执行低投资、低利润的项目。表5.14则说明，项目收益增加10%并没有对企业的贷款策略造成巨大的影响。这是因为，无论项目收益如何增加，企业在自有资金不足的前期都必须依赖银行贷款来执行项目，而项目收益增加后，会使得后期可用于再投资的金额增大，那么后期银行贷款的需求会更低，因此后期仍然没有选择银行贷款的策略。

最终，通过对贷款利率、自有资金最大使用量及项目收益三类参数分别进行敏感性分析得到的结论如下。

（1）项目风险对项目组合选择决策的影响力较贷款利率更大。

（2）其他自有资金使用量的变化对银行贷款的影响非常显著。

（3）企业在不同情况下总是对项目资金使用情况与获利大小进行权衡，进而选择最有利的投资，使资金得到最大化的利用。

5.3　考虑风险因素的主动打断项目组合选择

5.3.1　风险因素的引入及量化

1. 风险因素的引入

风险在优化决策中占有重要的位置，直接关系着项目组合决策的成败（Juliane

and Alexander, 2013)。将项目主动打断执行可以增加企业的效益,然而由于主动打断项目组合选择提出的年限较短,且主动打断项目组合选择涉及众多的约束条件,现有的主动打断项目组合选择研究忽略了项目组合选择中不可回避的风险因素。在企业项目的实际执行过程中,考虑风险因素的主动打断执行可以实现项目组合资源的最优配置,不但能使企业获得较大的收益,还能对风险进行控制。因此,研究考虑风险因素的主动打断项目组合选择问题很有必要。

对于项目而言,其在执行过程中往往存在很大的不确定性,这就可能发生预算超支、计划推迟等突发事件,最终导致项目不能如期交付。因此,项目风险可以定义为:项目执行过程中不确定事件的发生,造成项目损失的可能性及该损失产生后果的严重程度(王雅娴,2017;李星梅等,2018)。

项目的风险由多种不确定性因素形成,主要体现在两方面:其一,自然风险,主要包括要素市场价格变动、材料和设备供应风险、国家政策调整等来自企业外部的不确定性因素;其二,人为风险,主要包括设计变更、劳动力流动、管理流程等存在于企业内部的不确定性因素。

当备选项目集合 Ω 中的项目相互独立不相关,且主动打断项目组合的实际收益小于预期收益时,整个项目组合的实际收益与预期收益的差值占预期收益的比例,可定义为整个主动打断项目组合利润实现缺乏率。

现有的主动打断项目组合模型基本上都以净现值最大化为目标函数,故利用组合利润实现缺乏率来定义主动打断项目组合选择风险有明显的优势,主要体现在以下两方面:其一,组合利润实现缺乏率符合主动打断项目组合选择的特点,易于表示风险造成的影响;其二,该定义可以和已有的主动打断项目组合选择问题相结合,使得考虑风险因素的主动打断项目组合选择模型研究成为可能。

2. 主动打断项目组合选择风险的量化

为了便于理解,在量化主动打断项目组合选择风险之前,要先介绍几个与主动打断项目组合选择风险定义相关的参数和变量。

v_j:表示项目 j 的利润实现缺乏率,满足 $0 \leqslant v_j \leqslant 1$,$j=1,2,\cdots,|\Omega|$。

ϖ_j:表示项目 j 在备选项目集合 Ω 中的重要程度,即项目 j 在备选项目集合 Ω 中的权重因子,满足 $0 \leqslant \varpi_j \leqslant 1$,$j=1,2,\cdots,|\Omega|$。

ω_j:表示项目 j 在入选项目组合中的重要程度,即项目 j 在入选项目组合中的权重因子,满足 $0 \leqslant \omega_j \leqslant 1$,$j=1,2,\cdots,N$。

本书提出用组合利润实现缺乏率 V 来表示主动打断项目组合选择风险,V 的量化依赖于项目 j 在备选项目集合 Ω 中的权重因子 ϖ_j、项目 j 的利润实现缺乏率

v_j，以及描述项目 j 是否被选择的 0-1 变量 z_j。

V 是关于 ϖ_j、z_j、v_j 的函数，即 $V=f(v_j,\varpi_j,z_j)$，其数学表达式如式（5.38）所示。

$$V = \sum_{j=1}^{n} \omega_j v_j z_j = \sum_{j=1}^{n}\left(v_j z_j \frac{\varpi_j z_j}{\sum_{j=1}^{n}\varpi_j z_j}\right), \quad 0 \leqslant V \leqslant 1 \tag{5.38}$$

5.3.2 考虑风险因素的主动打断项目组合选择模型

基于对主动打断项目组合选择模型和主动打断项目组合选择风险的研究，本书给出考虑主动打断项目组合选择风险的新模型。此外，还根据企业的实际需求和风险偏好，对企业风险态度进行量化，在初始模型的基础上进行一系列改进，最终得到考虑风险因素的主动打断项目组合选择的简化模型。

1. 初始模型

基于主动打断项目组合选择风险的定义，本节构建考虑利润实现缺乏率的初始模型。令目标值为 W^*，W^* 等于净现值减去因风险损失的净现值，于是可得：

$$\begin{aligned}\max\ W^* &= \mathrm{NPV} - \mathrm{NPV}\times V = \mathrm{NPV}(1-V)\\
&= \left\{\sum_{t=1}^{|A|}K(t)(1+r)^{-t+1} + \sum_{j=1}^{|\Omega|}\sum_{t=1}^{T}b_j x_{jt}(1+r)^{-t} - \sum_{j=1}^{|\Omega|}\sum_{t=1}^{|A|}\left[s_j y_{jt}+k_j x_{jt}\right](1+r)^{-t+1}\right\}\\
&\quad \cdot\left(1 - \sum_{j=1}^{|\Omega|}\frac{z_j\varpi_j}{\sum_{j=1}^{n}z_j\varpi_j}v_j z_j\right)
\end{aligned}$$

$$\tag{5.39}$$

考虑主动打断项目组合选择风险 V 的主动打断项目组合选择初始模型是混合整数规划问题的一个线性函数，一共包含 $|\Omega|\cdot|A|$ 个连续变量，$(|\Omega|\cdot|A|+|\Omega|)$ 个 0-1 整数变量，$2(|\Omega|\cdot|A|+|A|)+|\Omega|+1+(|A|+1)|\xi|$[①] 个约束条件。

约束条件如下。

---

① $|\xi|$ 代表项目组合中包含的紧前关系约束的个数。

1）资源约束

时间段 t 内可用资金的约束用下列不等式表示：

$$\sum_{t=1}^{\tau}K(t)(1+r)^{-t+1}+\sum_{j=1}^{|\Omega|}\sum_{t=1}^{\tau}b_{j}x_{jt}(1+r)^{-t}-\sum_{j=1}^{|\Omega|}\sum_{t=1}^{\tau}(s_{j}+k_{j})y_{jt}(1+r)^{-t+1}>0, \quad \tau=1,2,\cdots,|A| \tag{5.40}$$

项目执行的时间段个数的约束可用下列不等式表示：

$$\sum_{j=1}^{|\Omega|}y_{jt}\leqslant M, \quad t=1,2,\cdots,|A| \tag{5.41}$$

整个投资期内可执行项目总数的约束可用下列等式表示：

$$\sum_{j=1}^{|\Omega|}z_{j}=N, \quad j=1,2,\cdots,|\Omega| \tag{5.42}$$

2）主动打断约束

项目 j 一旦被选择就要在整个项目规划周期内全部完成，项目的完成约束可用下列等式表示，其中 z_{jt} 为布尔变量：

$$\sum_{t=1}^{|A|}x_{jt}=z_{jt}, \quad j=1,2,\cdots,|\Omega| \tag{5.43}$$

执行比例 x_{jt} 的约束可用下列不等式表示，其中 y_{jt} 为布尔变量：

$$\alpha_{jt}y_{jt}\leqslant x_{jt}\leqslant \beta_{jt}y_{jt}, \quad y_{jt}\in\{0,1\}; \quad j=1,2,\cdots,|\Omega|; \quad t=1,2,\cdots,|A|$$

某一项目必须在另一个项目完成后才能开始执行，这种约束称为紧前关系约束，可用下列不等式表示：

$$y_{j1}=0; \quad \sum_{t=1}^{\tau-1}x_{it}\geqslant y_{j\tau}; \quad (i,j)\in\xi; \quad \tau=2,3,\cdots,|A| \tag{5.44}$$

变量约束可用下列等式表示：

$$x_{t}=(x_{1t},x_{2t},\cdots,x_{nt})^{T}\in R^{n}; \quad t=1,2,\cdots,|A| \tag{5.45}$$

$$y_{t}=(y_{1t},y_{2t},\cdots,y_{nt})^{T}\in\{0,1\}^{n}; \quad t=1,2,\cdots,|A| \tag{5.46}$$

$$z_{t}=(z_{1},z_{2},\cdots,z_{n})^{T}\in\{0,1\}^{n}; \quad t=1,2,\cdots,|A| \tag{5.47}$$

3）与主动打断项目组合选择风险相关约束

利润实现缺乏率 v_{j} 和项目 j 在备选项目集合 Ω 中的权重因子的范围可用下列不等式表示：

$$0\leqslant v_{j}\leqslant 1; \quad j=1,2,\cdots,|\Omega| \tag{5.48}$$

$$0\leqslant \varpi_{j}\leqslant 1; \quad j=1,2,\cdots,|\Omega| \tag{5.49}$$

2. 企业风险态度模型

企业对风险的态度是指企业决策者对不确定情境的态度,也就是企业参与风险的程度,它直接影响着决策的结果,是风险研究的重要内容。通常情况下,企业风险态度可以分为风险偏好、风险中性和风险厌恶。

为了量化企业风险态度,本书用变量 ε 来表示企业风险态度指数。主动打断项目组合选择的风险会随着 ε 的不同而发生变化,考虑企业风险态度指数 ε 后,主动打断项目组合选择风险变为:

$$V^\varepsilon = V(1+\varepsilon) \quad (5.50)$$

企业风险态度指数 ε 的正负可以反映企业的风险态度:$\varepsilon>0$ 时,主动打断项目组合选择风险会增加,因此 $\varepsilon>0$ 表示风险偏好,且 ε 越大表示企业对风险的偏好程度越大;$\varepsilon=0$ 时,主动打断项目组合选择风险不发生变化,因此 $\varepsilon=0$ 表示风险中性;$\varepsilon<0$ 时,主动打断项目组合选择风险会减小,因此 $\varepsilon<0$ 表示风险厌恶,且 ε 越小表示企业对风险的厌恶程度越大。

本节将企业风险态度指数 ε 引入初始模型中,进而构建考虑企业风险态度的初始模型,即企业风险态度模型。企业风险态度模型同时考虑主动打断项目组合选择风险和企业风险态度,使得主动打断项目组合选择中的风险因素得到充分的考虑,较初始模型而言,企业风险态度模型更加完善。与初始模型相比,企业风险态度模型在主动打断项目组合选择风险的基础上,引入企业风险态度指数 ε。组合选择风险的表达式发生了变化,相应地,在约束条件中也增加了 ε 的相关约束。

设最优值为 W^ε,可得企业风险态度模型,如下所示:

$$\begin{aligned}
\max W^\varepsilon &= \mathrm{NPV}\left[1-V(1+\varepsilon)\right] \\
&= \left\{\sum_{t=1}^{|A|}K(t)(1+r)^{-t+1} + \sum_{j=1}^{|\Omega|}\sum_{t=1}^{|A|}b_j x_{jt}(1+r)^{-t} - \sum_{j=1}^{|\Omega|}\sum_{t=1}^{|A|}\left[s_j x_{jt} + k_j x_{jt}\right](1+r)^{-t+1}\right\} \\
&\quad \left[1 - \sum_{j=1}^{|\Omega|}\frac{z_j \varpi_j}{\sum_{j=1}^{|\Omega|} z_j \varpi_j} v_j z_j (1+\varepsilon)\right]
\end{aligned}$$

约束条件如下:

$$\sum_{t=1}^{\tau}K(t)(1+r)^{-t+1} + \sum_{j=1}^{|\Omega|}\sum_{t=1}^{\tau}b_j x_{jt}(1+r)^{-t} - \sum_{j=1}^{|\Omega|}\sum_{t=1}^{\tau}(s_j+k_j)y_{jt}(1+r)^{-t+1} \geqslant 0, \quad \tau = 1,2,\cdots,|A|$$

$$\sum_{j=1}^{|\Omega|} y_{jt} \leqslant M;\quad t = 1,2,\cdots,|A|$$

$$\sum_{j=1}^{|\Omega|} z_j = N,\quad j = 1,2,\cdots,|\Omega|$$

$$\alpha_{jt} y_{jt} \leqslant x_{jt} \leqslant \beta_{jt} y_{jt}, \quad y_{jt} \in \{0,1\}; \quad j=1,2,\cdots,|\Omega|; \quad t=1,2,\cdots,|A|$$

$$\sum_{t=1}^{|A|} x_{jt} = z_{jt}; \quad j=1,2,\cdots,|\Omega|$$

$$x_t = (x_{1t}, x_{2t}, \cdots, x_{nt})^T \in R^n; \quad t=1,2,\cdots,|A|$$

$$y_t = (y_{1t}, y_{2t}, \cdots, y_{nt})^T \in \{0,1\}^n; \quad t=1,2,\cdots,|A|$$

$$z_t = (z_1, z_2, \cdots, z_n)^T \in \{0,1\}^n; \quad t=1,2,\cdots,|A|$$

$$y_{j1} = 0, \sum_{t=1}^{\tau-1} x_{it} \geqslant y_{j\tau}; \quad (i,j) \in \xi; \quad \tau=2,3,\cdots,|A|$$

$$\varepsilon \in [a,b]$$

在初始模型中引入企业风险态度后,得到的企业风险态度模型更为灵活,该模型兼顾了主动打断项目组合收益、组合风险及企业风险态度三个方面,可以在满足组合收益的前提下,使企业决策者充分考虑决策环境中的风险因素——组合利润实现缺乏率和企业风险态度。

在理性的企业风险态度变化范围 $[a,b]$ 内,企业决策者不但可以考虑利润实现缺乏率,还能根据企业风险态度来决定 ε 的正负和大小,从而可以获得不同风险态度下的最优项目组合。

3. 简化模型

企业风险态度模型考虑的是复杂情况,其组合风险的表达方式较为烦琐。实际情况中,在进行最终的决策前要先展开初步的项目筛选,进而得到备选方案 Ω。因此,Ω 中的项目都符合初步筛选的标准,不存在违背国家法规、经济效益差等不良项目。

这种情况下,Ω 中的项目就具有一定的相似性,这使得我们不需要花很多人力、物力、财力去计算 ϖ_j,可以直接令 $\varpi_j = 1/|\Omega|$。此外,一般情况下决策者在选择前就已确定了要选择项目的数量 N。

于是可知,当项目 j 未入选时,ω_j 为零,对最优项目组合的组合选择风险没有影响;而当项目 j 入选时,ω_j 表示如下:

$$\omega_j = \frac{z_j \varpi_j}{\sum_{j=1}^{n} \varpi_j z_j} = \frac{\frac{1}{|\Omega|}}{N \cdot \frac{1}{|\Omega|}} = \frac{1}{N} \tag{5.51}$$

因此,可以得出以下结论:当 $\varpi_j = 1/|\Omega|$ 时,$\omega_j = 1/N$,此时的主动打断项目组合选择风险为

$$V = \frac{1}{N} \cdot \sum_{j=1}^{|\Omega|} v_j z_j \qquad (5.52)$$

此时，考虑企业风险态度后，$V(1+\varepsilon)$ 可表示为

$$V(1+\varepsilon) = \frac{(1+\varepsilon)}{N} \cdot \sum_{j=1}^{|\Omega|} v_j z_j \qquad (5.53)$$

除去 ϖ_j 的范围约束，本节要构建的简化模型与企业风险态度模型的约束条件相同。设最优值为 W，故可得到兼顾组合风险和企业风险态度的主动打断项目组合选择的简化模型如下：

$$\begin{aligned} \max W &= \mathrm{NPV}\left[1 - V(1+\varepsilon)\right] \\ &= \left\{ \sum_{t=1}^{|A|} K(t)(1+r)^{-t+1} + \sum_{j=1}^{|\Omega|}\sum_{t=1}^{|A|} b_j x_{jt}(1+r)^{-t} - \sum_{j=1}^{|\Omega|}\sum_{t=1}^{|A|}\left[s_j y_{jt} + k_j x_{jt}\right](1+r)^{-t+1} \right\} \\ &\quad \left[1 - \frac{(1+\varepsilon)}{N}\sum_{j=1}^{|\Omega|} v_j z_j\right] \end{aligned}$$

约束条件如下：

$$\sum_{t=1}^{\tau} K(t)(1+r)^{-t+1} + \sum_{j=1}^{|\Omega|}\sum_{t=1}^{\tau} b_j x_{jt}(1+r)^{-t} - \sum_{j=1}^{|\Omega|}\sum_{t=1}^{\tau}(s_j + k_j)y_{jt}(1+r)^{-t+1} \geqslant 0, \quad \tau = 1,2,\cdots,|A|$$

$$\sum_{j=1}^{|\Omega|} y_{jt} \leqslant M; \quad t=1,2,\cdots,|A|$$

$$\sum_{j=1}^{|\Omega|} z_j = N, \quad j=1,2,\cdots,|\Omega|$$

$$\alpha_{jt} y_{jt} \leqslant x_{jt} \leqslant \beta_{jt} y_{jt}, \quad y_{jt} \in \{0,1\}; \quad j=1,2,\cdots,|\Omega|; \quad t=1,2,\cdots,|A|$$

$$\sum_{t=1}^{|A|} x_{jt} = z_{jt}; \quad j=1,2,\cdots,|\Omega|$$

$$x_t = (x_{1t},x_{2t},\cdots,x_{nt})^{\mathrm{T}} \in R^n; \quad t=1,2,\cdots,|A|$$

$$y_t = (y_{1t},y_{2t},\cdots,y_{nt})^{\mathrm{T}} \in \{0,1\}^n; \quad t=1,2,\cdots,|A|$$

$$z_t = (z_1,z_2,\cdots,z_n)^{\mathrm{T}} \in \{0,1\}^n; \quad t=1,2,\cdots,|A|$$

$$y_{j1}=0, \sum_{t=1}^{\tau-1} x_{it} \geqslant y_{j\tau}; \quad (i,j)\in\xi; \quad \tau=2,3,\cdots,|A|$$

$$\varepsilon \in [a,b]$$

简化模型考虑的风险因素比较全面，且较为简洁，实用性较强。因此，简化模型是研究的重点，对 A 企业项目组合选择进行实例分析时运用的就是简化模型。

本节给出了三个考虑主动打断项目组合选择风险的模型，即初始模型、企业风险态度模型和简化模型。三个模型虽然不同，但它们之间存在一定的联系。为了便于理解，接下来，对三种模型进行简要分析，并给出企业风险态度模型和简化模型之间的逻辑关系。

（1）从初始模型到简化模型，步步推进。前一个模型是后一个模型构建的基础，后一个模型是前一个模型进化的结果。具体而言，企业风险态度模型是在初始模型的基础上考虑了企业风险态度；简化模型是在企业风险态度模型的基础上做了简化处理。

（2）在三种模型中，初始模型只考虑了利润实现缺乏率却没有考虑企业风险态度，企业风险态度模型和简化模型同时考虑了利润实现缺乏率和企业风险态度。其中，企业风险态度模型较为复杂，而简化模型考虑因素全面且贴合实际。

（3）企业风险态度模型和简化模型存在一定的逻辑关系，即简化模型是初始模型的一个特殊情形，而初始模型是简化模型更为一般化的形式。换言之，简化模型是企业风险态度模型在 $\varpi_j = 1/|\Omega|$ 时的特殊情况。

（4）值得强调的是，简化模型更为简洁全面，是本节研究的重点。

5.3.3 实例分析

A 企业是一家多栖发展的制造型企业，为了拓展企业的市场份额，扩大经营规模，该企业计划投入一组新的项目。当下，A 企业在项目组合选择中面临的难题有：一方面，A 企业的资金和各种资源都有限，而且项目都存在一定的风险，因而所选项目组合中项目的数量和资源配置都要满足特定的条件；另一方面，候选项目的数量较多，不能直观地看出项目之间的差别，无法很好地选出最优的项目组合。

基于这种情况，本节将对 A 企业的项目组合选择问题进行分析，以期给出最适合 A 企业发展的项目组合。经过初步筛选，得到 10 个可供 A 企业选择的备选项目，即 $|\Omega|=10$。又知所有项目的计划投资期分为 4 个时间段，即 $T=4$。企业每个阶段可从外部获得一些用于项目组合执行的资金 $K(t)$，如表 5.15 所示。

表5.15 初始投资　　　　　　　　　　　　　　　　单位：亿元

时间段 t	1	2	3	4
$K(t)$	1.00	0.66	0.82	0.55

由表 5.15 可知，A 企业在项目组合执行的规划周期内，每个时间段可从外部获得的项目组合执行资金 $K(t)$ 分别为 1.00 亿元、0.66 亿元、0.82 亿元、0.55 亿元。

根据主动打断项目组合选择的需要，专家小组通过分析历史数据，采用统计分析中的贝叶斯估计法，对每个备选项目的基本情况进行预测。于是可得项目 j 的投资 k_j、收益 b_j、生产准备成本 s_j（表 5.16），项目 j 的利润实现缺乏率 v_j 和执行比例上下界 α_{jt}、β_{jt} 如表 5.17 所示。

表5.16 项目的投资 k_j、收益 b_j 及生产准备成本 s_j　　　单位：亿元

项目 j	投资 k_j	收益 b_j	生产准备成本 s_j	项目 j	投资 k_j	收益 b_j	生产准备成本 s_j
项目 1	0.932	1.140	0.024	项目 6	0.854	1.018	0.022
项目 2	0.700	0.860	0.030	项目 7	0.376	0.624	0.048
项目 3	0.520	0.688	0.058	项目 8	1.244	1.662	0.026
项目 4	1.190	1.626	0.050	项目 9	0.560	0.792	0.028
项目 5	1.270	1.500	0.034	项目 10	0.500	0.628	0.080

表5.17 项目的利润实现缺乏率 v_j 及执行比例上下界 α_{jt}、β_{jt}

项目 j	利润实现缺乏率 v_j	执行比例 下界 β_{jt}	执行比例 上界 α_{jt}	项目 j	利润实现缺乏率 v_j	执行比例 下界 β_{jt}	执行比例 上界 α_{jt}
项目 1	0.06	0.10	0.90	项目 6	0.05	0.10	0.70
项目 2	0.05	0.15	0.85	项目 7	0.20	0.25	0.90
项目 3	0.10	0.10	0.90	项目 8	0.20	0.20	0.90
项目 4	0.20	0.15	0.85	项目 9	0.15	0.15	0.85
项目 5	0.15	0.20	0.85	项目 10	0.10	0.10	0.85

值得注意的是，与不可打断执行项目相比，可打断项目被打断执行时会产生一定的运营成本，本节用生产准备成本 s_j 来表示打断引起的运营成本，且每打断执行一次，生产准备成本 s_j 就会增加一次。由表 5.16 可知，不同项目的类型和规

模不同，其生产准备成本 s_j 也各不相同。

专家打分小组在有效分析历史经验、历史数据和市场预测数据的基础上，得出项目 j 在预期时间内的利润实现率为 $(1-v_j)$，进而可得项目 j 的利润实现缺乏率 v_j。此外，由于项目 j 是打断执行，受资金和资源约束及项目 j 自身条件的限制，每个项目的执行比例也要控制在合理的范围内，且不同的项目执行比例上下界 α_{jt}、β_{jt} 不尽相同。除上述给出的数据以外，与项目组合选择相关的数据还包括以下四方面。

其一，受 A 企业可用资源和资金的限制，每个时间段执行项目的数量要控制在 A 企业可承受能力的范围内，故令 $M=2$。

其二，在 A 企业的 10 个备选项目中，有两组项目存在紧前关系，项目 5 完成后项目 7 才能开始执行，项目 1 完成后项目 5 才能开始执行，因此，紧前关系集合为 $\xi=\{(5,7),(1,5)\}$。

其三，为了符合 A 企业实际决策情况，A 企业风险态度指数 ε 的变化范围为 $[-50\%, 50\%]$。

其四，进行项目组合选择前，要明确市场利率的大小，r 为 6%。

1. 不考虑企业风险态度的最优解及结论

不考虑企业风险态度时，主动打断项目组合选择模型得到的解是唯一的，且最为客观。为了体现简化模型和原模型①求得的项目组合的具体区别，本节不考虑企业风险态度，即令 $\varepsilon=0$。

1）简化模型的最优解

本节用考虑组合利润实现缺乏率和企业风险态度的简化模型对 A 企业的备选项目进行选择，通过 GAMS/BARON 进行求解，易得简化模型的最优解如表 5.18 所示。

表5.18 不考虑企业风险态度时简化模型的最优解

时间段 t	1	2	3	4
执行的项目及执行比例	1（0.586）	1（0.414）	3（0.900）	3（0.100）
	7（0.750）	6（0.700）	6（0.300）	7（0.250）
最优值 W/亿元		3.004		

---

① 为了便于描述，将不考虑风险因素的主动打断项目组合选择模型简称为原模型。

由表 5.18 可知，简化模型得出的项目组合的实际收益 W 为 3.004 亿元，此时共执行 4 个项目，为项目 1、项目 3、项目 6、项目 7。各个入选项目的执行时间段和执行比例分别为：第 1 时间段执行项目 1 和项目 7，执行比例分别为 58.6% 和 75%；第 2 时间段执行项目 1 和项目 6，执行比例分别为 41.4% 和 70%；第 3 时间段执行项目 3 和项目 6，执行比例分别为 90% 和 30%；第 4 时间段执行项目 3 和项目 7，执行比例分别为 10% 和 25%。

2）原模型的最优解

原模型即主动打断项目组合选择模型，其目标函数为项目组合净现值。将 A 企业的相关数据代入，利用 GAMS/BARON 求解可得原模型的最优解如表 5.19 所示。

表5.19 不考虑企业风险态度时原模型的最优解

时间段 t	1	2	3	4
执行的项目	5（0.56）	9（0.80）	5（0.44）	9（0.20）
及执行比例	8（0.10）	10（0.85）	8（0.90）	10（0.15）
净现值/亿元		3.179		

由表 5.19 可知，原模型得出的净现值为 3.179 亿元，此时共执行 4 个项目，为项目 5、项目 8、项目 9、项目 10，入选项目在各阶段的执行比例也可知。

3）最优解的对比分析

为了便于比较和区别不考虑企业风险态度时的简化模型和原模型，用字母来代表两种模型的项目组合选择风险、最优值（即组合收益）及单位风险收益。

U 表示主动打断项目组合的单位风险收益，U_1 表示原模型的单位风险收益，U_2 表示简化模型的单位风险收益。

W 表示主动打断项目的组合收益，W_1 表示原模型的组合收益，W_2 表示简化模型的组合收益。

V 表示主动打断项目的组合选择风险，V_1 表示原模型的组合选择风险，V_2 表示简化模型的组合选择风险。

为了验证主动打断项目组合选择风险研究的必要性，本部分将对比表 5.18 和表 5.19 中的数据，进而对原模型和不考虑企业风险态度时的简化模型的最优解进行比较分析，主要从组合选择风险、最优值及单位风险收益三个方面展开。

（1）组合选择风险。根据简化后的组合选择风险的表达式 $V = \dfrac{1}{N} \cdot \sum\limits_{j=1}^{|\Omega|} v_j z_j$，可计算原模型和简化模型的组合风险 V_1 和 V_2，分别如下：

$$V_1 = 1/4(v_5 + v_8 + v_9 + v_{10}) = 0.1500$$

$$V_2 = 1/4(v_1 + v_3 + v_6 + v_7) = 0.102\ 5$$

为了便于比较，绘制柱状图，如图 5.7 所示。

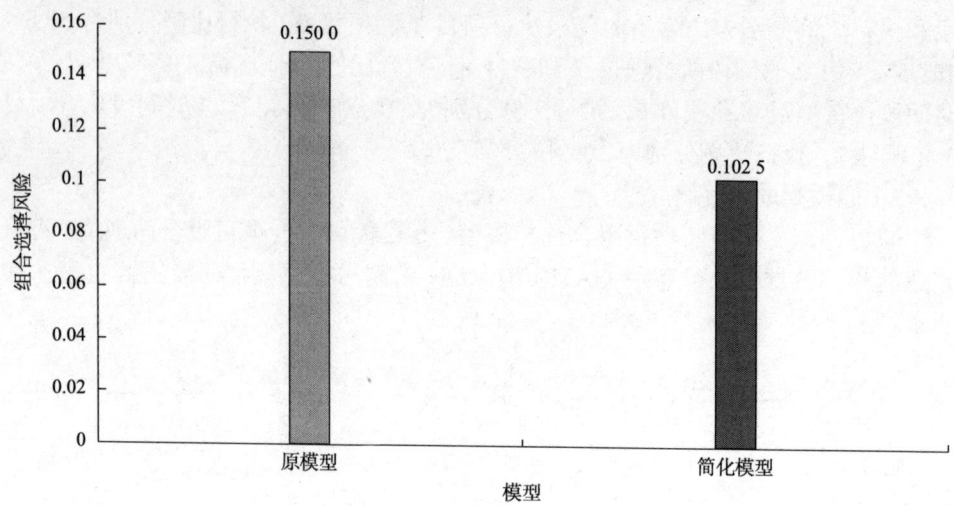

图 5.7　组合选择风险对比

由图 5.7 可知，原模型的组合选择风险大于简化模型，两者做比，可得：$0.150\ 0 / 0.102\ 5 \approx 1.46$。

原模型得到的组合选择风险比简化模型高出约 46%，可见通过简化模型得到的最优项目组合的组合选择风险较低，而通过不考虑组合选择风险的原模型做出的决策组合选择风险偏大。

这说明主动打断项目组合选择风险直接影响了项目组合选择的结果，与原模型得到的最优项目组合比较可知，利用简化模型进行项目组合选择可以选出风险较小的项目组合。

（2）最优值。对比表 5.18 和表 5.19 可知，无论是入选项目还是项目的执行比例，简化模型较原模型都发生了显著的变化。

尤其需要注意的是，表面上看简化模型得到的最优值减少了，但根据原模型最优值表达式可知，原模型不考虑利润实现缺乏率引起的亏损，其净现值不能完全实现。

因此，如果按原模型的最优解进行决策，企业最终得到的组合收益为 $W_1 = \text{NPV}(1-V_1) = 2.702$，明显小于简化模型的最优值 $W_2 = 3.004$，也即简化模型的组合收益。

根据两个模型得到的项目组合选择的组合收益绘制柱状图，如图 5.8 所示。

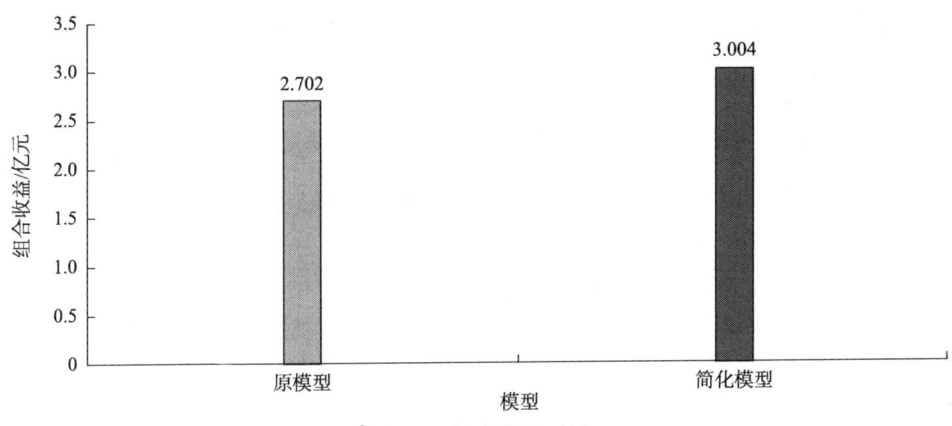

图 5.8 组合收益对比

由图 5.8 可知，简化模型的组合收益大于原模型，其所选的项目组合更优。原模型不考虑风险因素，其最优值不能完全实现。

这说明通过原模型得到的最优解并不可靠，该最优解不但不是最优的，其组合收益也不能完全实现，是虚假的，会对企业造成误导，从而验证了研究主动打断项目组合选择风险的必要性。

（3）单位风险收益。在本节探讨的项目组合选择问题中，既有代表组合收益的 W，又有度量风险的组合选择风险因子 V，故可利用单位风险收益最大化的原则对改善前后的模型进行比较，这种比较方法可以同时考虑项目组合的收益和风险，比较全面。

于是，可得 U_1 和 U_2 分别如下：

$$U_1 = W_1 / V_1 = 2.702 / 0.150\ 0 \approx 18.01$$
$$U_2 = W_2 / V_2 = 3.004 / 0.102\ 5 \approx 29.31$$

根据两个模型得到的项目组合的单位风险收益 U_1 和 U_2 绘制柱状图，如图 5.9 所示。

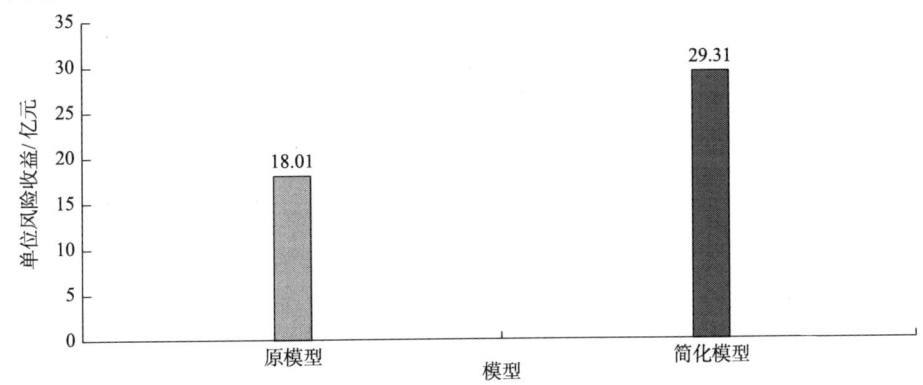

图 5.9 单位风险收益对比

由图 5.9 可知，简化模型得到的单位风险收益明显高于原模型，两者做比，可得：

$$29.31/18.01 \approx 1.63$$

简化模型的单位风险收益较原模型增加约 63%，单位风险收益得到了很大的提升。这说明简化模型得到的最优项目组合可以兼顾主动打断项目组合选择风险和组合收益，进而使得单位风险收益较大。

综合上述三方面，不考虑企业风险态度时，与原模型的最优项目组合相比较，通过简化模型所得的最优项目组合的组合选择风险、组合收益、单位风险收益都有明显的优势。

这主要是由于简化模型在选择项目组合时，兼顾了项目的收益和利润实现缺乏率，进而能够选出组合风险较低且组合收益较高的项目。原模型只考虑项目组合的净现值收益，忽略了利润实现缺乏率的存在，其得到的项目组合的组合选择风险较大，且收益不能完全实现，会对企业造成误导。

2. 考虑企业风险态度的最优解及结论

本部分将对不同企业风险态度下的简化模型和原模型得到的最优解进行求解，并进行对比分析，进而验证考虑企业风险态度的必要性，以及简化模型的合理性和优越性，同时得出与企业风险态度相关的结论。

根据 A 企业项目组合选择相关的数据，可知 A 企业风险态度指数 ε 的变化范围为 [-50%, 50%]，令企业风险态度指数 ε 分别等于 -50%、-40%、-30%、-20%、-10%、10%、20%、30%、40%、50%。其中，-50%、-40%、-30%、-20%、-10% 表示企业风险厌恶态度，ε 越小，A 企业对风险的厌恶程度越大；10%、20%、30%、40%、50% 表示企业风险偏好态度，ε 越大，A 企业对风险的偏好程度越大。

1) 简化模型的最优解

根据简化模型及 A 企业项目组合选择的实际数据，利用 GAMS/BARON 可求出简化模型在企业风险态度指数 ε 取不同值时的最优解，对应的组合选择风险、组合收益、单位风险收益也不相同，如表 5.20 所示。

表5.20 不同企业风险态度下简化模型所得的 V、W、U 值

ε	V	W /亿元	U /亿元
-50%	0.050	3.181	63.62
-40%	0.060	3.042	50.70
-30%	0.089	3.061	34.39
-20%	0.102	3.046	29.86
-10%	0.081	3.033	37.44

第 5 章　可打断项目组合选择问题的拓展研究

续表

ε	V	W /亿元	U /亿元
0	0.1025	3.004	29.31
10%	0.099	2.908	29.37
20%	0.123	2.851	23.18
30%	0.150	2.813	18.82
40%		不执行	
50%		不执行	

值得注意的是，在企业风险态度指数 ε 取 40%和 50%时，用简化模型得不到满足主动打断项目组合全部条件的最优决策。

2）原模型的最优解

与简化模型不同，由于原模型不考虑风险因素，无论企业风险态度如何变化，原模型求得的最优解（项目 5，项目 8，项目 9，项目 10）都不会改变。对应地，原模型所得的净现值收益和 V_1 也不变。

值得注意的是，考虑企业风险态度后，原模型的组合选择风险会随企业风险态度发生变化，组合选择风险变为 $V_1(1+\varepsilon)$，组合收益变为 $W_1 = \mathrm{NPV}[1-V_1(1+\varepsilon)]$，单位风险收益变为 $U_1 = W_1/[V_1(1+\varepsilon)]$。不同企业风险态度下，利用原模型所得的 V、W、U 值如表 5.21 所示。

表5.21　不同企业风险态度下原模型所得的 V、W、U 值

ε	V	W /亿元	U /亿元
−50%	0.075	2.941	39.21
−40%	0.090	2.893	32.14
−30%	0.105	2.845	27.10
−20%	0.120	2.798	23.31
−10%	0.135	2.750	20.37
0	0.150	2.702	18.01
10%	0.165	2.654	16.09
20%	0.180	2.607	14.48
30%	0.195	2.559	13.12
40%	0.210	2.511	11.96
50%	0.225	2.464	10.95

3）最优解的对比分析

根据表 5.20 和表 5.21，可分别绘制组合选择风险 V、组合收益 W 及单位风险收益 U 随企业风险态度指数变化的折线，即组合选择风险变化折线（图 5.10）、

组合收益变化折线（图 5.11）和单位风险收益变化折线（图 5.12）。

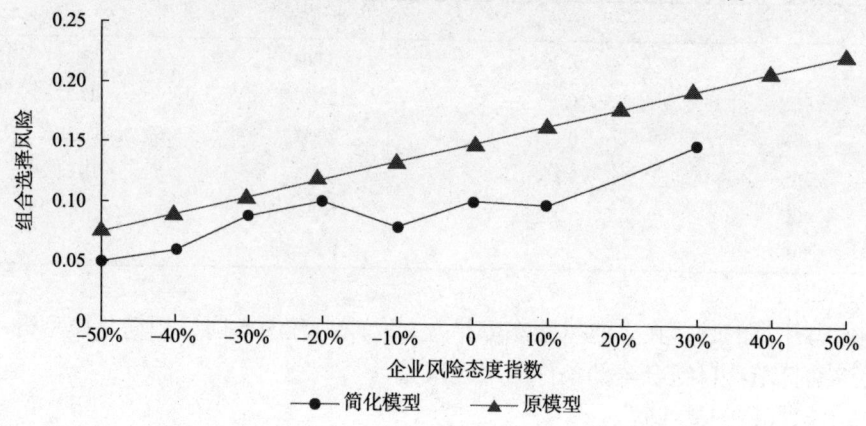

图 5.10　组合选择风险变化

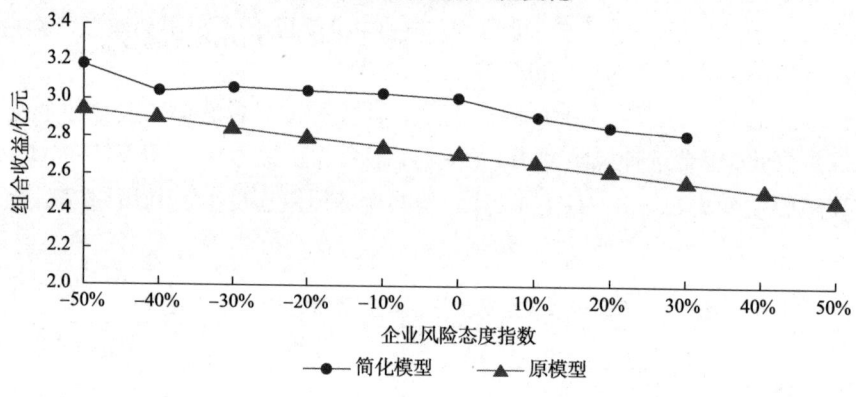

图 5.11　组合收益变化

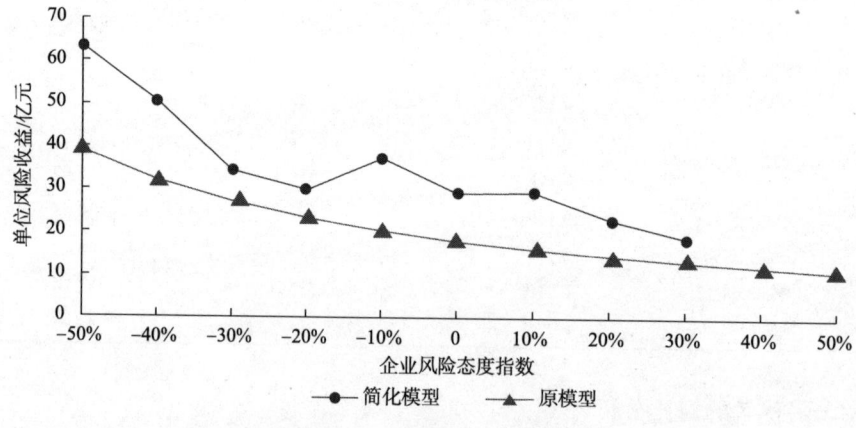

图 5.12　单位风险收益变化

分析对应图表和数据可知，企业风险态度对原模型和简化模型的最优解都有显著的影响，进而验证了研究企业风险态度的必要性。然而，值得注意的是，两种模型的最优解受企业风险态度的影响又各不相同。

接下来，从以下几方面进行分析。

(1) 原模型和简化模型的组合选择收益、组合风险及单位风险收益的比较。

根据图 5.10、图 5.11、图 5.12 中两条曲线位置的高低，可以看出，无论企业风险态度如何变化，简化模型的组合收益 W_2 和单位风险收益 U_2 均高于原模型，而简化模型的组合选择风险 V_2 低于原模型。这再次验证了研究主动打断项目组合选择风险因素的必要性，以及简化模型的可行性和优越性。

这说明其他条件一定时，无论企业采取什么样的风险态度，兼顾主动打断项目组合选择风险和企业风险态度的简化模型得到的最优解都优于原模型。

(2) 企业风险态度对两种模型最优解的影响。

观察图 5.10、图 5.11、图 5.12 的曲线走势可知，无论是简化模型还是原模型，随着企业风险态度指数 ε 的增加，组合选择风险呈增加趋势，而组合收益和单位风险收益呈减小趋势，即出现了风险越大收益反而越小的奇怪现象。

需要指出的是，之所以会出现这种现象，是因为本书考虑的组合选择风险代表的是项目组合利润实现缺乏率，项目组合利润实现缺乏率的增加使得项目组合利润实现率减小，故组合收益和单位风险收益都会随之降低。

(3) 企业应持的风险态度。

此外，从图 5.11 和图 5.12 可以看出，$\varepsilon>0$ 时原模型和简化模型的组合收益和单位风险收益都要低于 $\varepsilon<0$ 时。这说明在主动打断项目组合选择中，当风险表示利润实现缺乏率时，企业采取风险厌恶态度时获得的收益比风险偏好态度时大。故在主动打断项目组合选择中，当风险表示利润实现缺乏率时，企业采取风险厌恶态度获得的风险收益较大。

值得注意的是，并不是风险厌恶程度越大收益就越大，应当具体情况具体分析。在本例中，$\varepsilon=-50\%$ 时，企业获得的组合收益和单位风险收益最大，$\varepsilon=-40\%$ 时次之。这是由于主动打断项目组合选择受资源约束、项目执行顺序、打断执行比例等多种约束条件的限制，其选择结果不会仅受企业风险态度影响。

(4) 对不执行项目的分析。

另外需要注意的是，简化模型在 $\varepsilon=40\%$ 和 $\varepsilon=50\%$ 时无解，此时简化模型的最优选择为不执行，即放弃了高风险、低收益的项目组合选择。原模型在 $\varepsilon=40\%$ 和 $\varepsilon=50\%$ 时却仍然执行，还营造了收益较大的假象，对企业造成了严重的误导。

这是由于原模型不考虑企业风险态度，对风险反应不灵敏，不能及时规避高风险的项目组合。这说明当企业的风险偏好程度较大时，简化模型可以通过不执行项目组合选择，来及时阻止决策者的错误投资，对企业有战略性意义。

通过本节的案例分析，A 企业决策者可以充分考虑决策环境中的风险因素，得到兼顾收益和风险的主动打断项目组合。通过分析 A 企业在不同企业风险态度下得到的最优项目组合，除得出的最优项目组合选择外，还给出了三个对 A 企业有实际帮助的建议：①充分利用现有数据给出项目的利润实现缺乏率和企业风险态度的变化范围，进一步用组合选择风险和单位风险收益控制风险并评定企业效益；②考虑利润实现缺乏率时，A 企业应当采取风险厌恶的风险态度；③尽可能精确地给出企业风险态度指数的变动范围，尤其是企业风险态度指数的下限，可以选择该范围内组合收益较大时的企业风险态度。

此外，基于考虑风险因素的主动打断项目组合选择研究内容，以及 A 企业主动打断项目组合选择的实例分析，本节进一步对大量随机算例进行研究分析，并得到以下结论。

结论 5.1 其他条件不变时，同一企业风险态度下，本节构建的简化模型的最优解始终优于原模型（即不考虑风险因素的主动打断项目组合选择模型）。

解释如下：原模型在进行项目组合选择时没有考虑项目利润实现缺乏率，忽略了风险造成的损失，因而由原模型得到的项目组合不但收益不能完全实现，风险也相对较大；简化模型在做决策时，充分考虑并利用了项目组合利润实现缺乏率，能选出收益较大而风险较小的项目。

结论 5.2 当风险表示利润实现缺乏率时，企业采取风险厌恶态度时获得的组合收益较大，但并不是风险厌恶程度越大收益越大。故此时企业应当采取风险厌恶态度，但要具体情况具体分析。

解释如下：用利润实现缺乏率来表示风险，企业采取风险厌恶态度时项目组合利润实现缺乏率会减少，进而使得收益增加；采取风险偏好态度则会增加项目组合利润实现缺乏率，进而使得收益减少。但是，除企业风险偏好以外，项目组合收益还受具体项目的风险大小的影响，因而并不是风险厌恶程度越大越好。

结论 5.3 当风险表示利润实现缺乏率时，企业风险偏好程度不宜过大，当企业风险偏好程度增大到一定程度时，简化模型的最优决策为不执行，进而能够及时规避高风险、低收益的项目组合选择方案。

解释如下：当企业风险偏好程度增加时，项目组合利润实现缺乏率随之增加，风险造成的损失也会不断增加，损失增加到一定程度时就不能得到满足项目组合选择的条件，故此时模型的最优决策为不执行，强行选择会造成资源浪费，甚至给企业带来亏损。

5.4 资源约束下双目标可打断项目组合选择

5.4.1 双目标的提出

现有的项目组合选择问题研究以单一经济目标为主,而在企业实际运营过程中,决策者通常希望能够同时考虑多个目标以获得最优决策。而且单一经济目标往往不一定能够满足企业长期发展战略,企业的决策者必须综合多方面的因素来选择最适合的项目组合。因此,本节提出了项目组合选择问题的效用目标。

根据以往的研究,在项目组合选择问题中,对投资决策造成影响的除了项目的经济指标之外,还有项目的风险性和项目的可行性。项目的风险性贯穿项目执行过程。为了同时兼顾这两个方面的影响,本节把项目的风险性和可行性综合为效用来进行分析(魏涵静,2015)。

1. 项目风险性分析

对风险的研究从 18 世纪就开始了,项目风险是指无法预料却有可能发生的问题,它们如果在不合适的时间、地点发生,就会导致项目活动延迟或失败,导致预算超支,或无法将预期质量的产品或可交付成果给客户(朱方伟和宋金波,2012)。

风险的产生源于客观事件的不确定性,在项目的整个生命周期中存在很多不确定的情况,如国家政策的改变、自然灾害的发生及市场价格的波动性等,这些都是风险的来源。同时,由于事件的不确定性,人们对于现在和未来事件的信息总是不能完全掌握的,根据这些信息做出的决策也带有不确定性。

对于项目风险的识别主要分为三步:第一步,收集资料;第二步,估计风险形式;第三步,根据直接或者间接的症状将潜在的风险识别出来。

在收集资料阶段,资料和数据能否收集到、是否完整都会影响项目风险识别工作的质量高低。

在估计风险形式阶段需要明确项目的目标、战略、战术及实现项目目标的手段和资源,目的是确定项目及其环境的变数。此外,还需要明确项目的前提和假设。有些前提和假设,在制定项目规划时,常常没有考虑到。对项目前提和假设的明确可以减少很多不必要的风险分析工作。对资金和时间的预算是主要的手段和资源,了解项目有多少可以动用的资源对于实施战术,进而实现战略意图和项目目标是非常有必要的。

在风险识别阶段,需要对制订的项目计划、项目假设条件和约束因素、与本项目具有可比性的已有项目的文档及其他信息进行综合会审。也可以从原因查结果,反过来从结果找原因。

2. 项目可行性研究

项目可行性研究是通过对项目的主要内容和配套条件进行分析,如市场需求、资源供应、建设规模、工艺路线、环境影响、资金筹措、营利能力等,从技术、经济等方面进行调查研究和分析,并对项目建成及以后可能取得的财务、经济效益及社会环境影响进行预测,从而得出该项目是否值得投资和如何实施的咨询意见(胡章喜,2010)。

项目可行性研究是专门为决定某一特定项目是否可行,而在实施前进行调查研究及全面的经济分析论证,为项目决策提供科学依据的一种科学分析方法,以此来考察项目经济上的合理性、营利性、技术上的先进性、适用性、实施上的可行性、风险性。

项目可行性研究是项目决策、审批、投融资的基础,也是项目实施的重要依据。要想起到上述作用,项目可行性研究应遵循客观性、系统性和实效性三个基本原则。

5.4.2 模型建立

1. 效用目标的项目组合选择模型

本节把项目风险性和可行性指标综合为效用,以此建立以效用为目标的项目组合选择模型。用 F_2 表示模型的效用目标。

$$\max F_2 = \sum_{j=1}^{n} \left(\sum_{q=1}^{Q} w_q h_{jq} \right) z_j \quad (5.54)$$

$$\sum_{j=1}^{n} z_j \leq N \quad (5.55)$$

其中,z_j 表示 0-1 变量,如果在整个投资规划周期内项目 j 被选择,则 $z_j = 0$,反之 $z_j = 1$;E 表示评价标准的集合,评价标准 $q \in E$,$q = 1, 2, \cdots, Q$,Q 表示评价标准的数量;w_q 表示决策者在评价标准 q 上的偏好程度;h_{jq} 表示决策者对项目 j 在评价标准 q 上的打分;N 表示整个投资期内可选择项目的最大数量。

2. 双目标的项目组合选择模型

该模型不仅考虑了符合企业发展战略的双目标，也给出了项目选择过程中的各种约束。

$$\max F_1 = K(0) + \sum_{\tau=1}^{T-1}\left\{K(\tau) + \sum_{j=1}^{n}\left[c_j x_{j\tau} - s_j y_{j(\tau+1)} - k_j x_{j(\tau+1)}\right]\right\}(1+r_0)^{-\tau}$$

$$- \sum_{j=1}^{n} s_j y_{j1} - \sum_{j=1}^{n} k_j x_{j1} + \sum_{j=1}^{n} c_j x_{jT}(1+r_0)^{-T}$$

$$\max F_2 = \sum_{j=1}^{n}\left(\sum_{q=1}^{Q} w_q h_{jq}\right) z_j$$

约束条件如下：

$$\alpha_j y_{jt} \leqslant x_{jt} \leqslant \beta_j y_{jt}, \quad j=1,2,\cdots,n; \quad t=1,2,\cdots,T$$

$$y_{j1} = 0, \quad \sum_{\tau=1}^{t-1} x_{i\tau} \geqslant y_{jt}, \quad j=1,2,\cdots,n; \quad t=1,2,\cdots,T$$

$$\sum_{j=1}^{n} r_{jm} z_j \leqslant G_m, \quad m=1,2,\cdots,M$$

$$\sum_{j=1}^{n} e_{jp} x_{jt} \leqslant l_{pt}, \quad p=1,2,\cdots,P, \quad t=1,2,\cdots,T$$

$$\sum_{j=1}^{n} z_j \leqslant N$$

$$\sum_{j=1}^{n} y_{jt} \leqslant M_t, \quad t=1,2,\cdots,T$$

$$\sum_{\tau=1}^{T} x_{jt} = z_j, \quad j=1,2,\cdots,n$$

$$K(0) + \sum_{\tau=1}^{t}\left(k(\tau) + \sum_{j=1}^{n}\left[c_j x_{j\tau} - s_j y_{j(\tau+1)} - k_j x_{j(\tau+1)}\right]\right)(1+r_0)^{-\tau} - \sum_{j=1}^{n} s_j y_{j1} - \sum_{j=1}^{n} k_j x_{j1} \geqslant 0$$

$$x_t = (x_{1t}, x_{2t}, \cdots, x_{nt}) \in R^n, \quad t=1,2,\cdots,T$$

$$y_t = (y_{1t}, y_{2t}, \cdots, y_{nt}) \in \{0,1\}^n, \quad t=1,2,\cdots,T$$

$$z = (z_1, z_2, \cdots, z_n) \in \{0,1\}^n$$

3. 双目标求解方法研究

双目标求解方法属于多目标决策方法的一种。多目标决策方法是在系统规划、制造等阶段为解决当前或未来可能发生的问题，在一些备选方案中选择和决定最佳方案的过程。现在的社会，决策者所面临的系统决策问题往往是多目标的，各个目标之间存在着相互竞争和矛盾，这样一来就使得决策过程变得相当复杂，导致决策者往往很难做出决策，于是出现了多目标决策的理论和方法。

在多目标决策问题中，决策的目的在于使决策者获得最满意的方案。从数学规划的角度来看，多目标决策问题是一个向量优化问题或者多目标优化问题。多目标优化的解与单目标优化的解是不同的。在单目标优化问题中，任何两个函数的解，只需要比较它们的函数大小，总可以从中找到一个最优解，而多目标优化问题的解是非劣解，并且不是唯一的，孰优孰劣，很难直接做出判断。因此，多目标决策问题由向量优化问题的"非劣解"来决定，也称为帕累托最优解。帕累托最优状态是指资源分配的一种理想状态，假定固有的一群人和可分配的资源，从一种分配状态到另一种分配状态的变化中，在没有使任何人境况变坏的前提下，使得至少一个人变得更好。

双目标求解方法有很多，根据双目标项目组合选择模型的特点，本节采用主要目标法求解。主要目标法也叫约束法。具体来讲，约束法是根据决策者的偏好，选择一个主要目标，再将其他目标放到约束条件中。

设有 M 个目标 $f_1(x), f_2(x), \cdots, f_m(x)$，$x \in R$，均要求为最优，但在这 M 个目标中有一个是主要目标，如 $f_1(x)$，并要求其为最大。在这种情况下，只要使其他目标值处于一定的数值范围内，即

$$f_i' \leqslant f_i(x) \leqslant f_i'', \quad i = 2, 3, \cdots, m$$

就可把多目标决策问题转化为下列单目标决策问题：

$$\max_{x \in R'} f_1(x)$$

$$R' = \{x | f_i' \leqslant f_i(x) \leqslant f_i'', \ i = 2, 3, \cdots, m; \ x \in R\}$$

应用到双目标求解问题中，则可以把其中一个目标作为约束条件，在满足该条件的基础上，求得目标函数的最大值，反过来，当其中一个目标函数确定了，另一个目标函数的值也就可以确定，从而得出这两个目标的帕累托曲线，以此来选择合适的目标值。

对双目标项目组合选择模型来说，本节把效用目标作为约束条件放入模型中，先应用 GAMS 求出效用目标的最大值，然后将效用目标置于不同的数值范围内，求解净现值目标，当净现值目标的值确定了，就可以求出效用目标的准确值，由此可以得到双目标的帕累托曲线，而通过帕累托曲线企业可以根据自身的能力选择合适的净现值和效用值，从而选择出最适合企业自身的项目组合。

5.4.3 实例分析

A 公司是一家大型的制造型企业，该公司近期打算新上一批项目，但候选项目数量过多，因而不能很好地选择出项目组合。因此，本小节对 A 公司项目组合投资问题进行分析，希望能为 A 公司的决策者找到最适合投资的项目组合，同时也验证资源约束对可打断项目组合选择问题是否会造成影响。

A 公司目前可供选择的项目数量为 20 个，即 $n=20$；整个计划投资期分为 10 个时间段，即 $T=10$；企业投资决策者对每个项目完成时需要的投资和项目完成后获得的收益做出预测，如表 5.22 所示。

表5.22　每个项目的投资和收益　　　　　　　　　　　单位：万美元

项目 j	投资 k_j	收益 c_j	项目 j	投资 k_j	收益 c_j
项目 1	1 000	2 100	项目 11	700	1 300
项目 2	2 800	3 800	项目 12	700	1 000
项目 3	2 000	2 900	项目 13	1 100	2 700
项目 4	2 200	2 900	项目 14	2 200	3 800
项目 5	2 800	4 100	项目 15	2 200	2 800
项目 6	1 600	2 000	项目 16	900	1 300
项目 7	2 400	3 400	项目 17	2 200	3 000
项目 8	2 400	3 600	项目 18	1 700	2 700
项目 9	1 300	2 200	项目 19	600	1 200
项目 10	1 900	3 100	项目 20	1 500	2 100

当把项目看作可打断的，每个项目的生产准备成本 s_j 都为 100 万美元，项目每被打断一次，当它继续执行时，就要计算一次生产准备成本；由于 A 公司实际承受能力的限制，要求每个时间段内可执行项目的最大数量 $M_t=2$；考虑到项目是可打断的，那么每个时间段的执行比例会受到限制，为了使项目打断得更加明显，把每个时间段内项目执行比例的最大值定为 0.5，最小值定为 0.2，即 $\beta_{jt}=0.5$，$\alpha_{jt}=0.2$；投资决策者综合多方面因素决定整个计划投资期内所能执行项目的最大数量为 8 个，即 $N=8$；折现率 r_0 为 5%；在 20 个项目中部分项目之间具有紧前关系，如项目 1 完成后项目 5 才能开始，项目 8 完成后项目 20 才能开始，项目 3 完成后项目 5 才能开始，用符号表示为 $\sum=\{(1,5),(3,5),(8,20)\}$。

A 公司在每个时点都投入一定的资金，以确保项目的有效执行，具体数据如表 5.23 所示。

表5.23 每个时点的初始资金　　　　　　　　　单位：万美元

时点 t	初始资金 $K(t)$
时点 0	2 000
时点 1	800
时点 2	1 200
时点 3	1 000
时点 4	1 200
时点 5	1 000
时点 6	1 400
时点 7	1 500
时点 8	1 100
时点 9	1 700

A 公司通过对 20 个项目进行研究发现，所有项目需要的可更新资源有两种，分别为 p_1 和 p_2。由于模型的需要，本小节把资源量化为实数，并且不设单位。表 5.24 表明了每个项目对两种可更新资源的需求量。

表5.24 每个项目对两种可更新资源的需求量

项目 j	可更新资源		项目 j	可更新资源	
	p_1	p_2		p_1	p_2
项目 1	2	8	项目 11	2	6
项目 2	3	7	项目 12	4	2
项目 3	2	6	项目 13	6	7
项目 4	1	8	项目 14	7	2
项目 5	6	6	项目 15	4	6
项目 6	5	3	项目 16	3	1
项目 7	4	5	项目 17	6	7
项目 8	8	8	项目 18	4	7
项目 9	2	7	项目 19	2	2
项目 10	8	2	项目 20	3	4

由于可更新资源在每个时间段内的供给量是固定的，为了求解模型，A 公司给出了在每个时间段内可更新资源的供给量，如表 5.25 所示。对于 A 公司来说，可更新资源 p_1 为执行项目时所需的设备，根据 A 公司的要求，使可更新资源 p_1 在每个时点的供给量固定。

表5.25 可更新资源在每个时点的供给量

时点 t	可更新资源	
	p_1	p_2
时点 0	6	8
时点 1	6	6
时点 2	6	8

续表

时刻 t	可更新资源	
	p_1	p_2
时点 3	6	3
时点 4	6	3
时点 5	6	7
时点 6	6	6
时点 7	6	6
时点 8	6	8
时点 9	6	7

同样地，A 公司经过对 20 个项目进行研究发现，所有项目需要的不可更新资源的种类有 3 种，用符号表示为 m_1、m_2、m_3，在整个计划投资期内每种不可更新资源的总量为 20，即 $G_m = 20$。每个项目对不可更新资源的需求量如表 5.26 所示，同样地，也把不可更新资源量化为实数，以此进行计算。

表5.26　每个项目对不可更新资源的需求量

项目 j	不可更新资源			项目 j	不可更新资源		
	m_1	m_2	m_3		m_1	m_2	m_3
项目 1	3	2	3	项目 11	5	5	6
项目 2	4	3	1	项目 12	2	5	1
项目 3	7	5	8	项目 13	4	3	1
项目 4	2	7	3	项目 14	3	1	4
项目 5	2	7	2	项目 15	7	6	2
项目 6	6	2	3	项目 16	2	2	7
项目 7	1	2	5	项目 17	3	2	7
项目 8	3	1	2	项目 18	5	3	3
项目 9	2	6	2	项目 19	2	2	4
项目 10	6	1	1	项目 20	3	5	2

对于双目标项目组合选择问题中的效用目标，采用专家评分法对 20 个项目的风险性和可行性进行分析。首先，聘请 10 位专家，分别对 20 个项目在项目风险性和可行性两个标准上进行评分，其中两个项目的满分均为 10 分，专家在对 20 个项目进行充分考察、研究后进行评分。其中，对于风险性指标来说，项目的风险越大则分值越低，而对于项目的可行性指标来说，项目的可行性越好则分值越高。其次，将 10 位专家对 20 个项目的两个评价标准的评分进行汇总，分别求得每个项目的平均值。两个指标综合为效用时风险性指标的比重为 0.4，可行性指标的比重为 0.6，即 $q_1 = 0.4$，$q_2 = 0.6$。最后，得到每个项目在两个标准上的得分，

如表 5.27 所示。

表5.27　每个项目在两个标准上的得分

项目 j	标准上的得分		项目 j	标准上的得分	
	q_1	q_2		q_1	q_2
项目 1	0.23	0.27	项目 11	0.82	0.72
项目 2	0.25	0.28	项目 12	0.71	0.80
项目 3	0.56	0.69	项目 13	0.22	0.34
项目 4	0.44	0.51	项目 14	0.12	0.27
项目 5	0.28	0.22	项目 15	0.76	0.77
项目 6	0.71	0.64	项目 16	0.72	0.76
项目 7	0.28	0.23	项目 17	0.62	0.57
项目 8	0.35	0.21	项目 18	0.30	0.28
项目 9	0.34	0.23	项目 19	0.66	0.76
项目 10	0.26	0.25	项目 20	0.75	0.70

1. 两种资源约束项目组合选择模型求解

1）不可打断模型求解

根据不可打断项目组合选择模型及 A 公司的实际数据，利用 GAMS 进行求解，结果如表 5.28 所示。此时的净现值为 1.487 亿美元，在此情况下执行的为项目 1、项目 2、项目 7、项目 9、项目 13、项目 18。由表 5.28 可以看出，在项目不可打断的前提下，投资少收益高的项目会被优先执行，但由于资源的限制，有些项目尽管收益很高但是对资源的需求量大而不能被选择，如项目 10 因为对可更新资源 p_1 需求量过大从而不被选择。

表5.28　不可打断模型求解结果

时间段 t	1	2	3	4	5	6	7	8	9	10
项目 j	13	7	1			18			2	9

2）可打断模型求解

对资源约束下的可打断项目组合选择模型利用 GAMS 进行求解，求解结果如表 5.29 所示。其中，1（0.5）表示在该时间段内项目 1 执行且执行比例为 50%。

表5.29　可打断模型求解结果

时间段 t	1	2	3	4	5	6	7	8	9	10
项目 j 及执行比例	1（0.5）13（0.5）	1（0.5）14（0.5）	2（0.5）13（0.5）	14（0.5）	7（0.5）	2（0.5）9（0.5）	7（0.5）5（0.5）	8（0.5）	8（0.5）	

此时的净现值为 1.559 亿美元,执行的为项目 1、项目 2、项目 7、项目 8、项目 9、项目 13、项目 14,与项目不可打断时相比,不仅项目数量从 6 个增加到了 8 个,而且净现值也在一定程度上增加了。

3) 两种模型求解结果对比分析

由表 5.28 和表 5.29 可以看出,在资源约束的前提下,当项目可打断被考虑时,所执行的项目数量、项目组合的构成和项目执行比例都有很大变化,进而导致净现值的变化。项目组合的构成由不可打断情况下的项目 1、项目 2、项目 7、项目 9、项目 13、项目 18 变为可打断时的项目 1、项目 2、项目 7、项目 8、项目 9、项目 13、项目 14,增加了项目 8 和项目 14,减少了项目 18。对数据进行分析发现,项目 8 和项目 14 虽然收益很高,但是对可更新资源的需求量很大,在考虑项目可打断后,则可以使得可更新资源分时间段供给,从而满足项目 8 和项目 14 对可更新资源的需求量。对项目 18 来说,由于它对不可更新资源 m_1 的需求量为 5,但是收益不是很大,在项目可打断时不被选择。

在资源约束的前提下,项目可打断与不可打断相比,企业获得的收益更大,从而可以看出项目可打断对企业有积极的影响,如果在项目组合选择前期人为地打断项目执行,那么可以实现企业资源的合理有效配置,从而获得更大的收益,因此,对资源约束下的项目可打断问题的研究有很强的实际意义。如果在项目可打断的前提下改变项目执行比例的最大值和最小值,那么净现值是否会发生变化及发生怎样的变化?为了研究这一问题,本节对不同 α、β 下的求解结果进行对比,如表 5.30 所示。

表5.30 不同 α、β 下的求解结果对比表

α、β 的变化	α 的取值	β 的取值	执行项目的数量	执行的项目	净现值/亿元
α 不变,β 增大	0.2	0.8	7	1、2、7、8、9、13、14	1.575 1
α 不变,β 减小	0.2	0.4	6	1、7、8、10、13、14	1.482 4
α 减小,β 不变	0.1	0.5	7	1、2、7、8、9、13、14	1.558 3
α 增大,β 不变	0.3	0.5	7	1、2、7、8、9、13、14	1.559 0
α 减小,β 减小	0.1	0.4	6	1、7、8、10、13、14	1.482 0
α 增大,β 增大	0.3	0.8	7	1、2、7、8、9、13、14	1.574 2
α 减小,β 增大	0.1	0.8	7	1、2、7、8、9、13、14	1.574 6
α 增大,β 减小	0.3	0.4	6	1、7、8、10、13、14	1.475 3

由表 5.30 可以看出，并不是所有的项目可打断的情况都能使净现值增加，当项目的执行比例最大值定为 0.4 时，企业的净现值与项目不可打断时相比，反而减少了，同时执行的项目数量也减少了。当 $\alpha=0.2$ 时，随着 β 的增加，净现值也在增加。当 $\alpha=0.2$，$\beta=0.8$ 时，此时的净现值最大，因此，尽管在资源约束下，项目可打断可以使净现值增加，但是并不适用于所有的情况，只有选择合适的最大、最小项目执行比例，才能使得企业在项目可打断的情况下获得更大的收益。

同时，为了验证在项目可打断的情况下，可更新资源约束和不可更新资源约束中哪一个对项目组合及净现值的影响更大，以及对可打断项目组合选择问题的结果有什么影响，本书分别对可更新资源约束和不可更新资源约束对可打断项目组合选择问题的影响进行了研究。

2. 不可更新资源约束下净现值项目组合选择模型求解

1）不可打断模型求解

首先，建立在项目不可打断的前提下，仅有不可更新资源约束下的项目组合选择模型；其次，利用 GAMS 对此模型进行求解，结果如表 5.31 所示。此时的净现值为 1.665 亿美元，执行的为项目 1、项目 2、项目 7、项目 8、项目 9、项目 13、项目 14，执行的项目数量为 7 个。

表5.31 不可更新资源约束下不可打断模型求解结果

时间段 t	1	2	3	4	5	6	7	8	9	10
项目 j	13	1	7	2						
		14	8	9						

2）可打断模型求解

不可更新资源约束下的可打断项目组合选择模型利用 GAMS 的求解结果如表 5.32 所示。由于不可更新资源的影响，净现值减少为 1.570 亿美元，执行的仍为项目 1、项目 2、项目 7、项目 8、项目 9、项目 13、项目 14。

表5.32 不可更新资源约束下可打断模型求解结果

时间段 t	1	2	3	4	5	6	7	8	9	10
项目 j 及	13（0.5）	13（0.5）	1（0.5）	1（0.5）	2（0.5）	7（0.5）				
执行比例	14（0.5）	14（0.5）	8（0.5）	8（0.5）	7（0.5）	9（0.5）				

3）两种模型求解结果对比分析

从两种模型的求解结果（表 5.31 和表 5.32）可以看出，在两种情况下执行的项目数量、项目组合的构成是相同的,在项目不可打断的情况下,所有的项目在前 4 个时间段内被执行完毕,考虑到项目可打断,则所有项目在第 6 个时间段内才被执行完毕,造成执行时间的增加。但是,正是项目执行的时间不同,导致项目的生产准备成本和每个时间段初始资金不同,进而使项目的净现值降低。因此,可以看出,不可更新资源约束对项目组合的构成、所选择项目的数量是没有影响的,但是,在不可更新资源约束下,项目可打断会使项目执行的时间发生变化,从而影响到项目组合的净现值,而这种影响一般是消极的。

3. 可更新资源约束下项目组合选择模型求解

1) 不可打断模型求解

本节构建了可更新资源约束下的不可打断项目组合选择模型,求解结果如表 5.33 所示,此时的净现值为 1.607 亿美元,执行的为项目 1、项目 2、项目 3、项目 5、项目 7、项目 9、项目 13、项目 18。

表5.33 可更新资源下不可打断模型求解结果

时间段 t	1	2	3	4	5	6	7	8	9	10
项目 j	13	7	1			18	3	5	2	9

2) 可打断模型求解

可更新资源约束下的可打断项目组合选择模型求解结果如表 5.34 所示,此时的净现值为 1.639 亿美元,执行的为项目 1、项目 3、项目 5、项目 8、项目 10、项目 13、项目 14、项目 18。

表5.34 可更新资源下可打断模型求解结果

时间段 t	1	2	3	4	5	6	7	8	9	10
项目 j 及执行比例	1(0.5) 13(0.5)	1(0.5) 14(0.5)	13(0.5) 18(0.5)	14(0.5)	10(0.5)	3(0.5) 8(0.5)	3(0.5) 10(0.5)	5(0.5)	5(0.5) 18(0.5)	8(0.5)

3) 两种模型求解结果对比分析

对上述两种情况进行比较可以看出,在可更新资源约束的前提下,项目可打断与不可打断相比,执行的项目数量没有发生变化,但是项目组合的构成及项目执行的时间都发生了变化,从而引起净现值的变化,这种影响是积极的。执行的项目从项目不可打断时的项目 1、项目 2、项目 3、项目 5、项目 7、项目 9、项目 13、项目 18,变为可打断时的项目 1、项目 3、项目 5、项目 8、项目 10、项目 13、项目 14、项目 18,某些项目对可更新资源的需求量大导致在一个时间段内不能被执行,但是涉及项目可打断,则可使得项目分两次甚至三次被执行,从而满足项目对可更新资源的需求,这样一来使得那些收益高但是可更新资源需求量大的项目得以被执行,从而使净现值增加。

因此,在可更新资源约束下,项目可打断比项目不可打断更有利于企业获得收益,从而可以得出,可更新资源约束是引起可打断项目组合选择问题收益增加的主要因素。

4)资源约束下双目标可打断项目组合选择模型求解

本节对双目标项目组合选择模型进行研究发现,仅仅依靠 GAMS 已经不能求出使两个目标同时满足最优情况下的解,鉴于双目标模型的特点,采用主要目标法及帕累托最优来求解资源约束下双目标可打断项目组合选择模型。

首先,利用 GAMS 求得仅考虑效用目标时的最大值,得出效用目标最大值为 5.78,此时执行的为项目 3、项目 6、项目 11、项目 12、项目 15、项目 16、项目 19、项目 20,在不考虑其他约束的条件下,评分越高的项目被选择的可能性越大,同时选择的项目数量越多效用值也就越大。其次,利用多目标决策方法中的主要目标法,把效用目标看作净现值目标的约束,已知效用目标最大值为 5.78,则在任何情况下,效用值都不会超过这个值。当把效用目标限定在不同的区间内时,可得到不同的项目组合及净现值。

(1)当 $0 \leqslant F_2 \leqslant 0.5$ 时,此时无解,表明当效用值在这一范围内时,不存在最大的净现值。

(2)当 $0.5 < F_2 \leqslant 1.0$ 时,此时无解,表明当效用值在这一范围内时,不存在最大的净现值。

(3)当 $1.0 < F_2 \leqslant 1.5$ 时,此时无解,表明当效用值在这一范围内时,不存在最大的净现值。

(4)当 $1.5 < F_2 \leqslant 2.0$ 时,此时的净现值 $F_1 = 1.560$ 亿美元,同时执行的项目情况如表 5.35 所示,根据执行的项目情况,可以得出此时的效用为 1.814。

表5.35 当 $1.5 < F_2 \leqslant 2.0$ 时的模型求解结果

时间段 t	1	2	3	4	5	6	7	8	9	10
项目 j 及执行比例	1(0.5) 13(0.5)	1(0.5) 14(0.5)	2(0.5) 13(0.5)	2(0.5) 14(0.5)	7(0.5)	9(0.5) 9(0.5)	7(0.5)	8(0.5)	8(0.5)	

(5)当 $2.0 < F_2 \leqslant 2.5$ 时,此时的净现值为 1.546 亿美元,同时执行的项目情况如表 5.36 所示,根据执行的项目情况,可以得出此时的效用为 2.300。

表5.36　当 $2.0 < F_2 \leqslant 2.5$ 时的模型求解结果

时间段 t	1	2	3	4	5	6	7	8	9	10
项目 j 及执行比例	1(0.5) 13(0.5)	7(0.5) 13(0.5)	1(0.5) 8(0.5)	14(0.5) 19(0.5)	14(0.5) 19(0.5)	8(0.5)	2(0.5)	2(0.5)	18(0.5)	

（6）当 $2.5 < F_2 \leqslant 3.0$ 时，此时的净现值为1.515亿美元，同时执行的项目情况如表5.37所示，根据执行的项目情况，可以得出此时的效用为2.736。

表5.37　当 $2.5 < F_2 \leqslant 3.0$ 时的模型求解结果

时间段 t	1	2	3	4	5	6	7	8	9	10
项目 j 及执行比例	1(0.5) 13(0.5)	1(0.5) 14(0.5)	9(0.5) 13(0.5)	14(0.5) 19(0.5)	19(0.5)	8(0.5)	8(0.5)	9(0.5)	20(0.5)	20(0.5)

（7）当 $3.0 < F_2 \leqslant 3.5$ 时，此时的净现值为1.474亿美元，同时执行的项目情况如表5.38所示，根据执行的项目情况，可以得出此时的效用为3.226。

表5.38　当 $3.0 < F_2 \leqslant 3.5$ 时的模型求解结果

时间段 t	1	2	3	4	5	6	7	8	9	10
项目 j 及执行比例	1(0.5) 13(0.5)	1(0.5) 14(0.5)	8(0.5) 19(0.5)	14(0.5) 19(0.5)	12(0.5)	8(0.5) 12(0.5)	13(0.5) 20(0.5)	20(0.5)		

（8）当 $3.5 < F_2 \leqslant 4.0$ 时，此时的净现值为1.404亿美元，同时执行的项目情况如表5.39所示，根据执行的项目情况，可以得出此时的效用为3.606。

表5.39　当 $3.5 < F_2 \leqslant 4.0$ 时的模型求解结果

时间段 t	1	2	3	4	5	6	7	8	9	10
项目 j 及执行比例	1(0.5) 13(0.5)	8(0.5) 19(0.5)	1(0.5) 8(0.5)	19(0.5) 20(0.5)	12(0.5) 20(0.5)	13(0.5) 17(0.5)	12(0.5)		17(0.5)	

（9）当 $4.0 < F_2 \leqslant 4.5$ 时，此时无解，表明当效用值在这一范围内时，不存在最大的净现值。

（10）当 $4.5 < F_2 \leqslant 5.0$ 时，此时无解，表明当效用值在这一范围内时，不存在最大的净现值。

（11）当 $5.0 < F_2 \leqslant 5.5$ 时，此时无解，表明当效用值在这一范围内时，不存在最大的净现值。

(12)当 $5.5 < F_2 \leqslant 5.78$ 时,此时无解,表明当效用值在这一范围内时,不存在最大的净现值。

于是得到模型的 Pareto 曲线,如图 5.13 所示。

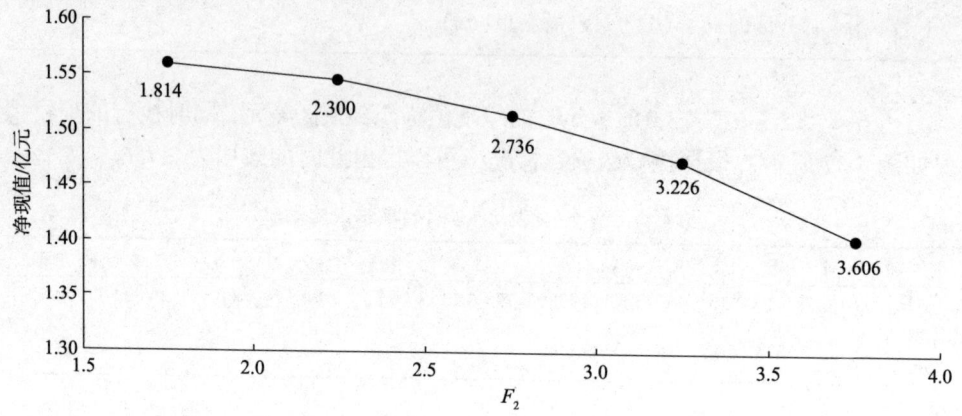

图 5.13 双目标模型的帕累托曲线

从图 5.13 可以看出,净现值目标和效用目标同时达到最大的状态是不存在的,随着效用值的增加,净现值减小,企业决策者可以根据图 5.13 来界定合理的净现值和效用,从而选择适合企业发展的项目组合。

通过对实例进行分析,发现在资源约束下可更新资源对可打断项目组合选择有着很大的影响,在可更新资源约束下,项目可打断可以实现短缺资源的合理配置,使得对资源需求量大但是收益高的项目得以执行,进而使得净现值增加。不可更新资源约束对可打断项目组合选择没有影响。但是如果人为地打断项目则有可能使净现值降低,这是项目的生产准备成本及每个时间段的初始资金导致的。

第6章 算法改进

6.1 考虑相互依赖性和基数的项目选择问题模型改进

6.1.1 问题描述

项目组合选择问题是从一组候选项目中选择最合适的子项目,以确保有效地使用项目资源。项目组合选择问题在R&M(Dov, 1965)、资本预算(Carraway and Schmidt, 1991)和信息系统/信息技术(Santhanam and Kyparisis, 1996)等领域引起了广泛的关注。为了反映现实,模型往往侧重一些重要因素,如项目的相互依赖性、基数约束、紧前关系、员工能力、可分性等。本节主要关注项目的相互依赖性和基数约束。值得指出的是,其他因素也可以纳入本节提出的模型。

1. 相互依赖性

利益相互依赖和资源相互依赖是项目相互依赖的两种主要类型。当选择和执行两个或多个相互依赖的项目时,就会产生利益相互依赖。在这种情况下,一种超过了单独执行项目获得的收益总和的额外收益得以实现,也称为协同收益(Cho et al., 2013)。资源的相互依赖性来源于不同项目之间的资源共享。例如,同时实现两个或多个相关项目可能比实现单独项目需要更少的资源(Santhanam and Kyparisis, 1996)。

项目的相互依赖关系可以通过几个0-1变量的乘积进行建模,每个0-1变量表示是否选择了该项目。这形成了多项式整数规划项目组合选择问题模型。例如,三个项目A、B和C之间的利益和资源相互依赖关系可以用一个三次项$x_A x_B x_C$表示,其中x_A、x_B和x_C是0-1变量。由于多项式函数的复杂性和模型所涉及的积分约束。虽然启发式算法的求解质量不能得到保证，但在大多数文献中，选择启发式算法都是以效率为目的的（Bhattacharyya et al., 2011; Yu et al., 2012）。另外，寻求全局最优解。Watters（1967）开发了一种线性化技术，将这些模型重新规划成线性整数规划问题。Glover 和 Woolsey（1974）扩展了 Watters（1967）的工作，通过规则用连续变量代替多项式交叉乘积项，而不是整数变量。这种方法将模型重新规划为 MILP 模型（Ji et al., 2013）。除了 Glover 和 Woolsey（1974）提出的方法外，没有其他有效的线性化方法来处理该类模型。本节的一个关键目标是提出一个新的、更有效的线性化公式。

2. 基数约束

有些研究人员指出，一部分项目组合执行失败是由于选择了太多的项目，以至于超出了企业的执行能力（Nowak, 2013）。因此，有必要限制一个项目组合中项目的总数。组合中包含的项目数量称为基数。Yu 等（2012）提出了一个基数等式约束条件，其他人则使用了基数不等式约束条件（Zuluaga et al., 2007; Gutjahr et al., 2008）。

据研究，很少有文献同时考虑项目组合选择问题中项目的相互依赖性和基数约束。在这些文献中，要么用遗传算法来解决问题（Yu et al., 2012），要么用不同的方法来描述项目的相互依赖性（Stummer and Heidenberger, 2003; Zuluaga et al., 2007）。本节提出一个新的项目组合选择问题模型，该模型同时考虑了资源和效益的相互依赖关系和基数约束。

6.1.2 模型构建

1. 新的项目组合选择问题模型

假设有 N 个备选项目，决策变量 x_i 表示项目 i 是（$x_i=1$）否（$x_i=0$）被选择。也就是说，一个项目组合可以用向量 $x=(x_1,x_2,\cdots,x_N)$ 表示，而且基数可以表示为 $I(x)=\sum_{i=1}^{N}x_i$。$r_i \geq 0$ 表示单独执行项目 i 获得的收益，$r_{ij} \geq 0$ 表示同时执行项目 i 和项目 j 获得的额外收益，$r_{ijk} \geq 0$ 表示同时执行项目 i、项目 j 和项目 k 获得的额外收益。在项目组合选择问题中，决策者经常面临着在某些条件下选择一个小的项目子集的问题。在这里，假设决策者只考虑项目组合收益，即利益最大化。利益可用式（6.1）表示。

$$B(x) = \sum_{i=1}^{N} r_i x_i + \sum_{i=1}^{N-1}\sum_{j=i+1}^{N} r_{ij} x_i x_j + \sum_{i=1}^{N-2}\sum_{j=i+1}^{N-1}\sum_{k=j+1}^{N} r_{ijk} x_i x_j x_k \tag{6.1}$$

其中，式（6.1）中的第二项和第三项考虑了项目间的利益相互依赖关系。假定备选项目有 S 种不同类型的资源要求，$b^s > 0$ 表示资源 s 的可用量。每个项目 i，如果被选择，资源 s 的需求量为 $d_i^s \geq 0$，$s = 1, 2, \cdots, S$。如果项目 i、项目 j 和项目 k 被选择，$d_{ij}^s \geq 0$ 表示项目 i 和项目 j 的共享资源量，$d_{ijk}^s \geq 0$ 表示项目 i、项目 j 和项目 k 共享资源 s。项目组合 x 使用资源 s 的量可以用式（6.2）表示。

$$R_s(x) = \sum_{i=1}^{N} d_i^s x_i - \sum_{i=1}^{N-1}\sum_{j=i+1}^{N} d_{ij}^s x_i x_j + \sum_{i=1}^{N-2}\sum_{j=i+1}^{N-1}\sum_{k=j+1}^{N} d_{ijk}^s x_i x_j x_k \tag{6.2}$$

在决策模型中加入相互依赖性和基数约束后，一个新的项目组合选择问题模型可以表示为：

$$\text{PPSP}_{\text{New}} \begin{cases} \max B(x) & (6.3) \\ R_s(x) \leq b^s, \ s = 1, 2, \cdots, S & (6.4) \\ I(x) = (\leq) m & (6.5) \\ x_i \in \{0, 1\}, \ i = 1, 2, \cdots N & \end{cases}$$

其中，m 为正整数，表示指定的基数限制。在 PPSP_{New} 模型中，基数约束可以是等式约束，也可以是不等式约束。

2. 使用 Glover 和 Woolsey 线性化方法的改进模型

PPSP_{New} 模型是一个多项式整数规划问题，很难直接解决。Glover 和 Woolsey（1974）提出了一种线性化技术，将多项式 0-1 规划问题转化为混合 0-1 整数线性规划问题。通过引入辅助变量 $y_{ij} = x_i x_j$ 和 $z_{ijk} = x_i x_j x_k$，$i, j, k = 1, 2, \cdots, N$，以及其他有效的线性不等式，函数 $B(x)$ 和 $R_s(x)$ 可以用式（6.6）和式（6.7）代替：

$$\bar{B}(x, y, z) = \sum_{i=1}^{N} r_i x_i + \sum_{i=1}^{N-1}\sum_{j=i+1}^{N} r_{ij} y_{ij} + \sum_{i=1}^{N-2}\sum_{j=i+1}^{N-1}\sum_{k=j+1}^{N} r_{ijk} z_{ijk} \tag{6.6}$$

$$\bar{R}_s(x, y, z) = \sum_{i=1}^{N} d_i^s x_i - \sum_{i=1}^{N-1}\sum_{j=i+1}^{N} d_{ij}^s y_{ij} + \sum_{i=1}^{N-2}\sum_{j=i+1}^{N-1}\sum_{k=j+1}^{N} d_{ijk}^s z_{ijk} \tag{6.7}$$

其中，

$$y = (y_{12}, y_{13}, \cdots, y_{1N}, y_{23}, y_{34}, \cdots, y_{(N-1)N}) \in \mathbb{R}^{\frac{N(N-1)}{2}}$$

$$z = (z_{123}, z_{134}, \cdots, z_{1(N-1)N}, z_{234}, z_{345}, \cdots, z_{(N-2)(N-1)N}) \in \mathbb{R}^{\frac{N(N-1)(N-2)}{6}}$$

PPSP_{New} 模型可以转化为混合 0-1 整数线性规划问题，可用下列公式表示：

$$\text{PPSP}_R \begin{cases} \max \bar{B}(x,y,z) \\ I(x) = (\leqslant)m \\ \bar{R}_s(x,y,z) \leqslant b^s, s=1,2,\cdots,S & (6.8) \\ y_{ij} \leqslant x_i, \ y_{ij} \leqslant x_j, \ y_{ij} \geqslant x_i + x_j - 1, \ i,j=1,2,\cdots,N, \ i<j & (6.9) \\ z_{ijk} \leqslant x_i, \ z_{ijk} \leqslant x_j, \ z_{ijk} \leqslant x_k, \ z_{ijk} \geqslant x_i + x_j + x_k - 2, \\ i,j,k=1,2,\cdots,N, \ i<j<k & (6.10) \\ x_i \in \{0,1\}, \ y_{ij}, z_{ijk} \geqslant 0, \ i,j,k=1,2,\cdots,N, \ i<j<k \end{cases}$$

改进模型 PPSP_R 中的 y 和 z 是连续变量，而不是 0-1 变量。PPSP_{New} 和 PPSP_R 之间的等价性是由线性约束式（6.9）和式（6.10）保证的，当 $x_i \in \{0,1\}$ 时，$y_{ij} = x_i x_j$，$z_{ijk} = x_i x_j x_k$。尽管多项式项消失了，改进模型 PPSP_R 也不容易解决。一个主要原因是 PPSP_R 模型引入了 $\dfrac{3N(N-1)}{2} + \dfrac{2N(N-1)(N-2)}{3}$ 个线性不等式约束，这可能会增加 MILP 求解器的计算量。本节提出了一种新的线性化技术，该技术大大减少了为有效计算而改进的线性约束的数量。

3. 一种新的线性化方法

为了保证 $y_{ij} = x_i x_j$ 和 $z_{ijk} = x_i x_j x_k$ 成立，PPSP_R 模型中引入了两组线性约束式（6.9）和式（6.10）分别描述 x 和 y、x 和 z 之间的关系。为了减少线性约束的数目，只能使用一组线性约束来同时描述 x、y 和 z 的关系。基数约束 $\sum_{i=1}^{N} x_i = m$ 和 0-1 约束 $x_i \in \{0,1\}$ 能达到这个目的。

$$x_i \sum_{\substack{j=1 \\ j \neq i}}^{N} x_j = (m-1)x_i \tag{6.11}$$

$$x_i \sum_{\substack{j=1 \\ j \neq i}}^{N} x_j \left(\sum_{\substack{k>j \\ k \neq i}}^{N} x_k \right) = \frac{(m-1)(m-2)}{2} x_i \tag{6.12}$$

式（6.11）和式（6.12）从 $x_i \sum_{\substack{j=1 \\ j \neq i}}^{N} x_j \left(\sum_{\substack{k>j \\ k \neq i}}^{N} x_k \right)$ 中含有 $\dfrac{(m-1)(m-2)}{2}$ 个 x_i 的事实中得来。

根据以下定理，乘积项 $x_i x_j$ 和 $x_i x_j x_k$ 可以用辅助变量 y_{ij} 和 z_{ijk} 线性表示。

定理 6.1 对于向量

$$x = (x_1, x_2, \cdots, x_N) \in \{0,1\}^N$$

$$y = (y_{12}, y_{13}, \cdots, y_{1N}, y_{23}, y_{34}, \cdots, y_{(N-1)N}) \in [0,1]^{N(N-1)/2}$$

$$z = (z_{123}, z_{124}, \cdots, z_{12N}, z_{234}, z_{345}, \cdots, z_{(N-2)(N-1)N}) \in [0,1]^{N(N-1)(N-2)/6}$$

如果满足式（6.13）和式（6.14）：

$$\sum_{i=1}^{N} x_i = m \tag{6.13}$$

$$\sum_{j>i}^{N} y_{ij} + \sum_{j<i}^{N} y_{ji} + \sum_{j>i}^{N}\sum_{k>j}^{N} z_{ijk} + \sum_{j<i}^{N}\sum_{k>i}^{N} z_{jik} + \sum_{j<k}^{N}\sum_{k<i}^{N} z_{jki} = \frac{m(m-1)}{2} x_i, \quad i=1,2,\cdots,N \tag{6.14}$$

那么 $x_i x_j = y_{ij}$，$x_i x_j x_k = z_{ijk}$，其中 $i, j, k = 1, 2, \cdots, N$，$i < j < k$。

根据定理 6.1，带有基数等式约束 $I(x) = m$ 的 PPSP_{New} 模型可以改进为

$$\text{PPSP}_{\text{REQ}} = \begin{cases} \max B(x, y, z) \\ (6\text{-}8), (6\text{-}13)\text{-}(6\text{-}14) \\ x_i \in \{0,1\}, \ 0 \leqslant y_{ij}, z_{ijk} \leqslant 1, \ i, j, k = 1, 2, \cdots, N, \ i < j < k \end{cases}$$

为了描述基数不等式约束的情况，引入一个新的附加整数变量 Q，可以被定义如下：

$$Q = \sum_{t=1}^{m} u_t t \tag{6.15}$$

其中，$u_t \in \{0,1\}$，$t = 1, 2, \cdots, m$，而且满足式（6.16）：

$$\sum_{t=1}^{m} u_t = 1 \tag{6.16}$$

事实上，Q 代表投资组合的基数，因为 Q 是 1 到 m 之间的整数，对于某个 $1 \leqslant t \leqslant m$，当 $u_t = 1$ 时，$Q = t$。用 Q 代替式（6.14）中的 m，式（6.14）的右边项变成 $\frac{Q(Q-1)}{2} x_i$，这是一个非线性项。下面的定理表明，这个非线性项也可以通过引入一些线性不等式来线性化。

定理 6.2 对于一组 0-1 变量 $x_i \in \{0,1\}$，$i = 1, 2, \cdots, N$，令 $\sum_{i=1}^{N} x_i \leqslant m$，$0 < m < N$，一组正的连续变量 Φ_i ($i = 1, 2, \cdots, N$)，一组 0-1 变量 u_t ($t = 1, 2, \cdots, m$)，以及一个整数变量 $Q = \sum_{t=1}^{m} t u_t$，非线性积项 $\frac{Q(Q-1)}{2} x_i$ 可以被以下的线性系统线性化为 Φ_i：

$$\sum_{i=1}^{N} x_i = \sum_{t=1}^{m} t u_t \tag{6.17}$$

$$\sum_{t=1}^{m} u_t = 1 \tag{6.18}$$

$$\sum_{t=1}^{m}\frac{t(t-1)}{2}u_t + \frac{m(m-1)}{2}(x_i - 1) \leqslant \Phi_i \leqslant \sum_{t=1}^{m}\frac{t(t-1)}{2}u_t + \frac{m(m-1)}{2}(1 - x_i) \quad (6.19)$$

$$\Phi_i \leqslant \frac{m(m-1)}{2}x_i \quad (6.20)$$

其中，式（6.18）中的 0-1 变量 $u_t(t=1,2,\cdots,m)$ 可以松弛为非负变量。它只使用 $\lceil \log_2 m \rceil$ 减少计算负担，最大的整数不大于 $\log_2 m$。

定理 6.3 已知正整数 m 满足 $0 < m < N$，令 g_{wt} 为 0-1 变量并满足等式 $1 + \sum_{w=1}^{h} 2^{w-1} g_{wt} = t$，其中 $t = 1, 2, \cdots, m$，$h = \lceil \log_2 m \rceil$。令向量 $u = (u_1, u_2, \cdots, u_m) \in [0, \infty]^m$，0-1 向量 $\lambda = (\lambda_1, \lambda_2, \cdots, \lambda_h)$，如果满足式（6.21）和式（6.22）：

$$\sum_{t=1}^{m} u_t = 1 \quad (6.21)$$

$$\lambda_w = \sum_{t=1}^{m} g_{wt} u_t, \quad w = 1, 2, \cdots, h \quad (6.22)$$

那么 $u_t \in \{0,1\}$，$t = 1, 2, \cdots, m$。

定理 6.4 已知整数 $m(0 < m < N)$，令 $M = \frac{m(m-1)}{2}$，$h = \lceil \log_2 m \rceil$，$g_{wt}$ 的值为 0 或 1 并满足 $1 + \sum_{w=1}^{h} 2^{w-1} g_{wt} = t$，$t = 1, 2, \cdots, m$。对于一个正变量集 $\Phi_i(i = 1, 2, \cdots, N)$，二进制向量 $x = (x_1, x_2, \cdots, x_N) \in \{0,1\}^N$，$\sum_{i=1}^{N} x_i \leqslant m$，$\lambda = (\lambda_1, \lambda_2, \cdots, \lambda_h) \in \{0,1\}^h$，非负向量 $u = (u_1, u_2, \cdots, u_m) \in [0, \infty]^m$，有界向量 $y = (y_{12}, y_{13}, \cdots, y_{1N}, y_{23}, y_{34}, \cdots, y_{(N-1)N}) \in [0,1]^{N(N-1)/2}$ 和 $z = (z_{123}, z_{124}, \cdots, z_{12N}, z_{234}, z_{345}, \cdots, z_{(N-2)(N-1)N}) \in [0,1]^{N(N-1)(N-2)/6}$，如果满足式（6.23）~式（6.28）：

$$\sum_{j>i}^{N} y_{i,j} + \sum_{j<i}^{N} y_{j,i} + \sum_{j>i}^{N}\sum_{k>j}^{N} z_{i,j,k} + \sum_{j<i}^{N}\sum_{k>i}^{N} z_{j,i,k} + \sum_{j<k}^{N}\sum_{k<i}^{N} z_{j,k,i} = \Phi_i, \quad i = 1, 2, \cdots, N \quad (6.23)$$

$$\lambda_w = \sum_{t=1}^{m} g_{w,t} u_t, \quad w = 1, 2, \cdots, h \quad (6.24)$$

$$\sum_{t=1}^{m} u_t = 1 \quad (6.25)$$

$$\sum_{i=1}^{N} x_i = \sum_{t=1}^{m} t u_t \quad (6.26)$$

$$\sum_{t=1}^{m} \frac{t(t-1)}{2} u_t + M(x_i - 1) \leqslant \Phi_i \leqslant \sum_{t=1}^{m} \frac{t(t-1)}{2} u_t + M(1 - x_i), \quad i = 1, 2, \cdots, N \quad (6.27)$$

$$\Phi_i \leqslant M x_i \quad (6.28)$$

那么 $x_i x_j = y_{ij}$，$x_i x_j x_k = z_{ijk}$，其中 $i,j,k=1,2,\cdots,N$，$i<j<k$。

定理 6.4 表明，如果一个项目组合的基数约束为 $\sum_{i=1}^{N} x_i \leq m$，那么乘积项 $x_i x_j$ 和 $x_i x_j x_k$ 可通过使用 $2+4N+\lceil \log_2 m \rceil$ 个线性约束中的 $\lceil \log_2 m \rceil$ 个 0-1 变量（即 λ_w）、$N(N-1)/2+N(N-1)(N-2)/6$ 个有界变量（即 y_{ij} 和 z_{ijk}），以及 N 个非负变量（即 Φ_i）由 y_{ij} 和 z_{ijk} 线性表示。

根据定理 6.4，具有不等式基数约束（inequality cardinality constraint，IECC）的 PPSP_{New} 模型可以改进为

$$\text{PPSP}_{\text{RIEQ}} = \begin{cases} \max \bar{B}(x,y,z) \\ \text{式}(6\text{-}8)，\text{式}(6\text{-}23)\sim\text{式}(6\text{-}28) \\ 0 < \Phi_i, \quad i=1,2,\cdots,N \\ x_i, \lambda_i \in \{0,1\}, \quad i=1,2,\cdots,N, \quad w=1,2,\cdots,h \\ 0 < y_{ij}, z_{ijk} < 1, \quad i,j,k=1,2,\cdots,N, \quad i<j<k \end{cases}$$

表 6.1 总结了改进模型 PPSP_{R} 模型、PPSP_{REQ} 模型、$\text{PPSP}_{\text{RIEQ}}$ 模型需要的 0-1 变量、连续变量和线性约束的数量。这三个模型的重建需要相同数量的 0-1 变量和连续变量，然而提出的 PPSP_{REQ} 模型和 $\text{PPSP}_{\text{RIEQ}}$ 模型比 PPSP_{R} 模型需要更少的线性约束。因此，提出的改进模型有解决大规模实例的潜力。

表 6.1 PPSP_{R} 模型、PPSP_{REQ} 模型、$\text{PPSP}_{\text{RIEQ}}$ 模型的问题规模比较

改进模型	0-1 变量数量	连续变量数量	线性约束数量
PPSP_{R} 模型	N	$N(N-1)/2+$ $N(N-1)(N-2)/6$	$1+S+3N(N-1)/2+$ $4N(N-1)(N-2)/6$
PPSP_{REQ} 模型	N	$N(N-1)/2+$ $N(N-1)(N-2)/6$	$1+S+N+N(N-1)/2+$ $N(N-1)(N-2)/6$
$\text{PPSP}_{\text{RIEQ}}$ 模型	$N+\lceil \log_2 m \rceil$	$N(N-1)/2+$ $N(N-1)(N-2)/6$	$2+S+4N+\lceil \log_2 m \rceil +$ $N(N-1)/2+N(N-1)(N-2)/6$

6.1.3 算例分析

在本小节中，讨论生成测试实例的过程及描述所有实例的 N 和 m 的各种组合。为了比较不同改进模型的效率，每个测试实例先由商业软件 Lingo 求解，然后由 MILP 求解器 Gurobi 按照改进模型 PPSP_{R} 模型、PPSP_{REQ} 模型、$\text{PPSP}_{\text{RIEQ}}$ 模型的默认选项求解。所有实验测试在装有 Intel Core 2 Duo CPU 1.87GHz，4GB RAM 和 Windows 7（64 位）操作系统的电脑上操作。所有实例的运行时间在 3 小时内。

1. 问题的产生和描述

令所有实例的资源数量 $S=5$。其他参数随机产生，包括资源约束（b^s）、资源需求（$d_i^s, d_{ij}^s, d_{ijk}^s$）和利益（$r_i, r_{ij}, r_{ijk}$）。

（1）b^s 是均匀分布 $\left[0.05G^s, 0.1G^s\right]$ 上的随机整数，其中

$$G^s = \sum_i d_i^s + \sum_i \sum_{j>i} d_{ij}^s + \sum_i \sum_{j>i} \sum_{k>j} d_{ijk}^s, \quad s=1,2,\cdots,5$$

（2）d_i^s、d_{ij}^s、d_{ijk}^s 分别为均匀分布 $[1,10]$、$[5,20]$、$[10,50]$ 上的随机整数，其中 $i,j,k=1,2,\cdots,N$，$i<j<k$，$s=1,2,\cdots,5$，$d_i^s < d_{ij}^s < d_{ijk}^s$。

（3）r_i、r_{ij}、$r_{i,j,k}$ 分别为均匀分布 $[10,100]$、$[50,200]$、$[100,500]$ 上的随机整数，其中 $i,j,k=1,2,\cdots,N$，$i<j<k$。

根据上述程序生成三种类型的实例。第一种类型称为小型 PPSP（small-PPSP），有 50 个随机实例且 $(N,m)=(16,3)$。第二种类型称为中型 PPSP（medium-PPSP），有 50 个随机实例且 $(N,m)=(32,5)$。第三种类型称为大型 PPSP（large-PPSP），有 50 个随机实例且 $(N,m)=(64,7)$。表 6.2 列出了这三种类型的测试实例的细节。

表6.2　三种类型的测试实例的细节

实例类型	实例数量	(N,m)
小型 PPSP	50	(16,3)
中型 PPSP	50	(32,5)
大型 PPSP	50	(64,7)

2. 计算结果

本节展示了不同改进模型的数值结果。结果表明，Lingo 不能在 3 小时之内解决原始模型 PPSP$_{\text{New}}$ 中的任何类型的实例。因此，在此不再展示 PPSP$_{\text{New}}$ 模型的结果。这一事实表明，随机生成的实例，即使是小型 PPSP 类型，也不容易解决。另外，实验的主要目的是比较 MILP 求解器求解改进模型 PPSP$_{\text{R}}$ 模型、PPSP$_{\text{REQ}}$ 模型、PPSP$_{\text{RIEQ}}$ 模型的结果。这些结果基于两种情况：有等式基数约束（equality cardinality constraint，ECC）或者不等式基数约束。

1）有 $I(x)=m$ 的 PPSP$_{\text{R}}$ 模型及 PPSP$_{\text{REQ}}$ 模型的实验结果

表 6.3 展示了具有等式基数约束的 PPSP$_{\text{R}}$ 模型和 PPSP$_{\text{REQ}}$ 模型的计算结果。Gurobi 不能在 3 小时内解决 PPSP$_{\text{R}}$ 模型中的大型 PPSP 类型中的任何实例，而在 100 秒内解决了 PPSP$_{\text{REQ}}$ 模型中的所有实例。求解 PPSP$_{\text{REQ}}$ 模型的运行时间要比求解 PPSP$_{\text{R}}$ 模型的运行时间短得多，特别是中型 PPSP 类型和大型 PPSP 类型的实例。这是合理的，因为 PPSP$_{\text{REQ}}$ 模型的线性约束数量，如表 6.3 的"线性约束数量"一

栏所示，比 PPSP$_R$ 模型小一个数量级，而这两个模型的变量数目是相同的。

表6.3 有 $I(x) = m$ 的 PPSP$_R$ 模型及 PPSP$_{REQ}$ 模型的计算结果

(N,m)	改进模型	0-1 变量数量	连续变量数量	线性约束数量	CPU 运行时间平均值/秒	CPU 运行时间标准差/秒
(16,3)	PPSP$_R$ 模型	16	680	2 606	3.10	0.95
	PPSP$_{REQ}$ 模型	16	680	702	2.90	0.70
(32,5)	PPSP$_R$ 模型	32	5 456	21 334	1 587.34	395.79
	PPSP$_{REQ}$ 模型	32	5 456	5 494	52.73	17.90
(64,7)	PPSP$_R$ 模型	64	43 680	172 710	—	—
	PPSP$_{REQ}$ 模型	64	43 680	43 750	73.45	19.71

注："—"表示 Gurobi 运行所有实例的时间超过 3 小时

2）有 $I(x) \leqslant m$ 的 PPSP$_R$ 模型及 PPSP$_{RIEQ}$ 模型的实验结果

具有不等式基数约束的 PPSP$_R$ 模型及 PPSP$_{RIEQ}$ 模型的计算结果如表6.4所示。与表 6.3 的结果类似，Gurobi 在 3 小时内无法解决大型 PPSP 类型的任何实例。只有改进模型 PPSP$_R$ 模型中的大型 PPSP 类型的实例无法在 3 小时内解决。然而，对于改进模型 PPSP$_{RIEQ}$ 模型来说，解决大型 PPSP 类型的实例的平均时间为 0.5 小时，小型 PPSP 类型和中型 PPSP 类型的实例的平均运行时间均少于 20 秒。此外，PPSP$_{RIEQ}$ 模型的运行时间至少比 PPSP$_R$ 模型小一个数量级，因为 PPSP$_{RIEQ}$ 模型的线性约束数量要比 PPSP$_R$ 模型少得多。

表6.4 有 $I(x) \leqslant m$ 的 PPSP$_R$ 模型和 PPSP$_{RIEQ}$ 模型的计算结果

(N,m)	改进模型	0-1 变量数量	连续变量数量	线性约束数量	CPU 运行时间平均值/秒	CPU 运行时间标准差/秒
(16,3)	PPSP$_R$ 模型	16	680	2 606	7.34	1.71
	PPSP$_{RIEQ}$ 模型	18	699	772	0.29	0.29
(32,5)	PPSP$_R$ 模型	32	5 456	21 334	931.45	234.51
	PPSP$_{RIEQ}$ 模型	35	5 493	5 631	13.56	4.15
(64,7)	PPSP$_R$ 模型	64	43 680	172 710	—	—
	PPSP$_{RIEQ}$ 模型	67	43 751	44 017	1 756.32	580.18

注："—"表示 Gurobi 运行所有实例的时间超过 3 小时

本节提出了一个新的项目组合选择模型，该模型同时考虑了项目的相互依赖性和基数约束。利用线性化技术将该模型转化为一个 MILP 问题。为了进一步提高计算效率，开发了一种新的线性化技术来构造包含更少线性约束的新公式。计算结果表明，从运行时间和求解相对较大的实例的能力来看，由所提出的线性化技术推导出的新公式对求解具有大量候选项目的项目组合选择问题是有效的。

6.2 项目组合选择问题的另一种有效表示

6.2.1 问题描述

在项目组合选择问题中,决策者面临着从待执行项目列表中选择项目的挑战。多年来,专家学者对项目组合选择问题进行了多方面的研究,如 R&M（Ghasemzadeh et al.,1999；Carlsson et al.,2007；Blichfeldt and Eskerod,2008；Colvin and Maravelias,2011；Nowak,2013；Tuzkaya and Yolver,2015；Tervonen et al.,2017）、资金约束（Weingartner,1966；Nemhauser and Ullmann,1969；Carraway and Schmidt,1991；Chassein et al.,2018）、信息系统和技术管理（Santhanam and Kyparisis,1996；Zaraket et al.,2014）及公私伙伴关系（Wibowo and Kochendoerfer,2011；Wang et al.,2015）。

值得注意的是,项目组合选择问题的动机不是"如何正确执行项目",而是"如何做正确的项目"（Abbassi et al.,2014）。"在执行正确的项目之前选择正确的项目组合"是必要的。为了更好地反映现实,一些因素被广泛考虑,如项目间的相互依赖性（Colvin and Maravelias,2011；Cho et al.,2013；Huang and Kuo,2013；Abbassi et al.,2014）、项目可分性（Li et al.,2016a）、基数约束（Li et al.,2016a）、排序（Coffin and Taylor,1996；Jafarzadeh et al.,2015）及员工能力（Gutjahr et al.,2008）。

在提到的因素中,本节主要关注的是相互依赖性,因为关注的是受一阶或者更高阶项目组合之间协同作用影响的项目组合选择问题。以信息系统和技术管理为例。由于各种项目之间可能共享硬件和软件资源,常常会出现资源相互依赖现象。资源相互依赖性使决策者能够以更有效的方式分配资源。当一个项目组合被执行时,它可能需要更少的资源。

在项目组合选择问题中,一个决策者面临着从 N 个项目中选择 m 个项目（即基数约束）。令 b 表示可用资源的数量（如工作人员的数量）,d_i 表示单独执行项目 i 需要的资源数量。决策变量 $x=(x_1,x_2,\cdots,x_N)\in\{0,1\}^N$,其中 $x_i=1$ 表示项目 i 被选择,$x_i=0$ 表示项目 i 没有被选择。目标是在资源和基数约束下选择一系列项目使利益最大化。此外,还可以考虑资源的相互依赖性,从而形成更现实的项目组合选择问题模型。项目相互依赖达到三阶的项目组合选择问题模型的总收益目标函数可以用式（6.29）表示：

$$\max f(x) = \sum_{i=1}^{N} r_i x_i + \sum_{i=1}^{N}\sum_{j>i}^{N} r_{ij} x_i x_j + \sum_{i=1}^{N}\sum_{j>i}^{N}\sum_{k>j}^{N} r_{ijk} x_i x_j x_k \tag{6.29}$$

项目组合的资源约束可用式（6.30）表示：

$$\sum_{i=1}^{N} d_i x_i - \sum_{i=1}^{N}\sum_{j>i}^{N} d_{ij} x_i x_j + \sum_{i=1}^{N}\sum_{j>i}^{N}\sum_{k>j}^{N} d_{ijk} x_i x_j x_k \leq b \tag{6.30}$$

项目组合的基数约束可以为等式形式或不等式形式，可以用式（6.31）表示：

$$\sum_{i=1}^{N} x_i = m(\text{或} \leq m), \quad x_i \in \{0,1\}, \quad i=1,2,\cdots,N \tag{6.31}$$

其中，m 为一个正整数，表示指定的基数限制；b 表示可用的资源数量。

在项目组合选择问题模型中，r_i 表示单独执行项目 i 获得的利益，r_{ij} 表示同时执行项目 i 和项目 j 获得的额外收益，r_{ijk} 表示同时执行项目 i、项目 j 和项目 k 获得的额外收益。在项目组合选择问题中，决策者需要从所有候选项目中选择一系列项目以使利益最大。例如，如果执行项目 i、项目 j 和项目 k，那么 $x_i = x_j = x_k = 1$，产生总收益 $r_i + r_j + r_k + r_{ij} + r_{ik} + r_{jk} + r_{ijk}$。另外，$d_i$ 表示单独执行项目 i 所需要的资源量，d_{ij} 表示同时执行项目 i 和项目 j 所需要的资源量，d_{ijk} 表示同时执行项目 i、项目 j 和项目 k 所需要的资源量。共享资源的概念来源于标准维恩图（Santhanam and Kyparisis，1996；Schmidt et al.，2001）。例如，如果项目 i 和项目 j 被执行（即 $x_i = x_j = 1$），那么需要的资源总量为 $d_i + d_j - d_{ij}$。类似地，如果三个项目 i、项目 j 和项目 k 被执行（即 $x_i = x_j = x_k = 1$），那么需要的资源总量为 $d_i + d_j + d_k - d_{ij} - d_{ik} - d_{jk} + d_{ijk}$。本节所有涉及的变量都是非负的。

注意，约束（6.31）可以为等式形式和不等式形式，这限制了可以从列表中选择的项目总数。有限的资源和增加的成本是考虑基数约束的两个重要因素。合并不等式基数约束对于实际的考虑是必不可少的。然而，由于大多数已知的参考文献采用了等式基数约束（Santhanam and Kyparisis，1996；Schmidt et al.，2001；Li et al.，2016a），本节考虑了通用性和直接比较两种情况。

考虑到项目组合选择问题的复杂性，包括神经网络方法（Zhang et al.，2003）、遗传算法（Yu et al.，2012）和禁忌搜索方法（Servranckx and Vanhoucke，2019）在内的启发式算法变得适用，但不能保证获得全局最优解。完整的枚举法可以通过检查所有可能的解决方案来保证最优性，但是对于大多数应用程序来说，这种方法的效率太低。

为了保证获得全局最优解，重构线性化技术（reformulation linearization technigue，RLT）（Sherali and Tuncbilek，1997）提供了一种关键的方法，通过引

入新的变量并添加一些多项式隐含不等式,将带有交叉乘积项的项目组合选择问题模型转换成 0-1 MILP 模型。

当存在多个最优解时,可供选择的解有助于决策者考虑更好的选择。Taha(2003)提出,如果有多个产品可以获得最大的利益,从销售竞争的角度来看,生产多个产品可能比生产一个产品更有利。为了找到一个一般整数规划问题的所有最优解,Balas 和 Jeroslow(1972)引入了著名的二分法来寻找替代解。Tsai 和 Lin(2007)及 Tsai 等(2008)也利用整数分割方法来寻找多个最优解。本节提出一个五步程序,将所提出的方法与二分法相结合,从而找到所有的替代解。

6.2.2 模型构建

1. 传统模型

6.2.1 小节讨论的项目组合选择问题模型是一个混合整数多项式规划,因为具有交叉乘积项(即 $x_i x_j$ 和 $x_i x_j x_k$),所以很难解决。Glover 和 Woolsey(1974)提出用一种线性化技术来处理交叉乘积项,在下列线性系统成立时,引入两个新的非负变量:

$$y = (y_{1,2}, \cdots, y_{1,N}, \cdots, y_{N-1,N}) \in \mathbf{R}_+^{n(n-1)/2}$$
$$z = (z_{1,2,3}, \cdots, z_{1,N-1,N}, \cdots, z_{N-2,N-1,N}) \in \mathbf{R}_+^{n(n-1)(n-2)/6}$$

分别代替交叉乘积项 $x_i x_j$ 和 $x_i x_j x_k$,其中 $i, j, k = 1, 2, \cdots, N$,$i < j < k$。

$$y_{ij} \leq x_i, \quad y_{ij} \leq x_j, \quad y_{ij} \geq x_i + x_j - 1, \quad i, j = 1, 2, \cdots, N, \quad i < j \quad (6.32)$$

$$z_{ijk} \leq x_i, \quad z_{ijk} \leq x_j, \quad z_{ijk} \leq x_k, \quad z_{ijk} \geq x_i + x_j + x_k - 2, \quad i, j, k = 1, 2, \cdots, N, \quad i < j < k \quad (6.33)$$

一旦满足式(6.32)和式(6.33),显然所有情况下 $y_{ij} = x_i x_j$,$z_{ijk} = x_i x_j x_k$。因此,可以对项目组合选择问题模型进行如下改进。

(1)传统模型 1 如式(6.34)所示:

$$\max \hat{f}(x, y, z) = \sum_{i=1}^{N} r_i x_i + \sum_{i=1}^{N} \sum_{j>i}^{N} r_{ij} y_{ij} + \sum_{i=1}^{N} \sum_{j>i}^{N} \sum_{k>j}^{N} r_{ijk} z_{ijk} \quad (6.34)$$

约束条件:

式(6.31)~式(6.33)

$$\sum_{i=1}^{N} d_i x_i - \sum_{i=1}^{N} \sum_{j>i}^{N} d_{ij} y_{ij} + \sum_{i=1}^{N} \sum_{j>i}^{N} \sum_{k>j}^{N} d_{ijk} z_{ijk} \leq b \quad (6.35)$$

$$x_i \in \{0, 1\}, \quad y_{ij}, z_{ijk} \geq 0, \quad i, j, k = 1, 2, \cdots, N, \quad i < j < k$$

在传统模型 1 中，0-1 变量、连续变量、线性等式约束和线性不等式约束的数量分别为 N（即 x_i），$N(N-1)/2+N(N-1)(N-2)/6$（即 y_{ij} 和 z_{ijk}），1，$3N(N-1)/2+4N(N-1)(N-2)/6+1$[即式（6.32）、式（6.33）和式（6.35）]。

请注意，这种改进技术涉及式（6.32）和式（6.33）中大量的线性不等式约束，这可能会在使用 MILP 求解器的过程中造成沉重的计算负担。通过观察等式基数约束和交叉乘积项之间的关系，之前提出了一个新的重构线性化技术来减轻这种负担，只使用 $1+N$ 个等式约束代表项目组合选择问题模型中的交叉乘积项，即 $y_{ij}=x_ix_j$，$z_{ijk}=x_ix_jx_k$，其中 $i,j,k=1,2,\cdots,N$，$i<j<k$。

$$\sum_{i=1}^{N} x_i = m \tag{6.36}$$

$$\sum_{j>i}^{N} y_{ij} + \sum_{j<i}^{N} y_{ji} + \sum_{j>i}^{N}\sum_{k>j}^{N} z_{ijk} + \sum_{j<i}^{N}\sum_{k>j}^{N} z_{jik} + \sum_{j<k}^{N}\sum_{k<i}^{N} z_{jki} = \frac{m(m-1)}{2} x_i, \quad i=1,2,\cdots,N \tag{6.37}$$

其中，m 为项目组合选择问题模型中固定的正整数；$x_i \in \{0,1\}$；$0 \leqslant y_{ij}$；$z_{ijk} \leqslant 1$。

示例 6.1 令 $N=4$。根据式（6.36）和式（6.37），下面是一个简单的例子。

$$x_1+x_2+x_3+x_4=3$$
$$y_{12}+y_{13}+y_{14}+z_{123}+z_{124}+z_{134}=3x_1$$
$$y_{12}+y_{23}+y_{24}+z_{123}+z_{124}+z_{234}=3x_2$$
$$y_{13}+y_{23}+y_{34}+z_{123}+z_{134}+z_{234}=3x_3$$
$$y_{14}+y_{24}+y_{34}+z_{124}+z_{134}+z_{234}=3x_4$$
$$x_i \in \{0,1\},\ y_{ij} \in [0,1],\ z_{ijk} \in [0,1],\ i,j,k=1,2,3,4,\ i<j<k$$

如果 (x_1,x_2,x_3,x_4) 的解是（1,0,1,1），则有唯一解：

$$(y_{12},y_{13},y_{14},y_{23},y_{24},y_{34})=(0,1,1,0,0,1),\quad (z_{123},z_{124},z_{134},z_{234})=(0,0,1,0)$$

这表明所有情况下 $x_ix_j=y_{ij}$ 和 $x_ix_jx_k=z_{ijk}$。

考虑到式（6.36）和式（6.37），带有等式基数约束的项目组合选择问题模型（传统模型 2-1）（PPSP-ECC）可以如下表示。

（2）传统模型 2-1（PPSP-ECC）如下所示：

$$\max F(x,y,z) = \sum_{i=1}^{N} r_i x_i + \sum_{i=1}^{N}\sum_{j>i}^{N} r_{ij} y_{ij} + \sum_{i=1}^{N}\sum_{j>i}^{N}\sum_{k>j}^{N} r_{ijk} z_{ijk}$$

约束条件：

$$式（6.35）\sim 式（6.37）$$

$$x_i \in \{0,1\},\ 0 \leqslant y_{ij},\ z_{ijk} \leqslant 1,\ i,j,k=1,2,\cdots,N,\ i<j<k$$

在传统模型 2-1（PPSP-ECC）中，0-1 变量、连续变量、线性等式约束和线性不等式约束的数量分别为 N（即 x_i），$N(N-1)/2+N(N-1)(N-2)/6$（即 y_{ij} 和

z_{ijk}），$1+N$ [即式（6.36）和式（6.37）]，1 [即式（6.35）]。

另外，考虑到不等式基数约束的情况，式（6.37）需要重新定义。因此引入一系列新 0-1 变量 $\{u_t\}$，式（6.37）的右端项由一系列新的附加的非负变量 $\{\Phi_i\}$ 代替，同时需要下列线性系统：

$$\sum_{i=1}^{N} x_i = \sum_{t=1}^{m} t u_t \quad (6.38)$$

$$\sum_{t=1}^{m} u_t = 1 \quad (6.39)$$

$$\sum_{t=1}^{m} \frac{t(t-1)}{2} u_t + M(x_i - 1) \leqslant \Phi_i \leqslant \sum_{t=1}^{m} \frac{t(t-1)}{2} u_t + M(1 - x_i), \quad i = 1, 2, \cdots, N \quad (6.40)$$

$$\Phi_i \leqslant M x_i, \quad i = 1, 2, \cdots, N \quad (6.41)$$

考虑到式（6.38）和式（6.39）中的 $\sum_{t=1}^{m} u_t = 1$ 和 $u_t \in \{0,1\}$，存在唯一的 $t' \in \{1, 2, \cdots, m\}$ 使 $u_{t'} = 1$，其余 $u_t = 0$。如果 $x_i = 1$，那么 $\Phi_i = \frac{t'(t'-1)}{2}$；否则，$\Phi_i = 0$。这表明式（6.37）的右端项被 Φ_i 代替。

根据式（6.38）~式（6.41），带有不等式基数约束的项目组合选择模型（传统模型 2-2）（PPSP-IECC）可以表示如下。

（3）传统模型 2-2（PPSP-IECC）可以表示为

$$\max G(x, y, z, \Phi, u) = \sum_{i=1}^{N} r_i x_i + \sum_{i=1}^{N} \sum_{j>i}^{N} r_{ij} y_{ij} + \sum_{i=1}^{N} \sum_{j>i}^{N} \sum_{k>j}^{N} r_{ijk} z_{ijk} \quad (6.42)$$

约束条件：

式（6.35），式（6.38）~式（6.41）

$$\sum_{j>i}^{N} y_{ij} + \sum_{j<i}^{N} y_{ji} + \sum_{j>i}^{N} \sum_{k>j}^{N} z_{ijk} + \sum_{j<i}^{N} \sum_{k>i}^{N} z_{jik} + \sum_{j<k}^{N} \sum_{k<i}^{N} z_{jki} = \Phi_i, \quad i = 1, 2, \cdots, N \quad (6.43)$$

$$x_i \in \{0,1\}, \quad 0 \leqslant y_{ij}, z_{ijk} \leqslant 1, \quad \Phi_i \geqslant 0, \quad i, j, k = 1, 2, \cdots, N, \quad i < j < k$$

$$u_t \in \{0,1\}, \quad t = 1, 2, \cdots, m$$

在传统模型 2-2（PPSP-IECC）中，式（6.43）源于式（6.37），表示交叉乘积项 $x_i x_j$ 和 $x_i x_j x_k$ 也可以通过使用一些新的 0-1 变量和不等式变量线性化为 y_{ij} 和 z_{ijk}。

在传统模型 2-2（PPSP-IECC）中，0-1 变量、连续变量、线性等式约束和线性不等式约束的数量分别为 $m+N$（即 x_i 和 u_t），$N+N(N-1)/2 + N(N-1)(N-2)/6$（即 Φ_i、y_{ij} 和 z_{ijk}），$2+N$，$1+3N$ [即式（6.35），式（6.40），式（6.41）]。

在提出解决方法之前，传统模型 1、传统模型 2-1、传统模型 2-2 中的一些问题需要解决或改进。传统模型 1 使用大量的不等式约束来线性化连续变量里的交叉乘积项。这种线性化方法在运行 MILP 求解器程序的过程中造成了沉重的计算负担。为了加快求解时间，传统模型 2-1 和传统模型 2-2 使用较少的等式约束来减轻计算负担，尽管需要大量的连续变量。考虑到基于式（6.37）的另一种形式，本节提出一种新的线性化方法来减少 $\frac{N(N-1)}{2}$ 个连续变量，并增加较少的等式约束，以便在分支定界方法中快速计算。

2. 提出的新模型

与传统模型 1 相比，传统模型 2-1 和传统模型 2-2 减少了大量线性不等式约束，加快了求解时间。在本节中，可证明减少传统模型 2-1 和传统模型 2-2 所需的连续变量数量也可以实现快速计算。

参考传统模型 2-1，对于二次项做如下处理（即 $x_i x_j$，其中 $i,j = 1,2,\cdots,N$，$i<j$）。

命题 6.1 令 m 和 N 为正整数且 $1 \leq m < N$，假设 $x_i \in \{0,1\}$，$i = 1,2,\cdots,N$ 满足 $\sum_{i=1}^{N} x_i = m$。对于非负变量 $y_{i,j} \in [0,1]$，$i,j \in \{1,2,\cdots,N\}$，$i \neq j$，如果满足式（6.44）：

$$\sum_{i<j}^{N} y_{ij} + \sum_{j<i}^{N} y_{ji} = (m-1)x_i, \quad i = 1,2,\cdots,N \tag{6.44}$$

那么 $x_i x_j = y_{ij}$，其中 $i,j \in \{1,2,\cdots,N\}$，$i \neq j$。

示例 6.2 令 $N = 4$，根据命题 6.1，可以用简单例子来说明。

$$x_1 + x_2 + x_3 + x_4 = 3$$
$$y_{12} + y_{13} + y_{14} = 2x_1, y_{12} + y_{23} + y_{24} = 2x_2, y_{13} + y_{23} + y_{34}$$
$$= 2x_3, y_{14} + y_{24} + y_{34} = 2x_4$$
$$x_i \in \{0,1\}, \ y_{ij} \in [0,1], \ i,j = 1,2,3,4, \ i<j$$

如果 (x_1, x_2, x_3, x_4) 的值为（1,0,1,1），则有唯一解：

$$(y_{12}, y_{13}, y_{14}, y_{23}, y_{24}, y_{34}) = (0,1,1,0,0,1)$$

这表明在所有情况下 $x_i x_j = y_{ij}$。

因此，三次项也有另一个线性化技术（即 $x_i x_j x_k$，$i,j,k = 1,2,\cdots,N$，$i<j<k$）

命题 6.2 令 m 和 N 为正整数且 $1 \leq m < N$，假设 $x_i \in \{0,1\}$，$i = 1,2,\cdots,N$ 满足 $\sum_{i=1}^{N} x_i = m$。对于非负变量 $z_{i,j,k} \in [0,1]$，$i,j,k \in \{1,2,\cdots,N\}$，$i \neq j \neq k(\neq i)$，如果满足式（6.45）：

$$\sum_{j>i}^{N}\sum_{k>j}^{N}z_{ijk}+\sum_{j<i}^{N}\sum_{k>i}^{N}z_{jik}+\sum_{j<k}^{N}\sum_{k<i}^{N}z_{jki}=\frac{(m-1)(m-2)}{2}x_i,\ i=1,2,\cdots,N \quad (6.45)$$

那么 $x_i x_j x_k = z_{ijk}$，$i,j,k=1,2,\cdots,N$，$i \neq j \neq k(\neq i)$。

示例6.3 令 $N=4$，根据命题6.1，可以用简单例子来说明。

$$x_1 + x_2 + x_3 + x_4 = 3$$
$$z_{123} + z_{124} + z_{134} = x_1, z_{123} + z_{124} + z_{234} = x_2$$
$$z_{123} + z_{134} + z_{234} = x_3, z_{124} + z_{134} + z_{234} = x_4$$
$$x_i \in \{0,1\},\ z_{ijk} \in [0,1],\ i,j,k=1,2,3,4,\ i<j<k$$

如果 (x_1, x_2, x_3, x_4) 的值为 (1,0,1,1)，那么有唯一解：

$$(z_{123}, z_{124}, z_{134}, z_{234}) = (0,0,1,0)$$

这表明所有情况下 $x_i x_j x_k = z_{ijk}$。

此外，考虑到相应的交叉乘积项 y_{ij} 和 z_{ijk}，有以下三种情况：

（1）如果 $m=1$，有唯一的 $i' \in \{1,2,\cdots,N\}$ 使 $x_{i'}=1$。这意味着对于所有的 i,j,k，$y_{ij} = z_{ijk} = 0$。

（2）如果 $m=2$，有唯一的 $i',j' \in \{1,2,\cdots,N\}$，$i' \neq j'$ 使 $x_{i'} = x_{j'} = 1$。这意味着 $y_{i'j'}=1$，但是对于所有 i,j,k，$z_{ijk}=0$。

（3）如果 $m=3$，有唯一的 $i',j',k' \in \{1,2,\cdots,N\}$，$i' \neq j' \neq k'(\neq i')$ 使 $x_{i'} = x_{j'} = x_{k'} = 1$。这意味着 $z_{i'j'k'}=1$，$y_{i'j'} = y_{i'k'} = y_{j'k'} = 1$。

因此得出以下结果。

定理6.5 令 m 和 N 为正整数且 $3 \leq m < N$，r_{ij} 表示同时执行项目 i 和项目 j 获得的额外收益。对于向量

$$x = (x_1, x_2, \cdots, x_N) \in \{0,1\}^N$$
$$y = (y_{12}, y_{13}, \cdots, y_{1N}, y_{23}, \cdots, y_{(N-1)N}) \in [0,1]^{N(N-1)/2}$$
$$z = (z_{123}, z_{124}, \cdots, z_{12N}, z_{234}, \cdots, z_{(N-2)(N-1)N}) \in [0,1]^{N(N-1)(N-2)/6}$$

如果满足式（6.36），式（6.44）和式（6.45），那么：

$$\sum_{i=1}^{N}\sum_{j>i}^{N}r_{ij}y_{ij} = \frac{1}{m-2}\sum_{i=1}^{N}\sum_{j>i}^{N}\sum_{k>j}^{N}(r_{ij}+r_{ik}+r_{jk})z_{ijk} \quad (6.46)$$

定理6.5可以进一步减少连续变量的数量（即 $\{y_{i,j}\}$）。示例6.4说明了这种情况。

示例6.4 根据示例6.2和示例6.3，已经证明所有情况下 $x_i x_j = y_{ij}$ 和 $x_i x_j x_k = z_{ijk}$。根据定理6.5，有以下结果：

$$r_{12}y_{12} + r_{13}y_{13} + r_{14}y_{14} + r_{23}y_{23} + r_{24}y_{24} + r_{34}y_{34}$$
$$= (r_{12} + r_{13} + r_{23})z_{123} + (r_{12} + r_{14} + r_{24})z_{124}$$
$$+ (r_{13} + r_{14} + r_{34})z_{134} + (r_{23} + r_{24} + r_{34})z_{234}$$

这表明 $\sum_{i=1}^{4}\sum_{j>i}^{4}r_{ij}y_{ij} = \frac{1}{3-2}\sum_{i=1}^{4}\sum_{j>i}^{4}\sum_{k>j}^{4}(r_{ij}+r_{ik}+r_{jk})z_{ijk}$。

根据定理 6.5，向量 y 可用目标函数（6.34）表示，资源约束（6.35）可以删除。而且，传统模型 2-1 可以做如下改进。

（1）模型 3-1（PPSP-ECC）。

$$\max \hat{F}(x,z) = \sum_{i=1}^{N} r_i x_i + \frac{1}{m-2}\sum_{i=1}^{N}\sum_{j>i}^{N}\sum_{k>j}^{N}(r_{ij}+r_{ik}+r_{jk})z_{ijk} + \sum_{i=1}^{N}\sum_{j>i}^{N}\sum_{k>j}^{N}(r_{ijk}z_{ijk}) \quad (6.47)$$

约束条件：

式（6.36），式（6.45）

$$\sum_{i=1}^{N} d_i x_i - \frac{1}{m-2}\sum_{i=1}^{N}\sum_{j>i}^{N}\sum_{k>j}^{N}(d_{i,j}+d_{i,k}+d_{j,k})z_{i,j,k} + \sum_{i=1}^{N}\sum_{j>i}^{N}\sum_{k>j}^{N}d_{ijk}z_{ijk} \leq b \quad (6.48)$$

$$x_i \in \{0,1\}, \; 0 \leq z_{ijk} \leq 1, \; i,j,k=1,2,\cdots,N, \; i<j<k$$

在提出的模型 3-1（PPSP-ECC）中，0-1 变量、连续变量、线性等式约束和线性不等式约束的数量分别为 N（即 x_i），$N(N-1)(N-2)/6$（即 z_{ijk}），$1+N$[即式（6.36）和式（6.45）]，1[即式（6.48）]。

考虑到不等式基数约束的情况，以下三个结果是对于传统模型 2-2 的改进。

命题 6.3 令 m 和 N 为正整数且 $3 \leq m < N$，r_{ij} 为同时执行项目 i 和项目 j 获得的额外利益。对于向量

$$x = (x_1, x_2, \cdots, x_N) \in \{0,1\}^N$$
$$y = (y_{12}, y_{13}, \cdots, y_{1N}, y_{23}, \cdots, y_{(N-1)N}) \in [0,1]^{N(N-1)/2}$$
$$z = (z_{123}, z_{124}, \cdots, z_{12N}, z_{234}, \cdots, z_{(N-2)(N-1)N}) \in [0,1]^{N(N-1)(N-2)/6}$$
$$u = (u_1, u_2, \cdots, u_{m-2}) \in \{0,1\}^{m-2}, \; 参数 \; \xi \geq 0$$

令 $\sum_{t=1}^{m-2} u_t = 1$，$\sum_{i=1}^{N} x_i = \sum_{t=1}^{m-2}(t+2)u_t$，$3 \leq \sum_{i=1}^{N} x_i \leq m$。存在唯一的 $t' \in \{1,2,\cdots,m-2\}$ 使 $u_{t'} = 1$。在定理 6.5 的情况下，如果满足下列的线性不等式约束，可以得到

$$\sum_{i=1}^{N}\sum_{j>i}^{N} r_{ij}y_{ij} = \frac{1}{t'}\sum_{i=1}^{N}\sum_{j>i}^{N}\sum_{k>j}^{N}(r_{ij}+r_{ik}+r_{jk})z_{ijk} = \xi \text{。}$$

$$M(u_t - 1) + \frac{1}{t}\sum_{i=1}^{N}\sum_{j>i}^{N}\sum_{k>j}^{N}(r_{ij}+r_{ik}+r_{jk})z_{ijk} \leq \xi, \; t=1,2,\cdots,m-2 \quad (6.49)$$

$$\frac{1}{t}\sum_{i=1}^{N}\sum_{j>i}^{N}\sum_{k>j}^{N}(r_{ij}+r_{ik}+r_{jk})z_{ijk}+M(1-u_t) \geqslant \xi, \quad t=1,2,\cdots,m-2 \quad (6.50)$$

其中，M 为足够大的常数。

命题 6.4 令 m 和 N 为正整数且 $3 \leqslant m < N$，d_{ij} 表示项目 i 和项目 j 共享的资源量。对于向量 $x=(x_1,x_2,\cdots,x_N) \in \{0,1\}^N$，向量 $y=(y_{12},y_{13},\cdots,y_{1N}, y_{23},y_{34},\cdots,y_{(N-1)N})$ $\in [0,1]^{N(N-1)/2}$，向量 $z=(z_{123},z_{124},\cdots,z_{12N}, z_{234},z_{345},\cdots,z_{(N-2)(N-1)N}) \in [0,1]^{N(N-1)(N-2)/6}$，向量 $u=(u_1,u_2,\cdots,u_{m-2}) \in \{0,1\}^{m-2}$ 和参数 $\zeta \in [0,\infty]$，令 $\sum_{t=1}^{m-2}u_t=1$，$\sum_{i=1}^{N}x_i=\sum_{t=1}^{m-2}(t+2)u_t$，$3 \leqslant \sum_{i=1}^{N}x_i \leqslant m$。存在唯一的 $t' \in \{1,2,\cdots,m-2\}$ 使 $u_{t'}=1$。在定理 6.5 的情况下，如果满足下列的线性不等式约束，可以得到

$$\sum_{i=1}^{N}\sum_{j>i}^{N}d_{ij}y_{ij}=\frac{1}{t'}\sum_{i=1}^{N}\sum_{j>i}^{N}\sum_{k>j}^{N}(d_{ij}+d_{ik}+d_{jk})z_{ijk}=\zeta$$

$$M(u_t-1)+\frac{1}{t}\sum_{i=1}^{N}\sum_{j>i}^{N}\sum_{k>j}^{N}(d_{ij}+d_{ik}+d_{jk})z_{ijk} \leqslant \zeta, \quad t=1,2,\cdots,m-2 \quad (6.51)$$

$$\frac{1}{t}\sum_{i=1}^{N}\sum_{j>i}^{N}\sum_{k>j}^{N}(d_{ij}+d_{ik}+d_{jk})z_{ijk}+M(1-u_t) \geqslant \zeta, \quad t=1,2,\cdots,m-2 \quad (6.52)$$

其中，M 为足够大的常数。

定理 6.6 令 m 和 N 为正整数且 $3 \leqslant m < N$。对于向量 $x=(x_1,x_2,\cdots,x_N) \in \{0,1\}^N$ 其中 $3 \leqslant \sum_{i=1}^{N}x_i \leqslant m$，向量 $u=(u_1,u_2,\cdots,u_{m-2}) \in \{0,1\}^{m-2}$，向量 $Q=(Q_1,Q_2,\cdots,Q_N)$ $\in [0,\infty]^N$ 和向量 $\Phi=(\Phi_1,\Phi_2,\cdots,\Phi_N) \in [0,\infty]^N$，如果满足下列线性系统，非线性表达式 $\left(\sum_{t=1}^{m-2}(t(t+1)/2)u_tx_i\right)$ 等于 Φ_i。

$$\sum_{t=1}^{m-2}u_t=1 \quad (6.53)$$

$$\sum_{i=1}^{N}x_i=\sum_{t=1}^{m-2}(t+2)u_t \quad (6.54)$$

$$\Phi_i+Q_i=\frac{(m-1)(m-2)}{2}(1-x_i)+\sum_{t=1}^{m}\frac{t(t+1)}{2}u_t, \quad i=1,2,\cdots,N \quad (6.55)$$

$$Q_i \leqslant \frac{(m-1)(m-2)}{2}(1-x_i), \quad i=1,2,\cdots,N \quad (6.56)$$

$$\Phi_i \leqslant \frac{(m-1)(m-2)}{2}x_i, \quad i=1,2,\cdots,N \quad (6.57)$$

根据命题 6.3~命题 6.4，传统模型 2-2（PPSP-IECC）有如下改进。

（2）模型 3-2（PPSP-IECC）。

$$\max \hat{G}(x,z,\xi,\zeta,\Phi,Q,u) = \sum_{i=1}^{N} r_i x_i + \xi + \sum_{i=1}^{N}\sum_{j>i}^{N}\sum_{k>j}^{N} r_{ijk} z_{ijk} \quad (6.58)$$

约束条件：

式（6.49）~式（6.52），式（6.53）~式（6.57）

$$\sum_{i=1}^{N} d_i x_i - \zeta + \sum_{i=1}^{N}\sum_{j>i}^{N}\sum_{k>j}^{N} d_{ijk} z_{ijk} \leq b \quad (6.59)$$

$$\sum_{j>i}^{N}\sum_{k>j}^{N} z_{ijk} + \sum_{j<i}^{N}\sum_{k>i}^{N} z_{jik} + \sum_{j<k}^{N}\sum_{k<i}^{N} z_{jki} = \Phi_i, \ i=1,2,\cdots,N \quad (6.60)$$

其中，$3 \leq m < N$；$x_i \in \{0,1\}$，$0 \leq z_{ijk} \leq 1$；$\xi,\zeta,\Phi_i,Q_i \geq 0$；$u_t \in \{0,1\}$，$i,j,k = 1,2,\cdots,N$；$i<j<k$；$t=1,2,\cdots,m-2$。

在提出的模型 3-2（PPSP-IECC）中，0-1 变量、连续变量、线性等式约束和线性不等式约束的数量分别为 $m+N-2$（即 x_i 和 u_t），$2+2N+N(N-1)(N-2)/6$（即 ξ，ζ，Φ_i，Q_i 和 z_{ijk}），$2+2N$ [即式（6.53）~式（6.55），式（6.60）]，$4m+2N-7$ [即式（6.49）~式（6.52），式（6.56），式（6.57），式（6.59）]。

在本节中，为了简单，只处理三阶项目组合选择问题，而不考虑更高阶的问题。值得指出的是，更高阶的（四阶或者更高）项目组合选择问题可以通过引入更高阶的叉乘项来将其简化。成功地扩展更高阶的定理 6.5 和命题 6.3~命题 6.4 是关键。

3. 复杂度

由于传统模型 2-1 和传统模型 2-2 优于传统模型 1，本节主要比较传统模型（模型 2-1 和模型 2-2）和提出的模型（模型 3-1 和模型 3-2）。表 6.5 列出了这四种模型所需的 0-1 变量、连续变量、线性等式约束和线性不等式约束的数量。

表6.5 四种项目组合选择问题线性模型的比较

模型	0-1 变量数量	连续变量数量	线性等式约束数量	线性不等式约束数量
模型 2-1	N	$N(N-1)/2 + N(N-1)(N-2)/6$	$1+N$	1
模型 2-2	$m+N$	$N+N(N-1)/2 + N(N-1)(N-2)/6$	$2+N$	$1+3N$
模型 3-1	N	$N(N-1)(N-2)/6$	$1+N$	1
模型 3-2	$m+N-2$	$2+2N+N(N-1)(N-2)/6$	$2+2N$	$4m+2N-7$

比较表 6.5 中的四种模型，可以得到以下结论。

（1）传统模型（模型2-1和模型2-2）和提出的模型（模型3-1和模型3-2）中的0-1变量的数量是同一个数量级的。

（2）相对于传统模型（模型2-1和模型2-2），提出的模型（模型3-1和模型3-2）在处理所有二次项 $x_i x_j$ 的时候减少了 $N(N-1)/2$ 个连续变量。

（3）相对于传统模型2-2，提出的模型3-2多使用了 $O(N)$ 个等式约束。

（4）传统模型（模型2-1和模型2-2）和提出的模型（模型3-1和模型3-2）中的不等式约束的数量是同一个数量级的。

（5）从（1）、（2）可知，提出的模型（模型3-1和模型3-2）比传统模型（模型2-1和模型2-2）需要更少的非负连续变量，但需要更多的等式约束。

通过减少连续变量数量和增加少量的等式约束，可以有效地得到一个更优解。

6.2.3 实例分析

本小节展示了一些实例来比较传统模型（模型2-1和模型2-2）和提出的模型（模型3-1和模型3-2）的性能。所有测试实例都使用Gurobi MILP求解器来求解对应的整数线性规划公式。所有的测试都是在配备英特尔酷睿i5 4210 CPU、8G内存和Windows 7（64位）操作系统的电脑上进行的。默认的时间限制设置为3 600秒，其他所有默认设置都保持不变。分两组进行实验，第一组执行PPSP-ECC模型，第二组执行PPSP-IECC模型。

1. 实验1

实验1（PPSP-ECC模型）共有三种类型。第一种类型是小规模，(N,m) 共有20种情况，其中 $N=25,30,35,40,45$，$m=3,4,5,6$。第二种类型是中等规模，(N,m) 共有15种情况，其中 $N=50,55,60,65,70$，$m=3,4,5$。第三种类型是大规模，(N,m) 共有10种情况，其中 $N=75,80,85,90,95$，$m=3,4$。

计算结果如表6.6和表6.7所示，包括每种情况对应的0-1变量数量、等式约束数量、不等式约束数量、迭代次数、计算时间和最优值。以表6.6和表6.7中的情况1.1（$N=25, m=3$）为例，传统模型2-1和提出的模型3-1的数量（0-1变量数量、连续变量数量、等式约束数量、不等式约束数量）分别为（25, 2 600, 26, 1）和（25, 2 300, 26, 1），传统模型2-1和提出的模型3-1（迭代次数、计算时间、最优值）分别为（2 592, 1.39, 1 518）和（115, 0.03, 1 518）。同样地，对于情况1.45（$N=95, m=4$），传统模型2-1和提出的模型3-1（迭代次数、计算时间、最优值）分别为（—, >3 600, —）和（37 431, 233.42, 3 863）。核对情况1.16、情况1.20、情况1.23、情况1.26、情况1.29、情况1.32、情况1.34、情况 1.35、情况 1.37、情况 1.39、情况 1.41、情况 1.43 和情况 1.45，得知传统模型 2-1 无法在预先设定的 3 600 秒内解决，然而提出的模型 3-1 可以在合理的时间内解决。对于每一种情况，都解出了传统模型 2-1 和提出的模型 3-1 相应的线性规划松弛问题切割和分支之前的根。计算结果如表 6.8 所示。最优值差值由公式得出，最优值差值={（线性规划松弛目标值−最优目标值）/线性规划松弛目标值}×100%，其中，差值由线性规划松弛目标值与最优整数目标值产生。以情况 1.1 为例，传统模型 2-1 和提出的模型 3-1（线性规划松弛目标值、最优值差值）分别为（2 078，36.89%）和（1 518，0）。然而，解决传统模型 2-1 和传统模型 2-2 对应的线性规划松弛问题很容易得到结果，每种情况的求解时间均在 1 秒内。表 6.8 的结果也支持了解决提出的线性规划松弛模型 3-1 比传统的线性规划松弛模型 2-1 更有效的假设。

表6.6　传统模型2-1的计算结果

类型	情况	(N, m)	0-1 变量数量	连续变量数量	等式约束数量	不等式约束数量	迭代次数	计算时间/秒	目标值（最优值）
小规模	1.1	(25,3)	25	2 600	26	1	2 592	1.39	1 518
	1.2	(25,4)	25	2 600	26	1	44 047	4.73	3 558
	1.3	(25,5)	25	2 600	26	1	215 842	13.72	7 276
	1.4	(25,6)	25	2 600	26	1	1 184 364	75.45	12 483
	1.5	(30,3)	30	4 495	31	1	5 309	3.33	1 484
	1.6	(30,4)	30	4 495	31	1	78 674	17.32	3 665
	1.7	(30,5)	30	4 495	31	1	556 916	75.20	7 521
	1.8	(30,6)	30	4 495	31	1	3 579 771	312.23	12 574
	1.9	(35,3)	35	7 140	36	1	7 749	4.45	1 509
	1.10	(35,4)	35	7 140	36	1	114 896	39.54	3 883
	1.11	(35,5)	35	7 140	36	1	1 462 923	223.04	7 388
	1.12	(35,6)	35	7 140	36	1	11 804 047	1 543.95	12 528
	1.13	(40,3)	40	10 660	41	1	16 108	14.39	1 493
	1.14	(40,4)	40	10 660	41	1	195 591	68.61	3 776
	1.15	(40,5)	40	10 660	41	1	2 994 012	635.64	7 446
	1.16	(40,6)	40	10 660	41	1	—	>3 600	—
	1.17	(45,3)	45	15 180	46	1	20 487	27.39	1 552
	1.18	(45,4)	45	15 180	46	1	301 274	198.61	3 869
	1.19	(45,5)	45	15 180	46	1	5 726 420	2 121.33	7 507
	1.20	(45,6)	45	15 180	46	1	—	>3 600	—

续表

类型	情况	(N,m)	0-1变量数量	连续变量数量	等式约束数量	不等式约束数量	迭代次数	计算时间/秒	目标值（最优值）
中等规模	1.21	(50,3)	50	20 825	51	1	29 888	51.34	1 574
	1.22	(50,4)	50	20 825	51	1	525 894	475.44	3 817
	1.23	(50,5)	50	20 825	51	1	—	>3 600	—
	1.24	(55,3)	55	27 720	56	1	42 778	84.34	1 540
	1.25	(55,4)	55	27 720	56	1	767 919	781.15	3 754
	1.26	(55,5)	55	27 720	56	1	—	>3 600	—
	1.27	(60,3)	60	35 990	61	1	49 929	157.51	1 518
	1.28	(60,4)	60	35 990	61	1	1 326 881	1 474.76	3 803
	1.29	(60,5)	60	35 990	61	1	—	>3 600	—
	1.30	(65,3)	65	45 760	66	1	126 274	435.21	1 526
	1.31	(65,4)	65	45 760	66	1	1 868 475	2 573.48	3 814
	1.32	(65,5)	65	45 760	66	1	—	>3 600	—
	1.33	(70,3)	70	57 155	71	1	148 878	589.52	1 561
	1.34	(70,4)	70	57 155	71	1	—	>3 600	—
	1.35	(70,5)	70	57 155	71	1	—	>3 600	—
大规模	1.36	(75,3)	75	70 300	76	1	166 353	855.38	1 542
	1.37	(75,4)	75	70 300	76	1	—	>3 600	—
	1.38	(80,3)	80	85 320	81	1	164 553	1 136.28	1 596
	1.39	(80,4)	80	85 320	81	1	—	>3 600	—
	1.40	(85,3)	85	102 340	86	1	216 833	1 506.60	1 591
	1.41	(85,4)	85	102 340	86	1	—	>3 600	—
	1.42	(90,3)	90	121 485	91	1	246 559	2 228.26	1 564
	1.43	(90,4)	90	121 485	91	1	—	>3 600	—
	1.44	(95,3)	95	142 880	96	1	245 919	3 119.18	1 580
	1.45	(95,4)	95	142 880	96	1	—	>3 600	—

注："—"表示问题不能由Gurobi在3 600秒内解决

表6.7 提出的模型3-1的计算结果

类型	情况	(N,m)	0-1变量数量	连续变量数量	等式约束数量	不等式约束数量	迭代次数	计算时间/秒	目标值（最优值）
小规模	1.1	(25,3)	25	2 300	26	1	115	0.03	1 518
	1.2	(25,4)	25	2 300	26	1	919	0.30	3 558
	1.3	(25,5)	25	2 300	26	1	18 307	1.58	7 276
	1.4	(25,6)	25	2 300	26	1	308 866	19.81	12 483
	1.5	(30,3)	30	4 060	31	1	122	0.09	1 484

续表

类型	情况	(N,m)	0-1变量数量	连续变量数量	等式约束数量	不等式约束数量	迭代次数	计算时间/秒	目标值（最优值）
小规模	1.6	(30,4)	30	4 060	31	1	2 076	0.95	3 665
	1.7	(30,5)	30	4 060	31	1	40 950	7.81	7 521
	1.8	(30,6)	30	4 060	31	1	956 464	71.26	12 574
	1.9	(35,3)	35	6 545	36	1	169	0.09	1 509
	1.10	(35,4)	35	6 545	36	1	611	0.52	3 883
	1.11	(35,5)	35	6 545	36	1	125 912	20.55	7 388
	1.12	(35,6)	35	6 545	36	1	3 040 862	306.95	12 528
	1.13	(40,3)	40	9 880	41	1	170	0.11	1 493
	1.14	(40,4)	40	9 880	41	1	2 430	1.61	3 776
	1.15	(40,5)	40	9 880	41	1	186 750	43.64	7 446
	1.16	(40,6)	40	9 880	41	1	4 747 011	696.81	12 915
	1.17	(45,3)	45	14 190	46	1	217	0.16	1 552
	1.18	(45,4)	45	14 190	46	1	1 322	2.27	3 869
	1.19	(45,5)	45	14 190	46	1	395 138	120.22	7 507
	1.20	(45,6)	45	14 190	46	1	8 054 706	1 771.69	13 000
中等规模	1.21	(50,3)	50	19 600	51	1	212	0.19	1 574
	1.22	(50,4)	50	19 600	51	1	7 531	6.56	3 817
	1.23	(50,5)	50	19 600	51	1	293 968	125.80	7 706
	1.24	(55,3)	55	26 235	56	1	272	0.27	1 540
	1.25	(55,4)	55	26 235	56	1	11 314	9.92	3 754
	1.26	(55,5)	55	26 235	56	1	1 292 965	483.01	7 534
	1.27	(60,3)	60	34 220	61	1	284	0.34	1 518
	1.28	(60,4)	60	34 220	61	1	7 637	13.61	3 803
	1.29	(60,5)	60	34 220	61	1	2 174 591	1 086.21	7 529
	1.30	(65,3)	65	43 680	66	1	363	0.48	1 526
	1.31	(65,4)	65	43 680	66	1	10 449	18.31	3 814
	1.32	(65,5)	65	43 680	66	1	2 816 118	1 997.13	7 670
	1.33	(70,3)	70	54 740	71	1	366	0.63	1 561
	1.34	(70,4)	70	54 740	71	1	10 002	31.30	3 866
	1.35	(70,5)	70	54 740	71	1	2 471 881	2 282.45	7 674
大规模	1.36	(75,3)	75	67 525	76	1	7 160	1.28	1 542
	1.37	(75,4)	75	67 525	76	1	14 819	54.47	3 830
	1.38	(80,3)	80	82 160	81	1	8 109	1.67	1 596
	1.39	(80,4)	80	82 160	81	1	20 787	55.69	3 847

续表

类型	情况	(N,m)	0-1变量数量	连续变量数量	等式约束数量	不等式约束数量	迭代次数	计算时间/秒	目标值（最优值）
大规模	1.40	(85,3)	85	98 770	86	1	8 586	2.38	1 591
	1.41	(85,4)	85	98 770	86	1	42 781	190.73	3 822
	1.42	(90,3)	90	117 480	91	1	9 186	2.94	1 564
	1.43	(90,4)	90	117 480	91	1	17 586	133.30	3 889
	1.44	(95,3)	95	138 415	96	1	9 737	3.78	1 580
	1.45	(95,4)	95	138 415	96	1	37 431	233.42	3 863

表6.8 求解传统模型2-1和提出的模型3-1线性规划松弛问题的计算结果

类型	情况	(N,m)	模型2-1线性规划松弛		模型3-1线性规划松弛	
			目标值	最优值差值	目标值	最优值差值
小规模	1.1	(25,3)	2 078.00	36.89%	1 518.00	0
	1.2	(25,4)	5 041.33	41.69%	3 924.83	10.31%
	1.3	(25,5)	10 305.53	41.64%	8 240.33	13.25%
	1.4	(25,6)	18 271.60	46.37%	15 147.60	21.35%
	1.5	(30,3)	2 048.33	38.03%	1 484.00	0
	1.6	(30,4)	5 113.83	39.53%	3 961.33	8.09%
	1.7	(30,5)	10 376.90	37.97%	8 457.50	12.45%
	1.8	(30,6)	18 286.60	45.43%	15 277.30	21.50%
	1.9	(35,3)	2 055.00	36.18%	1 509.00	0
	1.10	(35,4)	5 130.83	32.14%	3 997.33	2.94%
	1.11	(35,5)	10 337.93	39.93%	8 496.83	15.01%
	1.12	(35,6)	18 406.87	46.93%	15 401.50	22.94%
	1.13	(40,3)	2 062.67	38.16%	1 493.00	0
	1.14	(40,4)	5 101.83	35.11%	4 000.67	5.95%
	1.15	(40,5)	10 371.90	39.29%	8 436.33	13.30%
	1.16	(40,6)	18 391.07	—	15 449.70	19.63%
	1.17	(45,3)	2 091.00	34.73%	1 552.00	0
	1.18	(45,4)	5 171.83	33.67%	4 036.17	4.32%
	1.19	(45,5)	10 386.13	38.35%	8 552.67	13.93%
	1.20	(45,6)	18 405.93	—	15 405.80	18.51%
中等规模	1.21	(50,3)	2 093.00	32.97%	1 574.00	0
	1.22	(50,4)	5 170.50	35.46%	4 057.83	6.31%
	1.23	(50,5)	10 413.73	—	8 536.83	10.78%
	1.24	(55,3)	2 062.00	33.90%	1 540.00	0
	1.25	(55,4)	5 142.33	36.98%	3 990.33	6.30%

续表

类型	情况	(N,m)	模型 2-1 线性规划松弛		模型 3-1 线性规划松弛	
			目标值	最优值差值	目标值	最优值差值
中等规模	1.26	(55,5)	10 397.47	—	8 549.17	13.47%
	1.27	(60,3)	20 91.67	37.79%	1 518.00	0
	1.28	(60,4)	5 171.33	35.98%	4 071.67	7.06%
	1.29	(60,5)	10 402.07	—	8 505.00	12.96%
	1.30	(65,3)	2 084.33	36.59%	1 526.00	0
	1.31	(65,4)	5 161.67	35.33%	4 044.33	6.04%
	1.32	(65,5)	10 425.17	—	8 589.17	11.98%
	1.33	(70,3)	2 098.00	34.40%	1 561.00	0
	1.34	(70,4)	5 153.33	—	4 058.67	4.98%
	1.35	(70,5)	10 421.53	—	8 558.83	11.53%
大规模	1.36	(75,3)	2 075.33	34.59%	1 542.00	0
	1.37	(75,4)	5 178.50	—	4 087.83	6.73%
	1.38	(80,3)	2 101.67	31.68%	1 596.00	0
	1.39	(80,4)	5 173.83	—	4115.50	6.98%
	1.40	(85,3)	2 099.33	31.95%	1 591.00	0
	1.41	(85,4)	5 164.50	—	4 101.67	7.32%
	1.42	(90,3)	2 097.00	34.08%	1 564.00	0
	1.43	(90,4)	5 173.00	—	4 130.00	6.20%
	1.44	(95,3)	2 109.00	33.48%	1 580.00	0
	1.45	(95,4)	5 187.83	—	4 117.83	6.60%

注:"—"表示问题不能由 Gurobi 在 3 600 秒内解决

通过表 6.6~表 6.8,可以得出以下结论。

(1)在所有已解决的实例中,传统模型 2-1 和提出的模型 3-1 具有相同的最优值。

(2)相对于传统模型 2-1,提出的模型 3-1 使用较少的连续变量来提高求解速度。

(3)对所有模型来说,当 N 固定时,基数越大求解时间越长。另外,当基数固定时,N 越大求解时间越长。

(4)每种模型的求解时间的增加速度不同。传统模型 2-1 的求解速度比提出的模型 3-1 的求解速度增加得快。

(5)传统的线性规划松弛模型 2-1 没有整数要求,提出的线性规划松弛模型 3-1 可以获得差值更小、上限更高的切割和分支之前的根。

(6)实验支持了提出的模型 3-1 优于传统模型 2-1 的假设。

2. 实验2

实验 2（PPSP-IECC 模型）也有三种类型。第一种类型是小规模，(N,m) 共有 20 种情况，其中 $N = 25,30,35,40,45$，$m = 3,4,5,6$。第二种类型是中等规模，(N,m) 共有 15 种情况，其中 $N = 50,55,60,65,70$，$m = 3,4,5$。第三种类型是大规模，(N,m) 共有 10 种情况，其中 $N = 75,80,85,90,95$，$m = 3,4$。

计算结果如表 6.9~表 6.11 所示。以表 6.9 和表 6.10 中的情况 2.1（$N = 25$，$m = 3$）为例，传统模型 2-2 和提出的模型 3-2 的数量（0-1 变量数量、连续变量数量、等式约束数量、不等式约束数量）分别为（28，2 625，27，76）和（26，2 352，52，55），传统模型 2-2 和提出的模型 3-2（迭代次数、计算时间、最优值）分别为（3 524，1.48，1 471）和（118，0.09，1 471）。对于每一种情况，都解出了传统模型 2-2 和提出的模型 3-2 相应的线性规划松弛问题切割和分支之前的根。以表 6.11 中的情况 2.1 为例，传统模型 2-2 和提出的模型 3-2（线性规划松弛目标值、最优值差值）分别为（169 168.09，99.13%）和（1 471，0）。表 6.9~表 6.11 的结果也支持了解决提出的线性规划松弛模型 3-1 比传统的线性规划松弛模型 2-1 更有效的假设。

表6.9 传统模型2-2的计算结果

类型	情况	(N,m)	0-1变量数量	连续变量数量	等式约束数量	不等式约束数量	迭代次数	计算时间/秒	目标值（最优值）
小规模	2.1	(25,3)	28	2 625	27	76	3 524	1.48	1 471
	2.2	(25,4)	29	2 625	27	76	40 058	4.94	3 615
	2.3	(25,5)	30	2 625	27	76	232 284	18.03	7 139
	2.4	(25,6)	31	2 625	27	76	1 351 640	65.84	12 364
	2.5	(30,3)	33	4 525	32	91	5 855	2.44	1 528
	2.6	(30,4)	34	4 525	32	91	81 860	11.59	3 642
	2.7	(30,5)	35	4 525	32	91	606 318	46.09	7 477
	2.8	(30,6)	36	4 525	32	91	3 218 817	180.24	13 087
	2.9	(35,3)	38	7 175	37	106	15 114	6.14	1 544
	2.10	(35,4)	39	7 175	37	106	136 206	31.79	3 664
	2.11	(35,5)	40	7 175	37	106	1 413 959	184.65	7 340
	2.12	(35,6)	41	7 175	37	106	11 380 214	1 104.96	12 776
	2.13	(40,3)	43	10 700	42	121	17 658	11.52	1 546
	2.14	(40,4)	44	10 700	42	121	201 177	75.42	3 849
	2.15	(40,5)	45	10 700	42	121	3 205 530	601.07	7 502

续表

类型	情况	(N,m)	0-1变量数量	连续变量数量	等式约束数量	不等式约束数量	迭代次数	计算时间/秒	目标值（最优值）
小规模	2.16	(40,6)	46	10 700	42	121	—	>3 600	—
	2.17	(45,3)	48	15 225	47	136	21 190	25.56	1 582
	2.18	(45,4)	49	15 225	47	136	303 243	175.24	3 755
	2.19	(45,5)	50	15 225	47	136	5 111 063	1 291.09	7 531
	2.20	(45,6)	51	15 225	47	136	—	>3 600	—
中等规模	2.21	(50,3)	53	20 875	52	151	31 330	46.94	1 570
	2.22	(50,4)	54	20 875	52	151	427 262	323.52	3 837
	2.23	(50,5)	55	20 875	52	151	—	>3 600	—
	2.24	(55,3)	58	27 775	57	166	40 934	149.23	1 569
	2.25	(55,4)	59	27 775	57	166	596 684	1 296.98	3 806
	2.26	(55,5)	60	27 775	57	166	—	>3 600	—
	2.27	(60,3)	63	36 050	62	181	40 211	105.06	1 565
	2.28	(60,4)	64	36 050	62	181	1 275 138	1 212.25	3 881
	2.29	(60,5)	65	36 050	62	181	—	>3 600	—
	2.30	(65,3)	68	45 825	67	196	47 743	181.22	1 577
	2.31	(65,4)	69	45 825	67	196	1 699 141	2 679.63	3 791
	2.32	(65,5)	70	45 825	67	196	—	>3 600	—
	2.33	(70,3)	73	57 225	72	211	120.994	523.31	1 571
	2.34	(70,4)	74	57 225	72	211	—	>3 600	—
	2.35	(70,5)	75	57 225	72	211	—	>3 600	—
大规模	2.36	(75,3)	78	70 375	77	226	148 214	751.15	1 565
	2.37	(75,4)	79	70 375	77	226	—	>3 600	—
	2.38	(80,3)	83	85 400	82	241	169 008	1 083.73	1 573
	2.39	(80,4)	84	85 400	82	241	—	>3 600	—
	2.40	(85,3)	88	102 425	87	256	217 157	1 563.31	1 533
	2.41	(85,4)	89	102 425	87	256	—	>3 600	—
	2.42	(90,3)	93	121 575	92	271	241 629	2 196.23	1 561
	2.43	(90,4)	94	121 575	92	271	—	>3 600	—
	2.44	(95,3)	98	142 975	97	286	308 093	2 829.52	1 576
	2.45	(95,4)	99	142 975	97	286	—	>3 600	—

注："—"表示问题不能由 Gurobi 在 3 600 秒内解决。

表6.10 提出的模型3-2的计算结果

类型	情况	(N,m)	0-1变量数量	连续变量数量	等式约束数量	不等式约束数量	迭代次数	计算时间/秒	目标值（最优值）
小规模	2.1	(25,3)	26	2 352	52	55	118	0.09	1 471
	2.2	(25,4)	27	2 352	52	59	1 759	1.88	3 615
	2.3	(25,5)	28	2 352	52	63	23 412	4.03	7 139
	2.4	(25,6)	29	2 352	52	67	301 934	36.52	12 364
	2.5	(30,3)	31	4 122	62	65	170	0.09	1 528
	2.6	(30,4)	32	4 122	62	69	2 246	2.26	3 642
	2.7	(30,5)	33	4 122	62	73	31 464	6.58	7 477
	2.8	(30,6)	34	4 122	62	77	281 232	42.58	13 087
	2.9	(35,3)	36	6 617	72	75	175	0.14	1 544
	2.10	(35,4)	37	6 617	72	79	3 552	3.97	3 664
	2.11	(35,5)	38	6 617	72	83	87 184	31.64	7 340
	2.12	(35,6)	39	6 617	72	87	1 299 624	253.65	12 776
	2.13	(40,3)	41	9 962	82	85	249	0.22	1 546
	2.14	(40,4)	42	9 962	82	89	2 817	5.80	3 849
	2.15	(40,5)	43	9 962	82	93	106 650	51.13	7 502
	2.16	(40,6)	44	9 962	82	97	2 184 959	650.96	13 021
	2.17	(45,3)	46	14 282	92	95	275	0.41	1 582
	2.18	(45,4)	47	14 282	92	99	5 074	8.23	3 755
	2.19	(45,5)	48	14 282	92	103	166 356	120.32	7 531
	2.20	(45,6)	49	14 282	92	107	4 873 248	2384.45	12 792
中等规模	2.21	(50,3)	51	19 702	102	105	322	0.44	1 570
	2.22	(50,4)	52	19 702	102	109	6 026	11.34	3 837
	2.23	(50,5)	53	19 702	102	113	244 039	194.17	7 582
	2.24	(55,3)	56	26 347	112	115	366	1.44	1 569
	2.25	(55,4)	57	26 347	112	119	13 049	44.14	3 806
	2.26	(55,5)	58	26 347	112	123	593 163	1549.30	7 537
	2.27	(60,3)	61	34 342	122	125	394	0.85	1 565
	2.28	(60,4)	62	34 342	122	129	9 678	22.25	3 881
	2.29	(60,5)	63	34 342	122	133	409 709	693.56	7 740
	2.30	(65,3)	66	43 812	132	135	441	1.11	1 577
	2.31	(65,4)	67	43 812	132	139	20 824	46.17	3 791
	2.32	(65,5)	68	43 812	132	143	677 375	1697.34	7 575
	2.33	(70,3)	71	54 882	142	145	433	1.39	1 571
	2.34	(70,4)	72	54 882	142	149	25 281	70.45	3 817
	2.35	(70,5)	73	54 882	142	153	786 311	2044.39	7 623

续表

类型	情况	(N,m)	0-1变量数量	连续变量数量	等式约束数量	不等式约束数量	迭代次数	计算时间/秒	目标值（最优值）
大规模	2.36	(75,3)	76	67 677	152	155	7 417	3.16	1 565
	2.37	(75,4)	77	67 677	152	159	25 876	94.37	3 866
	2.38	(80,3)	81	82 322	162	165	7 966	3.88	1 573
	2.39	(80,4)	82	82 322	162	169	16 424	98.27	3 927
	2.40	(85,3)	86	98 942	172	175	8 302	4.69	1 533
	2.41	(85,4)	87	98 942	172	179	41 960	221.48	3 822
	2.42	(90,3)	91	117 662	182	185	9 050	6.00	1 561
	2.43	(90,4)	92	117 662	182	189	30 337	267.25	3 864
	2.44	(95,3)	96	138 607	192	195	9 509	6.88	1 576
	2.45	(95,4)	97	138 607	192	199	43 455	399.70	3 899

表6.11 求解传统模型2-2和提出的模型3-2线性规划松弛问题的计算结果

类型	情况	(N,m)	模型2-2 线性规划松弛		模型3-2 线性规划松弛	
			目标值	最优值差值	目标值	最优值差值
小规模	2.1	(25,3)	169 168.09	99.13%	1 471.00	0
	2.2	(25,4)	222 619.40	98.38%	12 731.71	71.61%
	2.3	(25,5)	271 858.78	97.37%	16 300.45	56.20%
	2.4	(25,6)	319 818.67	96.13%	22 370.13	44.73%
	2.5	(30,3)	250 132.46	99.39%	1 528.00	0
	2.6	(30,4)	327 217.26	98.89%	12 711.39	71.35%
	2.7	(30,5)	402 107.77	98.14%	16 406.58	54.43%
	2.8	(30,6)	473 967.89	97.24%	22 350.82	41.45%
	2.9	(35,3)	342 497.64	99.55%	1 544.00	0
	2.10	(35,4)	451 194.50	99.19%	12 743.72	71.25%
	2.11	(35,5)	558 037.92	98.68%	16 408.75	55.27%
	2.12	(35,6)	659 704.31	98.06%	22 484.30	43.18%
	2.13	(40,3)	452 634.38	99.66%	1 546.00	0
	2.14	(40,4)	598 825.94	99.36%	12 782.71	69.89%
	2.15	(40,5)	739 438.68	98.99%	16 427.89	54.33%
	2.16	(40,6)	873 942.20	—	22 457.80	42.02%
	2.17	(45,3)	576 892.28	99.73%	1 582.00	0
	2.18	(45,4)	759 477.00	99.51%	12 704.72	70.44%
	2.19	(45,5)	944 055.43	99.20%	16 401.75	54.08%
	2.20	(45,6)	1 117 026.11	—	22 456.30	43.04%

续表

类型	情况	(N,m)	模型 2-2 线性规划松弛		模型 3-2 线性规划松弛	
			目标值	最优值差值	目标值	最优值差值
中等规模	2.21	(50,3)	7 156 59.59	99.78%	1 570.00	0
	2.22	(50,4)	9 467 77.13	99.59%	12 794.36	70.01%
	2.23	(50,5)	1 170 179.20	—	16 433.42	53.86%
	2.24	(55,3)	869 211.28	99.82%	1 569.00	0
	2.25	(55,4)	1 150 042.12	99.67%	12 776.37	70.21%
	2.26	(55,5)	1 427 021.12	—	16 458.57	54.21%
	2.27	(60,3)	1 037 279.37	99.85%	1 565.00	0
	2.28	(60,4)	1 375 635.00	99.72%	12 786.70	69.65%
	2.29	(60,5)	1 703 627.91	—	16 458.76	52.97%
	2.30	(65,3)	1 222 101.89	99.87%	1 577.00	0
	2.31	(65,4)	1 620 483.68	99.77%	12 788.71	70.36%
	2.32	(65,5)	2 010 979.07	—	16 403.93	53.82%
	2.33	(70,3)	1 420 525.28	99.89%	1 571.00	0
	2.34	(70,4)	18 831 49.18	—	12 795.36	70.17%
	2.35	(70,5)	2 338 969.39	—	16 411.76	53.55%
大规模	2.36	(75,3)	1 635 134.37	99.90%	1 565.00	0
	2.37	(75,4)	2 167 580.57	—	12 801.37	69.80%
	2.38	(80,3)	1 864 467.72	99.92%	1 573.00	0
	2.39	(80,4)	2 472 843.10	—	12 785.37	69.29%
	2.40	(85,3)	2 107 398.03	99.93%	1 533.00	0
	2.41	(85,4)	2 797 144.53	—	12 805.70	70.15%
	2.42	(90,3)	2 367 250.99	99.93%	1 561.00	0
	2.43	(90,4)	3 139 725.26	—	12 774.05	69.75%
	2.44	(95,3)	2 641 148.29	99.94%	1 576.00	0
	2.45	(95,4)	3 505 982.07	—	12 797.03	69.53%

注:"—"表示问题不能由 Gurobi 在 3 600 秒内解决

6.2.4 寻找替代方案

算法改进的一个扩展是开发一个迭代算法来生成项目组合选择问题的替代解决方案。为了使提出的模型达到这个目的,本书运用了一般的二分法。以高科技服务公司为例,说明改进的算法可以提供多种备选方案,供决策者考虑更多的选择。

1. 寻找多个备选解决方案的模型

为了便于讨论,先介绍下列指数的含义。

t: 上一轮迭代。

T: 当前一轮迭代。

函数(T):当前第T轮迭代的目标值。

函数(t):上一轮第t轮的目标值,$t=1,2,\cdots,T-1$。

$(x_1^t,x_2^t,\cdots,x_N^t)$:上一轮第$t$轮的替代解,其中$t=1,2,\cdots,T-1$。

考虑到上一轮第t轮得到的替代方案$(x_1^t,x_2^t,\cdots,x_N^t)$,其中$t=1,2,\cdots,T-1$,使用二分法使当前一轮的解与过去的解不同:

$$\sum_{i\in G_0^t}x_i+\sum_{i\in G_1^t}(1-x_i)\geqslant 1,\ t=1,2,\cdots,T-1 \quad (6.61)$$

第t次迭代得到$x_i\in\{0,1\}$和$x_i^t\in\{0,1\}$,其中$i=1,2,\cdots,N$,$t=1,2,\cdots,T-1$;$G_0^t=\{i\,|\,i\in\{1,2,\cdots,N,\ x_i^t=0\}\}$,$G_0^t=\{i\,|\,i\in\{1,2,\cdots,N,\ x_i^t=1\}\}$,其中$t=1,2,\cdots,T-1$。

参照上述排除过去解的标准方法,提出一种改进的模型3-1(PPSP-ECC),用于寻找具有相同目标值的多个备选解:$x_i\in\{0,1\}$。

寻找多个备选方案(finding alternative multiple solution,FAMS)模型:

$$\max\ 函数(T)=\hat{F}(x,z)$$

约束条件:

式(6.36),式(6.45),式(6.48),式(6.61)

第t次迭代获得$x_i^t\in\{0,1\}$和$x_i\in\{0,1\}$,其中$t=1,2,\cdots,T-1$,$i=1,2,\cdots,N$。

当$T=1$时,函数(T)是解决提出的模型3-1(PPSP-ECC)得到的最优目标值。而且解决FMAS模型时,如果对于某个$T>1$,有函数(T)=函数($T-1$),那么另外的替代解已经找到了。

使用FMAS模型,可以通过以下步骤得到多种替代解。

第1步:输入所有相关的参数,并令$T=1$。

第2步:解决提出的模型3-1(PPSP-ECC)得到函数(T),解为$(x_1,x_2,\cdots,x_N)$,并记录下来,即$(x_1^T,x_2^T,\cdots,x_N^T)=(x_1,x_2,\cdots,x_N)$,$T=1$。

第3步:令$T=T+1$,解决提出的模型3-1(PPSP-ECC)得到函数(T)和解$(x_1,x_2,\cdots,x_N)$。

第4步:如果函数(T)=函数($T-1$),记录新的解[即$(x_1^T,x_2^T,\cdots,x_N^T)=(x_1,x_2,\cdots,x_N)$,$T>1$],并返回第3步。

第5步:输出所有具有相同目标值的替代解$(x_1^t,x_2^t,\cdots,x_N^t)$,$t=1,2,\cdots,T-1$。

如果用目标函数(6.58)和约束条件式(6.49)~式(6.52),式(6.53)~式(6.57),式(6.59),式(6.60)替代目标函数[即$\hat{F}(x,z)$]和约束条件(6.36),式(6.45),式(6.48),FMAS模型的想法同样可用于提出的模型3-2(PPSP-IECC)。

2. 高科技服务公司的例子

本小节以某科技工业园区一家高科技服务公司的资料为例,说明FMAS模型的迭代算法。2018年,该公司研发部门提出了6个项目。其目的是提高公司运营的信息技术能力。考虑到公司年度预算不超过67.2万美元。该公司在2018财年最多选择3个项目。这6个项目的成本和收益(表6.12)和项目的相互依赖性(表6.13),包括共享成本和额外的收益主要通过供应商报价和内部专家的经验进行评估。

表6.12 项目数据　　　　　　　　　　　　单位：万元

项目	预期收益 r_i	成本（硬件和软件）d_i
1	10.0	6.4
2	2.5	7.8
3	7.5	14.7
4	5.0	12.8
5	4.7	12.6
6	3.7	13.8

表6.13 项目的相互依赖性　　　　　　　　单位：万元

相互依赖项目 i,j	协同收益 r_{ij}	共享成本 d_{ij}	相互依赖项目 i,j,k	协同收益 r_{ijk}	共享成本 d_{ijk}
1,2	22.4	7.7	1,2,3	11.4	1.7
1,3	6.3	5.7	1,2,4	51.4	2.3
1,4	11.7	4.3	1,2,5	42.2	2.5
1,5	16.3	5.9	1,2,6	48.6	1.0
1,6	16.1	3.3	1,3,4	52.5	2.4
2,3	8.4	6.4	1,3,5	36.5	2.7
2,4	5.8	5.7	1,3,6	30.3	1.6
2,5	21.9	5.4	1,4,5	46.5	1.5
2,6	17.4	7.6	1,4,6	52.0	1.8
3,4	16.3	5.7	1,5,6	20.5	1.8
3,5	20.6	3.6	2,3,4	30.7	1.6
3,6	6.6	3.9	2,3,5	50.1	1.7
4,5	15.2	5.8	2,3,6	50.9	2.7
4,6	15.9	5.0	2,4,5	53.0	2.9

续表

相互依赖项目 i,j	协同收益 r_{ij}	共享成本 d_{ij}	相互依赖项目 i,j,k	协同收益 r_{ijk}	共享成本 d_{ijk}
5,6	20.5	7.8	2,4,6	28.5	1.1
			2,5,6	11.7	1.0
			3,4,5	51.4	2.6
			3,4,6	52.0	2.3
			3,5,6	10.6	2.2
			4,5,6	44.8	1.0

模型的分步求解过程如下所示。

（1）输入所有相关参数并令 $T=1$。

（2）解决提出的模型 3-1（PPSP-ECC）得到函数（T）=120.7，解为 $(x_1, x_2, \cdots, x_6) = (0,0,1,1,1,0)$，并记录下来，即 $(x_1^T, x_2^T, \cdots, x_6^T) = (0,0,1,1,1,0)$，$T=1$。

（3）令 $T=T+1$ 并用之前的解求解 FMAS 模型：

$$\max \text{函数}(T) = \hat{F}(x,z)$$

约束条件如下：

$$\{\text{提出的模型 3-1 的约束}\}$$
$$x_1 + x_2 + x_6 + (1-x_3) + (1-x_4) + (1-x_5) \geq 1$$
$$x_i \in \{0,1\}, \quad i=1,2,\cdots,6, \quad 0 \leq z_{ijk} \leq 1$$
$$i,j,k = 1,2,\cdots,6, \quad i<j<k$$

得到函数（T）=120.7，解为 $(x_1, x_2, \cdots, x_6) = (1,1,0,0,0,1)$，$T=2$。

（4）因为函数（T）=函数（$T-1$），记录新的解[即 $(x_1^T, x_2^T, \cdots, x_6^T) = (1,1,0,0,0,1)$，$T=2$]并返回第（3）步。

（5）令 $T=T+1$，并用之前的解求解 FMAS 模型，步骤如下：

$$\max \text{函数}(T) = \hat{F}(x,z)$$

约束条件：

$$\{\text{提出的模型 3-1 的约束}\}$$
$$x_1 + x_2 + x_6 + (1-x_3) + (1-x_4) + (1-x_5) \geq 1$$
$$x_3 + x_4 + x_5 + (1-x_1) + (1-x_2) + (1-x_6) \geq 1$$
$$x_i \in \{0,1\}, \quad i=1,2,\cdots,6, \quad 0 \leq z_{ijk} \leq 1$$
$$i,j,k = 1,2,\cdots,6, \quad i<j<k$$

得到函数（T）=120.4，解为 $(x_1, x_2, \cdots, x_6) = (1,0,0,1,0,1)$，$T=3$。

（6）因为函数（T）<函数（$T-1$），$T=3$，返回第（5）步。

（7）输出所有具有相同目标值 120.7 的替代解 $(0,0,1,1,1,0)$ 和 $(1,1,0,0,0,1)$（表 6.14）。

表6.14　寻找替代解的结果

T	函数（T）目标值	解
1	120.7	(0,0,1,1,1,0)
2	120.7	(1,1,0,0,0,1)
3	120.4	(1,0,0,1,0,1)

对于本例，在前两轮（即 $T=1,2$）使用 FMAS 模型产生了具有相同最优值 120.7 万美元的两个解 $(0,0,1,1,1,0)$ 和 $(1,1,0,0,0,1)$。如表 6.14 所示，在第三轮（即 $T=3$），由于找到了一个新的目标值 120.4 万美元，程序终止并输出两个具有相同目标值的备选方案，一个是选择项目 3、项目 4 和项目 5，另一个是选择项目 1、项目 2 和项目 6。

为决策者寻找多种可供选择的解决方案在项目组合选择问题领域中很少被明确提出。本节不仅提出了一种求解项目组合选择问题的有效改进方法，而且设计了一种将该方法与二分法相结合的程序来寻找多个备选方案。

参 考 文 献

崔艳娜,姜华,张红金,等.2019.范围管理在IS项目管理中的应用探索.电子产品可靠性与环境试验,37(1):57-61.

胡章喜.2010.项目立项与可行性研究.上海:上海交通大学出版社.

李晓红.2000.关于受资金限制的项目投资决策问题的分析.技术经济与管理研究,(1):46-47.

李星梅,王雅娴,赵秋红,等.2018.考虑多因素的可打断项目组合选择模型研究.运筹与管理,(4):144-152.

李星梅,钟志鸣,赵秋红,等.2017.信息不确定下的主动打断项目组合选择问题鲁棒优化.系统工程理论与实践,37(11):2908-2917.

寿涌毅,姚伟建.2009.信息不确定下项目组合选择问题的鲁棒优化.系统工程,27(7):90-95.

谭杰凯.2014.面向互联网企业的创新项目组合选择方法研究——以某互联网企业为例.中国科学院大学硕士学位论文.

王景玫,郭鹏,赵静.2017.R&D项目组合鲁棒性风险测度及选择模型研究.运筹与管理,26(6):140-148.

王良,冯涛.2009.多投资项目组合条件下的资金分配策略研究.计算机工程与应用,45(31):12-14.

王良,杨乃定,姜继娇.2007.两阶段资金投入条件下多项目组合中基于项目启动水平的资金分配问题研究.系统工程理论与实践,27(2):54-60.

王雅娴.2017.考虑风险因素的主动打断项目组合选择问题研究.华北电力大学硕士学位论文.

魏涵静.2015.资源约束下双目标可打断项目组合选择模型研究.华北电力大学硕士学位论文.

严俊.2014.基于资金时间价值的电力企业多项目组合选择模型研究.重庆师范大学硕士学位论文.

张帅.2019.可持续性制约下的可打断项目组合选择问题研究.华北电力大学硕士学位论文.

张嵩.2016.多期混合项目组合决策研究.华北电力大学硕士学位论文.

朱方伟,宋金波.2012.项目管理.北京:清华大学出版社.

Abbassi M, Ashrafi M, Tashnizi E S. 2014. Selecting balanced portfolios of R&D projects with interdependencies: a cross-entropy based methodology. Technovation, 34(1): 54-63.

Adams W P, Forrester R J. 2005. A simple recipe for concise mixed 0-1 linearizations. Operations Research Letters, 33(1): 55-61.

Archer N P, Ghasemzadeh F. 1999. An integrated framework for project portfolio selection.

International Journal of Project Management, 17 (4): 207-216.
Arratia M N M, López I F, Schaeffer S E, et al. 2016. Static R&D project portfolio selection in public organizations. Decision Support Systems, 84: 53-63.
Baker N, Freeland J. 1975. Recent advances in R&D benefit measurement and project selection methods. Management Science, 21 (10): 1164-1175.
Balas E, Jeroslow R. 1972. Canonical cuts on the unit hypercube. SIAM Journal of Applied Mathematics, 23 (1): 61-69.
Beged-Dov A G. 1965. Optimal assignment of research and development projects in a large company using an integer programming model. IEEE Transactions on Engineering Management, 12 (4): 138-142.
Belenky A S. 2011. A Boolean programming problem of choosing an optimal portfolio of projects and optimal schedules for them by reinvesting within the portfolio the profit from project implementation. Applied Mathematics Letters, 25 (10): 1279-1284.
Ben-Tal A, Nemirovski A. 2000. Robust solutions of linear programming problems contaminated with uncertain data. Mathematical Programming, 88 (3): 411-424.
Bertsimas D, Brown D B, Caramanis C. 2010. Theory and applications of robust optimization. SIAM Review, 53 (3): 464-501.
Bertsimas D, Pachamanova D. 2008. Robust multiperiod portfolio management in the presence of transaction costs. Computers and Operations Research, 35 (1): 3-17.
Bertsimas D, Sim M. 2003. Robust discrete optimization and network flows. Mathematical Programming, 98 (1/3): 49-71.
Bertsimas D, Sim M. 2004. The price of robustness. Operations Research, 52 (1): 35-53.
Bertsimas D, Thiele A. 2006. A robust optimization approach to inventory theory. Operations Research, 54 (1): 150-168.
Bhattacharyya R. 2015. A grey theory based multiple attribute approach for R&D project portfolio selection. Fuzzy Information and Engineering, 7 (2): 211-225.
Bhattacharyya R, Kumar P, Kar S. 2011. Fuzzy R&D portfolio selection of interdependent projects. Computers and Mathematics with Applications, 62 (10): 3857-3870.
Blichfeldt B S, Eskerod P. 2008. Project portfolio management—there's more to it than what management enacts. International Journal of Project Management, 26 (4): 357-365.
Carlsson C, Fullér R, Heikkilä M, et al. 2007. A fuzzy approach to R&D project portfolio selection. International Journal of Approximate Reasoning, 44 (2): 93-105.
Carraway R L, Schmidt R L. 1991. An improved discrete dynamic programming algorithm for allocating resources among interdependent projects. Management Science, 37 (9): 1195-1200.
Chang C T, Chang C C. 2000. A linearization method for mixed 0-1 polynomial programs. Computers and Operations Research, 27 (10): 1005-1016.
Chassein A, Goerigk M, Kasperski A, et al. 2018. On recoverable and two-stage robust selection problems with budgeted uncertainty. European Journal of Operational Research, 265 (2): 423-436.

Cho W, Shaw M J, Kwon H D. 2013. The effect of synergy enhancement on information technology portfolio selection. Information Technology and Management, 14 (2): 125-142.

Coffin M A, Taylor B W. 1996. R&D project selection and scheduling with a filtered beam search approach. IIE Transactions, 28 (2): 167-176.

Colvin M, Maravelias C T. 2011. R&D pipeline management: task interdependencies and risk management. European Journal of Operational Research, 215 (3): 616-628.

Dov A G B. 1965. Optimal assignment of research and development projects in a large company using an integer programming model. IEEE Transactions on Engineering Management, 12 (4): 138-142.

Fliedner T, Liesiö J. 2016. Adjustable robustness formulti-attribute project portfolio selection. European Journal of Operational Research, 252 (3): 931-946.

Fox G E, Baker N R, Bryant J L. 1984. Economic models for R&D project selection in the presence of project interactions. Management Science, 30 (7): 890-902.

Gabrel V, Murat C, Thiele A. 2014. Recent advances in robust optimization: an overview. European Journal of Operational Research, 235 (3): 471-483.

Ghasemzadeh F, Archer N, Iyogun P. 1999. A zero-one model for project portfolio selection and scheduling. Journal of the Operational Research Society, 50 (7): 745-755.

Glover F, Woolsey E. 1974. Technical note—converting the 0-1 polynomial programming problem to a 0-1 linear program. Operations Research, 22 (1): 180-182.

Gutjahr W J, Katzensteiner S, Reiter P, et al. 2008. Competence-driven project portfolio selection, scheduling and staff assignment. Central European Journal of Operations Research, 16 (3): 281-306.

Harry M. 1952. Portfolio selection. The Journal of Finance, 7 (1): 77-91.

Hassanzadeh F, Nemati H, Sun M. 2014. Robust optimization for interactive multiobjective programming with imprecise information applied to R&D project portfolio selection. European Journal of Operational Research, 238 (1): 41-53.

Huang K, Kuo Y M. 2013. A transportation programming model considering project interdependency and regional balance. Transportation Research Part C: Emerging Technologies, 36: 395-405.

Huang X, Su X, Zhao T. 2014. Optimal multinational project adjustment and selection with random parameters. Optimization, 63 (10): 1583-1594.

Huang X, Zhao T, Kudratova S. 2016. Uncertain mean-variance and mean-semivariance models for optimal project selection and scheduling. Knowledge-Based Systems, 93: 1-11.

Jafarzadeh M, Tareghian H R, Rahbarnia F, et al. 2015. Optimal selection of project portfolios using reinvestment strategy within a flexible time horizon. European Journal of Operational Research, 243 (2): 658-664.

Ji S H, Zheng X J, Sun X L. 2013. An improved convex 0-1 quadratic program reformulation for quadratic knapsack problems. Asia-Pacific Journal of Operational Research, 30 (3): 134009.

Juliane T, Alexander K. 2013. An empirical investigation on how portfolio risk management influences project portfolio success. International Journal of Project Management, 31 (6): 817-829.

Kaiser K, Young S D. 2015. The Blue Line Imperative: What Managing for Value Really Means.

Hoboken: John Wiley and Sons.

Kudratova S, Huang X X, Zhou X G. 2018. Sustainable project selection: optimal project selection considering sustainability under reinvestment strategy. Journal of Cleaner Production, 203: 469-481.

Li H L, Huang Y H, Fang S C. 2013. A logarithmic method for reducing binary variables and inequality constraints in solving task assignment problems. INFORMS Journal on Computing, 25 (4): 643-653.

Li H L, Huang Y H, Fang S C. 2017. Linear reformulation of polynomial discrete programming for fast computation. INFORMS Journal on Computing, 29 (1): 108-122.

Li X M, Fang S C, Guo X L, et al. 2016a. An extended model for project portfolio selection with project divisibility and interdependency. Journal of Systems Science and Systems Engineering, 25 (1): 119-138.

Li X M, Fang S C, Tian Y, et al. 2014. Expanded model of the project portfolio selection problem with divisibility, time profile factors and cardinality constraints. Journal of the Operational Research Society, 66 (7): 1132-1139.

Li X M, Huang Y H, Fang S C, et al. 2016b. Reformulations for project portfolio selection problem considering interdependence and cardinality. Pacific Journal of Optimization, 12 (2): 355-366.

Liesiö J, Mild P, Salo A. 2007. Preference programming for robust portfolio modeling and project selection. European Journal of Operational Research, 181 (3): 1488-1505.

Liesiö J, Mild P, Salo A. 2008. Robust portfolio modeling with incomplete cost information and project interdependencies. European Journal of Operational Research, 190 (3): 679-695.

Liu S S, Wang C J. 2011. Optimizing project selection and scheduling problems with time-dependent resource constraints. Automation in Construction, 20 (8): 1110-1119.

Lorie J H, Savage L J. 1955. Three problems in rationing capital. The Journal of Business, 28 (4): 229-239.

Mavrotas G, Figueira J R, Siskos E. 2015. Robustness analysis methodology for multi-objective combinatorial optimization problems and application to project selection. Omega, 52: 142-155.

Medaglia A L, Hueth D, Mendieta J C, et al. 2008. A multiobjective model for the selection and timing of public enterprise projects. Socio-Economic Planning Sciences, 42 (1): 31-45.

Meng H, Siu T K. 2011. On optimal reinsurance, dividend and reinvestment strategies. Economic Modelling, 28 (1/2): 211-218.

Mild P, Liesiö J, Salo A. 2015. Selecting infrastructure maintenance projects with robust portfolio modeling. Decision Support Systems, 77: 21-30.

Mohanty R P, Agarwal R, Choudhury A K, et al. 2005. A fuzzy ANP-based approach to R&D project selection: a case study. International Journal of Production Research, 43 (24): 5199-5216.

Nemhauser G L, Ullmann Z. 1969. Discrete dynamic programming and capital allocation. Management Science, 15 (9): 494-505.

Nowak M. 2013. Project portfolio selection using interactive approach. Procedia Engineering, 57: 814-822.

Reiter S. 1963. Choosing an investment program among interdependent projects. The Review of Economic Studies, 30 (1): 32-36.

Roy B. 2010. Robustness in operational research and decision aiding: a multi-faceted issue. European Journal of Operational Research, 200 (3): 629-638.

Santhanam R, Kyparisis G J. 1996. A decision model for interdependent information system project selection. European Journal of Operational Research, 89 (2): 380-399.

Schmidt R, Lyytinen K, Keil M, et al. 2001. Identifying software project risks: an international Delphi study. Journal of Management Information Systems, 17 (4): 5-36.

Sefair J A, Méndez C Y, Babat O, et al. 2017. Linear solution schemes for mean-semivariance project portfolio selection problems: an application in the oil and gas industry. Omega, 68: 39-48.

Servakh V V, Sukhikh S L. 2004. Hybrid algorithm for scheduling with regard for reinvestment of profitits. Automation and Remote Control, 65 (3): 449-455.

Servranckx T, Vanhoucke M. 2019. A tabu search procedure for the resource constrained project scheduling problem with alternative subgraphs. European Journal of Operational Research, 273 (3): 841-860.

Shariatmadari M, Nahavandi N, Zegordi S H, et al. 2017. Integrated resource management for simultaneous project selection and scheduling. Computers and Industrial Engineering, 109: 39-47.

Sherali H D, Tuncbilek C H. 1997. New reformulation linearization/convexification relaxations for univariate and multivariate polynomial programming problems. Operations Research Letters, 21 (1): 1-9.

Siew R Y J. 2016. Integrating sustainability into construction project portfolio management. KSCE Journal of Civil Engineering, 20 (1): 101-108.

Soyster A L. 1973. Convex programming with set-inclusive constraints and applications to inexact linear programming. Operations Research, 21 (5): 1154-1157.

Stummer C, Heidenberger K. 2003. Interactive R and D portfolio analysis with project interdependencies and time profiles of multiple objectives. IEEE Transactions on Engineering Management, 50 (2): 175-183.

Taha H A. 2003. Operations Research. 7th ed. New York: Macmillan.

Tawarmalani M, Sahinidis N V. 2005. A polyhedral branch-and-cut approach to global optimization. Mathematical Programming, 103 (2): 225-249.

Tervonen T, Liesiö J, Salo A. 2017. Modeling project preferences in multi-attribute portfolio decision analysis. European Journal of Operational Research, 263 (1): 225-239.

Tsai J F, Lin M H. 2007. Finding all solutions of systems of nonlinear equations with free variables. Engineering Optimization, 39 (6): 649-659.

Tsai J F, Lin M H, Hu Y C. 2008. Finding multiple solutions to general integer linear programs. European Journal of Operational Research, 184 (2): 802-809.

Tuzkaya U R, Yolver E. 2015. R&D project selection by integrated grey analytic network process and grey relational analysis: an implementation for home appliances company. Journal of

Aeronautics and Space Technologies, 8（2）: 35-41.

Wang Q, Kilgour D M, Hipel K W. 2015. Numerical methods to calculate fuzzy boundaries for Brownfield redevelopment negotiations. Group Decision and Negotiation, 24（3）: 515-536.

Watters L J. 1967. Reduction of integer polynomial programming problems to zero-one linear programming problems. Operations Research, 15（6）: 1171-1174.

Weber R, Werners B, Zimmermann H J. 1990. Planning models for research and development. European Journal of Operational Research, 48（2）: 175-188.

Weingartner H M. 1966. Capital budgeting of interre lated projects: survey and synthesis. Management Science, 12（7）: 485-516.

Wibowo A, Kochendoerfer B. 2011. Selecting BOT/PPP infrastructure projects for government guarantee portfolio under conditions of budget and risk in the indonesian context. Journal of Construction Engineering and Management, 137（7）: 512-522.

Wiesemann W, Kuhn D, Rustem B. 2009. Robust resource allocations in temporal networks. Mathematical Programming, 135（1/2）: 437-471.

Yu L, Wang S, Wen F, et al. 2012. Genetic algorithm-based multi-criteria project portfolio selection. Annals of Operations Research, 197（1）: 71-86.

Zaraket F A, Olleik M, Yassine A A. 2014. Skill-based framework for optimal software project selection and resource allocation. European Journal of Operational Research, 234（1）: 308-318.

Zhang G P, Keil M, Rai A, et al. 2003. Predicting information technology project escalation: a neural network approach. European Journal of Operational Research, 146（1）: 115-129.

Zhang Z L, Ma J Y, Fu Y S. 2017. Uncertain project selection model considering sustainability and compatibility. Journal of Intelligent & Fuzzy Systems, 32（6）: 4555-4561.

Zhong Z M, Li X M, Liu X Y, et al. 2019. Opportunity cost management in project portfolio selection with divisibility. Journal of the Operational Research Society, 70（7）: 1164-1178.

Zuluaga A, Sefair J A, Medaglia A L. 2007. Model for the selection and scheduling of interdependent projects. 2007 IEEE Systems and Information Engineering Design Symposium, Charlottesville.

结　　语

　　本书主要是关于项目组合选择的相关研究，详细介绍了项目组合选择模型中的参数变量及基本约束，根据不同的现实情况，对项目组合选择基本模型进行改进或优化，以使项目组合选择模型更贴近现实生活，完善项目组合选择问题的相关研究。本书主要分为静态项目组合选择问题、动态项目组合选择问题、信息不确定性下的项目组合选择问题、可打断项目组合选择问题的相关拓展研究，以及项目组合选择模型中的算法改进，将项目组合选择问题与实际情况结合起来，使项目组合选择问题得到实际应用。